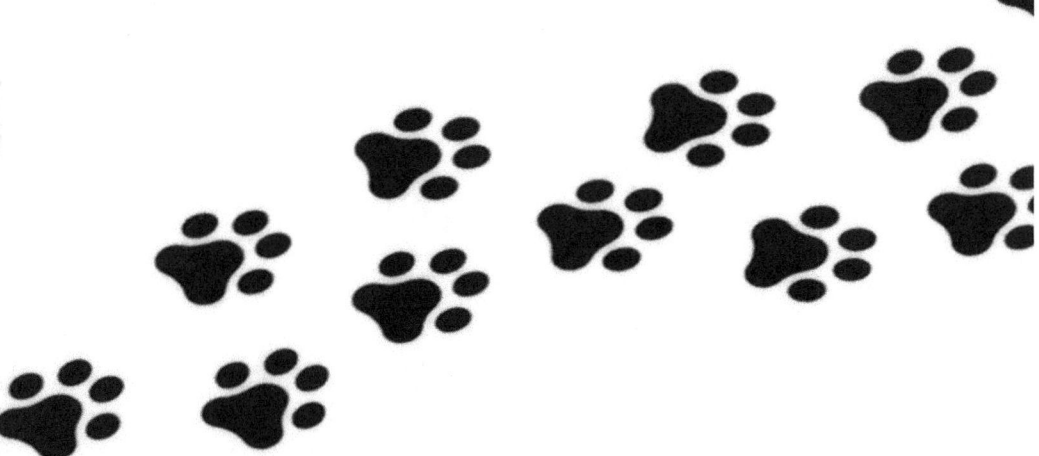

Van zorgen naar kwispelen

Tim Shine

Buy Me Now Co.

Copyright © 2023 door Tim Shine
Redacteur: Nivol Redan
Interieur- en omslagontwerp: Brita Zoland
Uitgever: Buy Me Now Co.

Copyright © 2023 door Tim Shine. Alle rechten voorbehouden. Dit boek, of enig deel daarvan, mag niet worden gereproduceerd via enig mechanisch, fotografisch of elektronisch proces of in de vorm van een fonografische opname. Het mag niet worden opgeslagen in een zoeksysteem, verzonden of gekopieerd op welke manier dan ook voor openbaar of privégebruik zonder toestemming van de auteur.

De inhoud van dit boek is niet bedoeld als medisch advies of als pleidooi voor het gebruik van welke techniek dan ook om fysieke, emotionele of medische problemen bij honden te behandelen zonder direct of indirect een dierenarts of relevante experts te raadplegen. Het doel van de auteur is algemene informatie te geven om u en uw honden te helpen. Mocht u ervoor kiezen om enige informatie uit dit boek op uw hond toe te passen, waarbij u uw grondwettelijke rechten uitoefent, houd er dan rekening mee dat noch de auteur, noch de uitgever enige verantwoordelijkheid voor uw daden aanvaardt.

Van Zorgen naar Kwispels: Verken de Donkere Kant van het Hondenleven / Tim Shine – 1e Editie .
ISBN: 978-0-6458916-5-2
1. Huisdieren / Honden / Rassen 2. Huisdieren / Honden / Trainen en showen 3. Huisdieren / Referentie
Thema: Honden als huisdier, Wereld

Prince Award opgedragen aan Tim Shine door Buy Me Now Co.

Copyright © 2023 by Tim Shine
Editor: Nivol Redan
Interior & cover design: Brita Zoland
Publisher: Buy Me Now Co.

Copyright © 2023 by Tim Shine. All rights reserved. This book, or any part thereof, may not be reproduced through any mechanical, photographic, or electronic process or in the form of a phonographic recording. It may not be stored in a retrieval system, transmitted, or copied in any manner for public or private use without author permission.

The content in this book is not intended to serve as medical advice or to advocate for using any technique to treat physical, emotional, or medical issues in dogs without consulting a veterinarian or relevant experts directly or indirectly. The author aims to present general information to assist you and your dogs. Should you choose to apply any information from this book to your dog, exercising your constitutional rights, please be aware that neither the author nor the publisher assumes any responsibility for your actions.

From Worries to Wags, Explore the Dark Side of Dogs' Life / Tim Shine – 1st Edition.
ISBN: 978-0-6458916-5-2
1. Pets / Dogs / Breeds 2. Pets / Dogs / Training & Showing 3. Pets / Reference
Thema: Dogs as pets, World

Prince Award dedicated to Tim Shine by Buy Me Now Co.

Het boek is nu vertaald in meerdere talen, waaronder Spaans, Frans, Duits, Nederlands, Italiaans, Japans en Chinees. De beslissing om het boek te vertalen werd ingegeven door de overweldigende vraag van hondenliefhebbers over de hele wereld en het gedeelde doel om het welzijn van honden over de hele wereld veilig te stellen en te beschermen. Door deze waardevolle hulpbron toegankelijk te maken voor een breder publiek hopen we hondenbezitters en -liefhebbers uit verschillende culturen in staat te stellen de beste zorg en begrip te bieden voor hun geliefde harige metgezellen en wereldwijde erkenning te verwerven. Laten we samen een positieve impact hebben op de levens van honden overal ter wereld.

Gebruik de volgende ISBN-codes om de respectievelijke vertalingen van dit boek te vinden. U kunt de speciale code gebruiken voor online zoekopdrachten of deze aan boekwinkels voorleggen voor hulp bij het vinden van de gewenste vertalingen.

Taal	**Boeknaam**	**ISBN-nr.**
Engels	From Worries to Wags	978-0-6458916-0-7
Spaans	De las Preocupaciones a las Movidas de Cola	978-0-6458916-1-4
Frans	Des soucis aux remuer	978-0-6458916-2-1
Italiaanse	Dalle bezig met	978-0-6458916-3-8
Duitser	Von Sorgen zo wijdelt	978-0-6458916-4-5
Nederlandse	Van zorgen naar kwispelen	978-0-6458916-5-2
Chinees	从忧虑到摇尾巴	978-0-6458916-6-9
Japans	悩みからワグへ	978-0-6458916-7-6

Noot van de vertaler:
De vertaling van dit boek is met behulp van software tot stand gekomen en heeft geen menselijke vertaling ondergaan. We hebben echter aanzienlijke inspanningen geleverd om alle secties te beoordelen. Het wordt aangeboden aan lezers die voor hun gemak de voorkeur geven aan een andere taal dan het Engels. Houd er rekening mee dat sommige woorden of zinsneden mogelijk niet hun exacte betekenis in het Engels overbrengen. Voor een nauwkeuriger begrip van de inhoud raden wij u ten zeerste aan de Engelse editie van dit boek aan te schaffen. **Houd er rekening mee dat de uitgever niet verantwoordelijk is voor eventuele verschillen tussen de Engelse editie en andere vertaalde versies.**

Er staan diverse nuttige websitelinks in het boek. Voor hulp bij het vertalen van websites verwijzen wij u naar de richtlijnen op pagina 235-236 over het gebruik van Google Translate.

Uw begrip en steun worden zeer op prijs gesteld.

Buy Me Now Co.

Translator's Note:
The translation of this book was produced using software and has not undergone human translation. However, we have invested significant effort in reviewing all sections. It is offered to serve readers who prefer a language other than English for their convenience. Please note that some words or phrases may not convey their exact meaning in English. For a more precise understanding of the content, we highly recommend purchasing the English Edition of this book. **Please note that the publisher is not responsible for any discrepancies between the English Edition and other translated versions.**

There are several useful website links in the book. For assistance with translating websites, please refer to the guidelines on pages 235-236 on how to use Google Translate.

Your understanding and support are greatly appreciated.
Buy Me Now Co.

Van zorgen naar kwispelen
Verken de Donkere Kant van het Hondenleven

Een onmisbare gids voor hondenliefhebbers

Inhoudsopgave:

Toewijding	11
Notitie van de auteur	13
Dankbetuigingen	15
Opmerking uitgever	17
Voorwoord	19
Hoofdstuk 1: De wereld van hondenangst ontketenen	**21**
De angstige geest van honden begrijpen	21
Onderzoek naar de unieke angstniveaus bij verschillende rassen	23
Hoofdstuk 2: Het decoderen van de taal van angst	**25**
Mijn non-verbale signalen lezen: tekenen en signalen	25
Fysieke symptomen van angst: hartracen, staartplooien en meer	26
Hoofdstuk 3: Graven naar de grondoorzaken	**29**
Verlatingsangst: laat me alsjeblieft niet met rust!	29
Lawaaifobieën: vuurwerk, onweersbuien en meer	31
Sociale angst: vrienden maken en angsten overwinnen	32
Hoofdstuk 2 & 3 samenvatting	34
Hoofdstuk 4: Een oase van rust creëren	**35**
Een rustgevende omgeving ontwerpen: mijn veilige toevluchtsoord	35
Positieve versterkingstraining: positieve methoden voor vertrouwen	36
Consistentie is de sleutel: routines om mijn angstige ziel te kalmeren	36
Hoofdstuk 5: Ontzagwekkend producten om mijn angst te verlichten	**39**
Gezellig comfort: onderzoek naar de wonderen van Thundershirts	39
Afleidingen stimuleren: interactief speelgoed voor stressverlichting	40

Hoofdstuk 6: Wanneer extra hulp nodig is 43
Medicijnen: een blik op de opties 43
Op zoek naar professionele ondersteuning: gedragsdeskundigen en trainers 44
Veel voorkomende hondenziekten 45
Vaccinaties 50

Hoofdstuk 7: De verzorger in u koesteren 51
Hondenhygiëne, wat we moeten weten 51
Ontzagwekkend producten om mijn angst te verlichten 52

Hoofdstuk 8: Zen vinden met je harige vriend 55
Mindfulness omarmen 55
Mindful momenten 56
Mindful wandelen 58
Een Zen-ruimte creëren 59
Mindful trainen 60
Hondenmuziek 61

Hoofdstuk 9: Training, tips en trucs 63
Trainingsaspecten van verschillende rassen 63
Het beste opsnuiven 66
Fantastische lessen 68
Workshops en Seminaries 69
Bronnen en hulpmiddelen 70
Laat je innerlijke superheld los 72
Trainingsvoorbeelden 72

Hoofdstuk 10:
Algemene gezondheid en 40 Populaire rassen angst samenvatting 75
Gezondheid, leeftijd, vaccinatie 75
Mijn eten 76
Mijn checklist 78

40 Samenvatting van angststoornissen van populaire rassen _____80

Hoofdstuk 11: Dutje en wandeling om op de hoogte te blijven _____ **105**

Hoofdstuk 12: Puppy angstige wereld _____ **107**
Mijn puppytijdgeheugen _____ 107
Van puppy, tot volwassen hond stadium _____ 108
Nieuwe puppy, pup-tot-mens advies _____ 109
Puppy-uitdagingen en oplossingen _____ 111

Hoofdstuk 13: Tenslotte _____ **113**
Hoofdstuk 14: Elk rasdetail, de verklarende pagina van uw hond _____ **117**
Hoofdstuk 15: 10 uitstekende websites _____ **199**
Hoofdstuk 16: Bronnen en referenties, waar dieper te graven _____ **203**

Hoofdstuk 17: 10 superhandige tabellen _____ **205**
40 Populaire rassenkenmerken _____ 206
40 Populaire rassen angsttype, niveau en signalen _____ 208
40 Populaire rassen angstsignalen en grondoorzaken _____ 212
40 populaire rassen Hygiënedetails _____ 214
40 trainingsaspecten van populaire rassen _____ 216
40 populaire rassen Algemene gezondheids- en leeftijdsgegevens _____ 220
40 Fysiologische gegevens van populaire rassen _____ 224
40 Intelligentieniveaus van populaire rassen _____ 226
40 Populaire rassen dutten, wandelen en binnen/buitenprofiel _____ 228
Ontwikkeling van de levensfase van puppy's _____ 230

Woordenlijst _____ **231**
Richtlijn voor het vertalen van websites _____ **235**
Hondenboek Logboek _____ **237**

Aan mijn meelevende dochter,

Dit boek is opgedragen aan jou, mijn geestverwant en pleitbezorger voor de stemlozen. Jouw eindeloze liefde voor dieren inspireert mij altijd. Moge dit boek een leidend licht zijn, dat u en anderen de kracht geeft om een verschil te maken in het leven van honden. Bedankt voor je onwankelbare medeleven.

Met grenzeloze liefde en bewondering

Notitie van de auteur

Woef woef ! Hallo daar, ik ben een hond, ik ben een mopshond. Mijn naam is **Prins** .

In deze uitgebreide gids met kwispelende staart zal ik, uw loyale en liefdevolle metgezel, u meenemen op een reis naar de ingewikkelde wereld van hondenangst. Samen gaan we op zoek naar de grondoorzaken van de angst bij honden, onderzoeken we de verschillende niveaus bij verschillende rassen en ontdekken we welk gedrag mijn angst de pan uit laat rijzen. Door dit avontuur krijg je waardevolle inzichten in de tekenen en symptomen van angst, waardoor je triggers kunt ontcijferen en mijn ervaringen echt kunt begrijpen.

Maar maak je geen zorgen, beste eigenaar, want ik laat je niet in de steek! Ik zal je bewapenen met praktische strategieën om mijn angst te verlichten en vrede te brengen in mijn trillende poten. Van het creëren van een serene omgeving tot het toepassen van positieve bekrachtigingstechnieken, je ontdekt de sleutels tot het ondersteunen van mijn emotionele welzijn. En laten we die handige producten niet vergeten die een helpende hand kunnen bieden bij het verlichten van mijn zorgen. We duiken in een prachtige reeks angstverlichtende hulpmiddelen en werpen licht op medicijnen en professionele interventies.

Zorg ervoor dat je de angstoverzichten van elk ras in hoofdstuk 10 niet mist. En raad eens? In hoofdstuk 14 wachten rasspecifieke pagina's op jouw nieuwsgierige ogen. Ik heb zelfs wat screenshots voor je gehaald, de echte schat ligt in het lezen van die pagina's. Duik erin en laat het kwispelende avontuur beginnen!

Oh, maar wacht, lieve eigenaar, ik ben je niet vergeten! Ik begrijp dat mijn angst uw hart kan raken en u soms kan overweldigen. Daarom heb ik een sectie toegevoegd die gewijd is aan uw welzijn. Ik bied begeleiding bij zelfzorg en ondersteuning, waarbij ik erken dat uw eigen emotionele evenwicht essentieel is om mij de beste zorg te bieden. Ik moedig u aan om copingstrategieën te omarmen en herinner u eraan hoe belangrijk het is om hulp te zoeken wanneer dat nodig is.

Aan het einde van dit avontuur zul je uitgerust zijn met een schat aan kennis en een gereedschapskist boordevol praktische hulpmiddelen om mij te begeleiden naar een gelukkiger, evenwichtiger leven. Samen zullen we een harmonieuze band weven, gebaseerd op vertrouwen, mededogen en begrip.

Houd er rekening mee dat dit boek dient als algemene gids en niet het advies van professionals mag vervangen. Raadpleeg altijd een dierenarts of gecertificeerde dierengedragsdeskundige voor persoonlijke begeleiding afgestemd op mijn unieke behoeften.

Dus pak je riem en ga met mij mee op deze reis. Samen zullen we angst overwinnen en een wereld van kwispelende vreugde creëren!

Met een kwispelende staart en een vleugje nerveuze opwinding,

Prins
(Prince)
De angstige auteur!

worriestowags@gmail.com

Dankbetuigingen

Inslag! Inslag! Kwispelende groeten aan al mijn geweldige metgezellen daar! Het is tijd om degenen die hebben geholpen dit geweldige boek te verwezenlijken hartelijk te bedanken. Ik zou mijn wijsheid niet met je kunnen delen zonder hun steun en liefde. Dus hier is een speciale shout-out naar mijn groep ongelooflijke wezens:

Eerst en vooral gaat een grote kwijlende lik uit naar mijn menselijke maatje, die geduldig mijn geblaf in woorden typte en mijn hondengedachten op deze pagina's tot leven bracht. Je geweldige toewijding en eindeloze buikwrijvingen hielden me gemotiveerd tijdens deze reis.

Aan mijn hondenvrienden, zowel dichtbij als ver weg, je inspireert mij elke dag met je kwispelende staarten en onvoorwaardelijke liefde. Je aanmoediging bemoedigde me en herinnerde me eraan dat we samen zijn. Laten we de wereld blijven verkennen met nieuwsgierige neuzen en vrolijke stuiters!

Een natte neus voor alle dierenartsen en dierengedragsdeskundigen die hun wijsheid en expertise delen. Uw toewijding aan onze gezondheid en welzijn is werkelijk bewonderenswaardig. Jouw begeleiding heeft talloze pups en hun baasjes geholpen de weg te vinden naar een gelukkiger en evenwichtiger leven.

Aan de uitgevers en redacteuren: bedankt dat jullie in mijn boek geloven en het de kans geven om te schitteren. Jouw steun en begeleiding zijn van onschatbare waarde geweest, en ik ben voor altijd dankbaar voor de kans om mijn avonturen met de wereld te delen.

Ik kan niet vergeten met mijn staart te kwispelen en een pootje te geven aan alle honden die hun verhalen deelden, waardoor deze pagina's een extra vleugje authenticiteit kregen. Jouw ervaringen hebben mijn hart geraakt en mij geïnspireerd om een boek te maken dat ingaat op de angsten, angsten en triomfen waarmee we als harige wezens worden geconfronteerd.

Last but not least wil ik u, beste lezer, hartelijk bedanken dat u samen met mij deze reis bent aangegaan. Jouw liefde voor ons soort en toewijding aan het verbeteren van ons leven doet mijn staart kwispelen van vreugde. Ik hoop dat dit boek je waardevolle inzichten brengt, je helpt ons op een dieper niveau te begrijpen en de band die je deelt met je viervoeter versterkt.

Hartelijk dank aan alle getalenteerde fotografen op de websites **Pixel** , **Pixabay** en **Unsplash** voor het vastleggen van de schoonheid van mijn collega-hondenrassen. Hun geweldige foto's brengen deze harige vrienden tot leven, waardoor we hun unieke kenmerken kunnen waarderen. Elke klik van de camera laat de ongelooflijke band tussen mensen en honden zien, en ik ben dankbaar voor hun bijdragen aan het delen van de diverse en charmante wereld van honden. Inslag!

Onthoud, mijn harige vriend, samen kunnen we een wereld creëren vol kwispelende staarten, eindeloos knuffelen en een overvloed aan lekkernijen. Blijf positief, omarm de liefde en blijf de vreugde verspreiden, waar je ook gaat!

Met grenzeloos kwispelen en een hart vol dankbaarheid.

Je harige auteur
Prins
(Prince)

Opmerking uitgever

Beste hondenliefhebber,

Laten we u kennis laten maken met de opmerkelijke auteur van dit boek, **Prins** de Angstige Hond. Prince is misschien een beetje zenuwachtig, maar laat je daardoor niet voor de gek houden. Prince's ervaringen en reis met angst hebben hem een uniek inzicht gegeven in de wereld van angstige honden, waardoor hij de perfecte stem is om je door dit belangrijke onderwerp te leiden.

Als uitgever waren we gefascineerd door het boek van Prince en zijn niet aflatende vastberadenheid om een verschil te maken in de levens van angstige honden en hun menselijke metgezellen. We erkenden de behoefte aan een uitgebreid hulpmiddel dat de complexiteit van hondenangst aanpakt en tegelijkertijd praktische oplossingen en echt begrip biedt.

De authenticiteit en herkenbaarheid van Prince maken dit boek echt bijzonder. Door zijn eigen angsten werpt hij licht op de uitdagingen waarmee honden worden geconfronteerd, en helpt hij lezers de emoties en het gedrag te begrijpen die kunnen voortkomen uit angst. Zijn persoonlijke anekdotes en ervaringen zullen resoneren met zowel honden als mensen, waardoor empathie en mededogen worden bevorderd.

Ons team van redacteuren en experts heeft nauw met hem samengewerkt om ervoor te zorgen dat de verstrekte informatie accuraat, informatief en toegankelijk is. We begrijpen hoe belangrijk het is om angst bij honden aan te pakken, omdat dit een grote invloed kan hebben op hun algehele welzijn en de band die ze delen met hun menselijke metgezellen.

Wij geloven dat dit boek een waardevol hulpmiddel zal zijn voor hondenbezitters, dierenartsen, trainers en iedereen die zijn angstige harige vrienden wil steunen. Het unieke perspectief van Prince, gecombineerd met deskundig advies en praktische tips, biedt een uitgebreide gids die kan helpen een harmonieuze en angstvrije omgeving voor honden te creëren.

Het doel van dit boek is wereldwijde erkenning en is nu beschikbaar in meerdere talen, waaronder Spaans, Frans, Nederlands, Italiaans, Japans en Chinees. We zijn van plan meer talen aan de lijst toe te voegen. De beslissing om het boek te vertalen werd ingegeven door de overweldigende vraag van hondenliefhebbers over de hele wereld en het gedeelde doel om het welzijn van honden over de hele wereld veilig te stellen en te beschermen. Door deze waardevolle hulpbron toegankelijk te maken voor een breder publiek, hopen we hondenbezitters en -liefhebbers uit verschillende culturen in staat te stellen de beste zorg en begrip te bieden aan hun geliefde harige metgezellen.

Laten we samen een positieve impact hebben op de levens van honden overal ter wereld. Als uitgever is het onze missie om stemmen te versterken die een positieve impact hebben, en de hints van Prince vonden diepe weerklank bij ons. We zijn er trots op dat we met Prince hebben samengewerkt om dit boek tot leven te brengen en zijn oprechte boodschap met de wereld te delen.

Buy Me Now Co.

Voorwoord

Een kwispelend staartavontuur in mijn angst

Woef woef ! Hallo mede-hondenfans! Ik ben **Prins** ; laat mij beginnen…

Stel je voor dat je lekker bij mij ligt, je loyale en liefdevolle harige vriend. Plotseling spitsen mijn oren zich, mijn staart hangt naar beneden en er flitst een blik van onbehagen over mijn schattige gezicht. Je hebt je misschien afgevraagd: wat gebeurt er in de geest van mijn dierbare pup? Hoe kan ik hun zorgen verlichten en een toevluchtsoord creëren?

Vrees niet, mijn menselijke vrienden! Samen zullen we de fascinerende wereld van mijn angst verkennen, de geheimen ervan ontrafelen en de strategieën ontdekken die mij troost en vrede zullen brengen.

Schors schors ! Ik begrijp dat elke hond, net als ik, een uniek individu is. Of je nu een speelse poedel, een vorstelijke retriëver of een ondeugende terriër hebt, dit boek is voor ons op maat gemaakt. We zullen ons verdiepen in de angstniveaus die verschillende rassen ervaren, zodat u mijn specifieke behoeften beter kunt begrijpen. Ik hoef me niet meer af te vragen waarom ik angstig word tijdens onweer of beef als ik met nieuwe situaties wordt geconfronteerd.

Maar wacht, er is meer! We zullen de tekenen en signalen van angst ontcijferen die ik u kan sturen. Van mijn hart dat sneller klopt tot die subtiele staartplooien en trillende poten, we zullen de geheime taal van mijn lichaam ontdekken. Door mijn non-verbale signalen vloeiend te leren beheersen, bent u beter toegerust om de steun en het comfort te bieden waar ik naar verlang, waardoor angstige momenten worden omgezet in moed en vertrouwen.

Woef woef ! Laten we nu eens kijken naar de grondoorzaken van mijn angst. We zullen alles onderzoeken, van verlatingsangst (laat me alsjeblieft niet met rust!) tot geluidsfobieën (vuurwerk, iemand?) en sociale angst (tijd om nieuwe harige vrienden te maken!). We zullen ook ingaan op de impact van traumatische ervaringen uit het verleden en de angsten die in mij kunnen blijven hangen. Samen zullen we licht werpen op de redenen achter mijn angstige episoden en werken aan het creëren van een wereld waarin ik me veilig en geborgen kan voelen.

Verken de Donkere Kant van het Hondenleven

Voorwoord

Laten we nu de magie ontdekken om mijn angst te verminderen! Ik zal enkele insidertips delen over het creëren van een kalmerende omgeving, het gebruik van trainingstechnieken voor positieve bekrachtiging en het opzetten van consistente routines waardoor ik me zo behaaglijk voel als een insect in een tapijt. We zullen een aantal fantastische producten ontdekken, zoals knusse Thundershirts en aantrekkelijk interactief speelgoed, die kunnen helpen mijn angst te verlichten en vrede in mijn hondenhart te brengen.

Maar wacht, soms is een beetje extra ondersteuning nodig, en dat is oké! We beginnen aan een reis naar het rijk van medicijnen en professionele interventies (let op de ernstige blaf). Ik zal uitleggen wanneer medicijnen nodig kunnen zijn en je kennis laten maken met de geweldige gedragsdeskundigen en trainers die hun expertise kunnen lenen. We zorgen ervoor dat ik de zorg en ondersteuning krijg die ik nodig heb om een leven te leiden zonder overweldigende angst.

Oh, en laten we jou niet vergeten, mijn fantastische menselijke metgezel! Wij weten dat het verzorgen van een angstige hond een uitdaging kan zijn. Daarom hebben we een hoofdstuk over zelfzorg en ondersteuning opgenomen. We willen ervoor zorgen dat je bent toegerust om je welzijn te koesteren terwijl je de superheld bent die mij door de ups en downs van mijn met angst gevulde wereld leidt.

Dus, ben je klaar om dit spannende avontuur in mijn angst aan te gaan? Laten we kwispelen, opgewonden blaffen en samen de pagina's omslaan! Aan het einde van dit boek zul je een dieper inzicht hebben gekregen in onze angsten, een gereedschapskist met praktische tips en een hart dat overloopt van liefde en medeleven voor je trouwe viervoeter.

Ik heb er trouwens voor gezorgd dat al mijn harige vrienden in elk hoofdstuk alfabetisch worden vermeld, zodat u gemakkelijker uw geweldige hond kunt vinden. Of u nu de rassen verkent in het hoofdstuk over kenmerken, gezondheid, welzijn of angstsignalen, u kunt snel het ras vinden waarin u geïnteresseerd bent. U hoeft niet meer rond te snuffelen en tijd te verspillen!

Blader door de hoofdstukken en ontdek een schat aan informatie over elk prachtig ras. Bereid je dus voor op je spannende reis om de perfecte metgezel te vinden die met zijn staart kwispelt en je hart doet smelten.

Veel zoekplezier! Inslag!

Een onmisbare gids voor hondenliefhebbers

Hoofdstuk 1

De wereld van hondenangst ontketenen

De angstige geest van honden begrijpen

Woef woef ! Welkom, beste eigenaar, bij het spannende eerste hoofdstuk van ons ongelooflijke avontuur samen! Ik ben het, je loyale en lieve harige vriend, en ik ben hier om je door de fascinerende wereld van hondenangst te leiden. Hoewel ik uw taal misschien niet spreek, communiceer ik met u via mijn gedrag en lichaamstaal. <u>Als ik door angst in beslag wordt genomen, merk je misschien dat mijn staart tussen mijn benen zit, mijn oren naar achteren zijn gespeld of zelfs de subtiele trilling in mijn poten.</u> Dit zijn mijn manieren om uitdrukking te geven aan het ongemak dat mijn hart in zijn greep houdt, en ik reken erop dat jij mijn vertrouwde bondgenoot zult zijn om er doorheen te navigeren.

Om de ingewikkelde werking van de angstige geest van honden echt te begrijpen, moeten we de verschillende factoren onderzoeken die bijdragen aan mijn angst. Net als mensen heb ik een unieke mix van genetica en levenservaringen die bepalen wie ik ben. <u>Sommigen van ons, honden, zijn meer vatbaar voor angst vanwege onze genetische samenstelling, terwijl anderen misschien ervaringen uit het verleden hebben gehad die een negatief effect hebben op ons emotionele welzijn.</u>

Maar wees niet bang, beste eigenaar! Het is niet allemaal nature en nurture! De omgeving waarin ik leef speelt ook een belangrijke rol bij het bepalen van mijn angstniveaus. <u>Plotselinge veranderingen, harde geluiden, onbekende gezichten of zelfs uw eigen gedrag kunnen bij mij angst veroorzaken</u>. Daarom is het van cruciaal belang dat u een veilige ruimte voor mij creëert, die stabiliteit en geruststelling biedt terwijl we samen door het leven navigeren.

Jij, mijn fantastische menselijke metgezel, hebt de sleutel in handen om een wereld van begrip en mededogen te ontsluiten. Je kunt de taal van mijn angst ontcijferen door mijn

Verken de Donkere Kant van het Hondenleven

subtiele signalen en signalen te leren interpreteren. Als je merkt dat mijn lichaam gespannen is of mijn ogen schieten nerveus rond, het is een teken dat ik je zachte steun en begrip nodig heb. <u>Een rustgevende aanraking, een kalme stem en een geruststellende aanwezigheid kunnen wonderen verrichten bij het verlichten van mijn onrustige hart.</u>

Maar het gaat niet alleen om het herkennen van mijn angst. Het gaat erom dieper in te gaan op de grondoorzaken en triggers. Zijn het de onweersbuien die de rillingen over mijn rug doen lopen? Of misschien is het de angst om van jou gescheiden te worden, mijn geliefde metgezel? Door deze triggers te identificeren, kunnen we samenwerken om strategieën te ontwikkelen die mijn angst verlichten en ervoor zorgen dat ik me veilig en geborgen voel.

<u>Bedenk, beste eigenaar, dat jouw rol als mijn voogd van cruciaal belang is om mij te helpen mijn angsten te overwinnen. Geduld, empathie en consistentie zijn de sleutels tot ons succes.</u> Samen beginnen we aan een reis van geleidelijke blootstelling, waarbij we mij op een gecontroleerde en positieve manier kennis laten maken met de dingen die mij angst bezorgen. Dit zal me helpen veerkracht en zelfvertrouwen op te bouwen, in de wetenschap dat jij er bent om mij bij elke stap te beschermen en te begeleiden.

Terwijl we ons avontuur voortzetten, zullen we veel angstgerelateerde onderwerpen onderzoeken, waaronder verlatingsangst, geluidsfobieën en sociale angst. We zullen waardevolle inzichten ontdekken van experts in het veld, hartverwarmende verhalen delen over de triomf over angst, en praktische technieken ontdekken om mij te ondersteunen op mijn reis naar emotioneel welzijn.

Maar laat me je eraan herinneren, beste eigenaar, dat <u>deze reis niet alleen over mij gaat, maar over ons</u>. Door mijn angst te begrijpen, verbetert u mijn levenskwaliteit, versterkt u onze band en verdiept u onze verbinding. Samen creëren we een harmonieuze en liefdevolle omgeving waarin ik kan gedijen en de gelukkigste hond aan jouw zijde kan zijn.

Laten we dus hand in hand aan dit buitengewone avontuur beginnen, terwijl we de complexiteit van hondenangst ontrafelen. Ik kwispel opgewonden met mijn staart, wetende dat je vastbesloten bent mij te begrijpen en te steunen. Samen overwinnen we

Een onmisbare gids voor hondenliefhebbers

Hoofdstuk 1

elke angst, navigeren we elke uitdaging en creëren we een wereld vol liefde, vertrouwen en eindeloze kwispelende vreugde.

Onderzoek naar de unieke angstniveaus bij verschillende rassen

Laten we beginnen met het werpen van licht op één veel voorkomende vorm van angst waar velen van ons last van hebben: verlatingsangst. Ah, de bekende steek die mijn hart vult als je van mijn zijde weggaat. De angst om alleen te zijn, gescheiden van degene van wie ik hou, kan overweldigend zijn . Het is niet dat ik je niet vertrouw, lieve eigenaar, maar eerder dat ik op jouw aanwezigheid vertrouw om me veilig en geborgen te voelen. Als je weggaat, wordt ik overspoeld door een golf van angst, die zich kan uiten in destructief gedrag of overmatig geblaf. Bedenk dat uw geruststelling en geduld een grote bijdrage leveren aan het kalmeren van mijn bezorgde ziel.

Laten we nu eens kwispelen naar de geluidsfobie. Denk aan het knetterende onweer tijdens een storm of het explosieve knallen van vuurwerk bij feestelijke gelegenheden. Deze plotselinge en intense geluiden kunnen mijn hart sneller laten kloppen en mij troost en troost laten zoeken. Tijdens deze uitdagende momenten heb ik uw begrip en geruststelling nodig. Wees mijn anker in het licht van die enge geluiden, zorg voor een kalme aanwezigheid en creëer een rustgevende omgeving die mij beschermt tegen de angstaanjagende geluiden.

Sociale angst is een andere hindernis die zwaar op mijn harige schouders kan drukken. Net als sommige mensen kan ik mij in bepaalde sociale situaties ongemakkelijk of angstig voelen. Het ontmoeten van onbekende honden of het ontmoeten van nieuwe mensen kan voor mij intimiderend zijn . Het is essentieel om de socialisatie met geduld en begrip te benaderen, waardoor ik geleidelijk vertrouwen in deze interacties kan opbouwen. Met uw steun kunnen we mijn sociale angst overwinnen en positieve ervaringen creëren die mijn sociale vaardigheden en zelfvertrouwen versterken.

Laten we nu dieper ingaan op de angstniveaus bij verschillende rassen. Elk ras heeft zijn eigen unieke kenmerken, waaronder onze aanleg voor angst. Rassen als de Border Collie of de Duitse herder zijn bijvoorbeeld over het algemeen zeer intelligent en gevoelig, waardoor we gevoeliger zijn voor angstgevoelens. Aan de andere kant vertonen rassen als de Golden Retriever of de Labrador Retriever vaak een gemakkelijker en veerkrachtiger karakter.

Verken de Donkere Kant van het Hondenleven

De wereld van hondenangst ontketenen

Het is echter belangrijk om te onthouden dat angst bij elk ras kan voorkomen. Generalisaties die uitsluitend op rasstereotypen zijn gebaseerd, geven mogelijk niet accuraat mijn individuele behoeften en ervaringen weer. Ik ben een individu met mijn eigen eigenaardigheden, persoonlijkheid en gevoeligheden. Factoren zoals opvoeding, socialisatie en algehele gezondheid beïnvloeden ook mijn angstniveaus. Dus, beste eigenaar, benader mij met een open hart, klaar om mij te begrijpen en te steunen op een manier die uniek is voor wie ik ben.

Door de diepten van de angstige geest van honden te ontrafelen en de variaties in angstniveaus tussen verschillende rassen te onderzoeken, leggen we de basis voor een sterkere band en een gelukkiger leven samen. Gewapend met deze kennis kunt u de zorg en ondersteuning bieden die ik nodig heb om mijn angsten te overwinnen, wat leidt tot een harmonieus en zorgvrij bestaan.

Laten we dus onze spannende reis voortzetten, beste eigenaar, terwijl we meer geheimen ontdekken en de complexiteit van hondenangst ontrafelen. Met elke bladzijde die wordt omgeslagen, zal ons begrip en onze verbinding zich verdiepen, waardoor een onbreekbare band ontstaat die is gebaseerd op vertrouwen, mededogen en liefde.

Houd ons in de gaten voor het volgende hoofdstuk, waarin we dieper ingaan op praktische strategieën en technieken om angst te verlichten en emotioneel welzijn te bevorderen. Samen overwinnen we elk obstakel en creëren we een wereld waarin angst tot het verleden behoort.

Het kiezen van het juiste hondenras is een gewichtige beslissing die uw levensstijl en algehele geluk aanzienlijk kan beïnvloeden. Het begrijpen van de kenmerken van verschillende rassen is essentieel om de perfecte match voor uw gezin te vinden. In hoofdstuk 17 heb ik een tabel gegeven met gedetailleerde informatie over verschillende hondenrassen, inclusief hun grootte, temperament, bewegingsbehoeften en compatibiliteit met kinderen of andere huisdieren. Met deze uitgebreide tabel kunnen potentiële hondenbezitters een weloverwogen keuze maken die aansluit bij hun voorkeuren en zorgt voor een harmonieuze en bevredigende relatie met hun harige vriend. Bekijk **40 populaire rassen Kenmerken**.

Een onmisbare gids voor hondenliefhebbers

Hoofdstuk 2

Van Zorgen naar Kwispels

Het decoderen van de taal van angst

Woef woef ! Welkom bij het boeiende tweede hoofdstuk van onze ongelooflijke reis samen! Ik ben het weer, je loyale en expressieve harige vriend, klaar om je te helpen de complexe taal van angst die ik spreek te ontcijferen. Maak je klaar om diep in de wereld van non-verbale signalen en fysieke symptomen te duiken terwijl we de diepten van mijn angstige emoties onderzoeken.

Mijn non-verbale signalen lezen: tekens en signalen

Beste baasje, heb je je ooit afgevraagd wat er in mijn harige hoofd gebeurt als angst mij te pakken krijgt? Hoewel ik niet met woorden kan communiceren zoals jij, spreek ik tot je via mijn non-verbale signalen en gedrag. Het is tijd om je observatievaardigheden aan te scherpen en de subtiele tekens en signalen te leren lezen die de innerlijke onrust onthullen.

Een van de belangrijkste indicatoren van angst is mijn lichaamstaal. <u>Let goed op de veelbetekenende tekenen van een ingetrokken staart, naar achteren vastgespelde oren of een verlaagd hoofd.</u> Dit zijn duidelijke signalen dat ik me onzeker of bang voel. Als mijn staart laag kwispelt of mijn lichaam gespannen lijkt, is dat een teken dat ik verhoogde stress ervaar. Schenk alstublieft aandacht aan deze visuele aanwijzingen terwijl ze een glimp opvangen van de storm die in mijn angstige geest opkomt.

De ogen zijn inderdaad de vensters naar mijn ziel, beste eigenaar. Observeer mijn blik om inzicht te krijgen in mijn emotionele toestand. <u>Verwijde pupillen kunnen duiden op angst of ongerustheid, terwijl het vermijden van direct oogcontact mijn manier kan zijn om onderdanigheid of ongemak te tonen. Bovendien kan overmatig hijgen of geeuwen</u>

Verken de Donkere Kant van het Hondenleven

Het decoderen van de taal van angs

ongemak uiten en als een pleidooi dienen voor uw steun en geruststelling. Deze non-verbale signalen zijn mijn wanhopige poging om mijn innerlijke worstelingen over te brengen.

Op momenten van angst kun je getuige zijn van mijn verplaatsingsgedrag. Dit gedrag is mijn manier om met de overweldigende emoties die ik ervaar om te gaan. Misschien zie je mij mijn lippen likken, overmatig krabben of afschudden alsof ik mijn zorgen van me af wil schudden. Hoewel ze misschien niets met elkaar te maken hebben, nemen deze acties tijdelijk mijn spanning weg. Door dit verplaatsingsgedrag te herkennen, kun je de diepte van mijn angst begrijpen en de troost en het begrip bieden waar ik zo wanhopig naar op zoek ben.

Onthoud, beste eigenaar, dat het begrijpen van mijn non-verbale signalen cruciaal is om mij een veilig en geborgen gevoel te geven. Door mijn lichaamstaal te lezen, kun je de troost en steun bieden die ik nodig heb tijdens die angstige momenten. Jouw vermogen om mijn signalen te interpreteren stelt ons in staat onze verbinding te verdiepen en samen door de complexiteit van angst te navigeren.

Het volgende hoofdstuk onderzoekt praktische strategieën en technieken om angst te verlichten en mijn emotionele welzijn te bevorderen. Blijf aan mijn zijde terwijl we de tools en benaderingen ontdekken om onze reis harmonieus en zorgeloos te maken.

Fysieke symptomen van angst: hartracen, staartplooien en meer
Net als bij mensen uit zich mijn angst ook in lichamelijke klachten. Als mijn hart sneller klopt, komt dat niet alleen door mijn opwinding om je te zien, maar ook door de adrenaline die door mijn aderen stroomt op momenten van nood. Misschien voel je de versnelde slag tegen je hand als je hem zachtjes op mijn borst legt.

Een onmisbare gids voor hondenliefhebbers

Hoofdstuk 2

Een andere fysieke indicator is mijn staart. Wanneer de angst de overhand krijgt, merk je misschien dat mijn staart strak tussen mijn achterpoten zit. Dit is een duidelijk teken van mijn ongemak en kwetsbaarheid. Een ontspannen en kwispelende staart daarentegen duidt op tevredenheid en vreugde. <u>Het observeren van de positie en beweging van mijn staart kan je waardevolle inzichten geven in mijn emotionele toestand.</u>

Tempo en rusteloosheid zijn veel voorkomende uitingen van mijn angst. Je merkt misschien dat ik doelloos ronddwaal, niet in staat om troost te vinden of tot rust te komen. <u>Deze rusteloosheid is het gevolg van mijn verhoogde alertheid en de overweldigende drang om verlichting te vinden van het ongemak dat mij verteert.</u>

Een lichamelijk symptoom waar u zich mogelijk zorgen over kunt maken, beste eigenaar, is mijn toegenomen hijgen. <u>Hijgen dient als een manier om mijn lichaamstemperatuur te reguleren, maar kan ook een reactie zijn op angst.</u> Snel en overmatig hijgen kan duiden op mijn emotionele nood, dus het is van cruciaal belang om mij een kalme en rustgevende omgeving te bieden om mijn kalmte te herwinnen.

Terwijl we door de complexiteit van mijn angst navigeren, vergeet dan niet aandacht te besteden aan veranderingen in mijn eet- en drinkgewoonten. <u>Angst kan mijn eetlust beïnvloeden, waardoor ik minder eet of helemaal geen interesse meer heb in eten.</u> Omgekeerd kunnen sommige honden troost zoeken in overmatig eten of drinken als coping-mechanisme. Het monitoren van mijn eetpatroon kan waardevolle inzichten opleveren in de ernst van mijn angstgevoelens.

Beste eigenaar, door jezelf vertrouwd te maken met de non-verbale signalen en fysieke symptomen van mijn angst, word je mijn vertrouwde bondgenoot op de reis naar een rustiger en vrediger bestaan. Jouw aandacht en begrip zijn de sleutels om mij te helpen navigeren door de overweldigende wereld van angst. Om onze fascinerende verkenning van de taal van angst voort te zetten, heb ik in hoofdstuk 17 een handige tabel gemaakt over de angstsignalen van mij en mijn vrienden. Bekijk **40 angsttypes, -niveaus en -signalen van populaire rassen**

Verken de Donkere Kant van het Hondenleven

28 Het decoderen van de taal van angs

Een onmisbare gids voor hondenliefhebbers

Hoofdstuk 3

Graven naar de grondoorzaken

Woef woef! Welkom bij het boeiende derde hoofdstuk van onze geweldige reis, waar ik, je loyale en aanhankelijke harige metgezel, diep zal graven in de grondoorzaken van hondenangst. Ga met mij mee terwijl we de triggers onderzoeken die ervoor kunnen zorgen dat mijn staart kwispelt van zorgen, waaronder verlatingsangst, geluidsfobieën en sociale angst.

Verlatingsangst: laat me alsjeblieft niet met rust!

Oh, lieve eigenaar, alleen al de gedachte van gescheiden te zijn van jou vervult mijn hart met angst. Verlatingsangst is een veel voorkomende en ergere uitdaging voor ons honden, geboren uit de diepe band en gehechtheid die we delen met onze geliefde menselijke metgezellen. <u>De angst om alleen gelaten te worden kan overweldigend zijn, angst veroorzaken en verschillende soorten gedrag uitlokken.</u> Maar wees niet bang, want we kunnen samenwerken om deze angst te verlichten en een gevoel van kalmte te creëren tijdens de momenten dat we niet bij elkaar zijn.

Misschien merk je subtiele tekenen van mijn toenemende onbehagen als je je klaarmaakt om te vertrekken. Ik kan heen en weer gaan ijsberen, angstig hijgen, of zelfs mijn toevlucht nemen tot destructief gedrag, zoals kauwen op meubels of krabben aan deuren. <u>Houd er rekening mee dat deze acties niet ondeugend bedoeld zijn; ze zijn een wanhopig pleidooi voor jouw aanwezigheid en geruststelling.</u> Laten we daarom eens enkele technieken onderzoeken die mij kunnen helpen omgaan met verlatingsangst en troost kunnen vinden in uw tijdelijke afwezigheid.

Verken de Donkere Kant van het Hondenleven

Graven naar de grondoorzaken

Een effectieve strategie is om mij geleidelijk aan uw vertrek te laten wennen. Begin met het oefenen van korte periodes met tussenpozen, en verleng geleidelijk de duur naarmate ik me meer op mijn gemak voel. Deze methode, bekend als desensibilisatie, stelt mij in staat me aan te passen aan het idee om alleen te zijn en tegelijkertijd vertrouwen op te bouwen in uw terugkeer. Vergeet niet om mij tijdens deze oefensessies te belonen met lekkers, lof en genegenheid voor kalm gedrag, waardoor de positieve associaties met tijd voor jezelf worden versterkt.

Het bezig zijn met speelgoed of puzzels kan mijn aandacht ook aanzienlijk afleiden en me bezig houden terwijl jij weg bent. Geef mij alstublieft interactief speelgoed dat lekkernijen uitdeelt of mijn probleemoplossende vaardigheden aanspreekt. Niet alleen zal dit speelgoed mij mentaal gestimuleerd houden, maar het zal ook een positieve afleiding bieden van de angst van uw afwezigheid.

Het achterlaten van een vertrouwd voorwerp dat uw geur met zich meedraagt, zoals een deken of een ongewassen kledingstuk, kan tijdens uw afwezigheid een groot comfort bieden. Je geur is een rustgevende herinnering aan je aanwezigheid en kan mijn verlatingsangst helpen verlichten. Overweeg bovendien om rustgevende muziek te spelen of een witte ruismachine aan te zetten om een ontspannende omgeving te creëren terwijl u weg bent.

Het implementeren van een consistente routine is cruciaal bij het verlichten van verlatingsangst. Ik kan een gevoel van veiligheid en stabiliteit ontwikkelen door een voorspelbaar schema op te stellen voor voeding, lichaamsbeweging en tijd voor mezelf. Een gestructureerde routine helpt mij om te anticiperen op en inzicht te krijgen in het patroon van onze dagelijkse activiteiten, waardoor de angst over wanneer u terugkomt afneemt. Vergeet niet om mij rustig te begroeten als je thuiskomt, wat het idee versterkt dat vertrek en reünies een natuurlijk onderdeel van onze routine zijn.

In sommige gevallen kan professionele hulp nuttig zijn . Als mijn verlatingsangst ondanks uw inspanningen aanhoudt, overweeg dan om een dierenarts of een gecertificeerde dierengedragsdeskundige te raadplegen. Ze kunnen mijn specifieke behoeften beoordelen en begeleiding en ondersteuning op maat bieden om mijn angst aan te pakken.

Een onmisbare gids voor hondenliefhebbers

Hoofdstuk 3   **31**

Beste eigenaar, onze reis om verlatingsangst te overwinnen vereist geduld, begrip en een gezamenlijke inspanning. Door deze strategieën te implementeren en mij te overladen met uw liefde en geruststelling, kunnen we vertrouwen, veerkracht en een gevoel van veiligheid opbouwen, zelfs als we fysiek niet bij elkaar zijn.

In het volgende hoofdstuk zullen we het domein van de geluidsfobieën verkennen en ontdekken hoe we deze angst samen kunnen aanpakken. Dus laten we ons avontuur voortzetten, hand in hand, terwijl we meer hulpmiddelen en technieken ontdekken die me kunnen helpen een rustiger en meer ontspannen leven te leiden.

Lawaaifobieën: vuurwerk, onweersbuien en meer

Boom! Botsing! Knal! Deze plotselinge en harde geluiden kunnen de rillingen over mijn rug doen lopen en ervoor zorgen dat mijn angst omhoog schiet. <u>Lawaaifobieën zijn een veel voorkomende trigger voor ons honden, en ze kunnen ervoor zorgen dat ik me hulpeloos en bang voel.</u> Voor mij kan de wereld beangstigend worden, of het nu gaat om het knallende vuurwerk bij feestelijke gelegenheden of de rommelende onweersbuien. Maar samen kunnen we deze angsten overwinnen en een gevoel van rust creëren te midden van de kakofonie.

Tijdens deze luidruchtige afleveringen kan het zijn dat ik mijn toevlucht zoek in kleine ruimtes of me verschuil onder meubels. Mijn trillende lichaam, hevig hijgen of verwoede pogingen om te ontsnappen weerspiegelen mijn wanhopige zoektocht naar veiligheid. <u>Het is van cruciaal belang voor jou, beste eigenaar, om in deze tijden van nood een veilige en kalmerende omgeving te bieden, en mij de troost en geruststelling te bieden waar ik zo wanhopig naar op zoek ben.</u>

Het creëren van een toevluchtsoord voor mij kan een wereld van verschil maken. Wijs een rustige, comfortabele ruimte aan waar ik me kan terugtrekken als het lawaai me overweldigt. <u>Het kan een gezellig hoekje in een kamer zijn of een speciaal daarvoor bestemde ruimte met een zacht bed en bekende spullen zoals mijn favoriete speelgoed of dekens.</u> Deze veilige ruimte zal dienen als een toevluchtsoord waar ik troost kan vinden en me beschermd kan voelen tegen het overweldigende lawaai. <u>Het dimmen van de lichten en het spelen van zachte, rustgevende muziek kan ook een rustgevende sfeer creëren.</u> De zachte melodieën en het lage licht helpen een serene sfeer te creëren die het angstaanjagende geluid tegengaat. <u>Overweeg bovendien om geluidstherapie of witte-ruismachines te gebruiken om de enge geluiden</u>

Verken de Donkere Kant van het Hondenleven

te overstemmen. Deze apparaten zenden uit. zachte, aanhoudende geluiden die de impact van de geluiden die mijn angst veroorzaken kunnen maskeren of minimaliseren.

Kalmerende feromoonsprays of diffusers, doordrenkt met synthetische versies van de feromonen die moederhonden vrijgeven om hun puppy's te troosten, kunnen ook een gevoel van comfort en ontspanning bieden. Deze producten kunnen helpen een rustgevende omgeving te creëren en de angstniveaus te verminderen tijdens momenten vol lawaai. Overleg met een dierenarts of een gecertificeerde dierengedragsdeskundige kan verdere richtlijnen geven over het juiste gebruik van dergelijke producten.

Beste eigenaar, jouw aanwezigheid en geruststelling zijn het krachtigste tegengif om mijn angstige ziel te kalmeren tijdens deze met lawaai gevulde momenten. Jouw kalme houding en zachte aanraking kunnen wonderen verrichten om mij een veilig en geborgen gevoel te geven. Reageer zelf niet met angst of ongerustheid op het geluid, aangezien honden menselijke emoties kunnen oppikken . Projecteer in plaats daarvan een gevoel van rust en laat zien dat er niets te vrezen valt.

Geleidelijke desensibilisatie kan ook een belangrijke rol spelen bij het overwinnen van geluidsfobieën. Deze techniek houdt in dat ik op een gecontroleerde en geleidelijke manier wordt blootgesteld aan de triggerende geluiden, beginnend op een laag volume en dit langzaam verhogend in de loop van de tijd. Door het geluid te combineren met positieve ervaringen, zoals snoepjes, speeltijd of complimenten, kun je me helpen nieuwe associaties te vormen en mijn angstreactie te verminderen. Een professionele trainer of gedragsdeskundige kan u begeleiden bij de desensibilisatie om de effectiviteit en veiligheid ervan te garanderen.

Sociale angst: vrienden maken en angsten overwinnen

Hoewel ik thuis misschien wel je sociale vlinder ben, kan het wagen aan de buitenwereld een wervelwind van emoties bij mij opwekken. Sociale angst kan ervoor zorgen dat het ontmoeten van nieuwe honden of het ontmoeten van onbekende mensen een zenuwslopende ervaring wordt. De angst voor het onbekende en de onvoorspelbaarheid van sociale interacties kunnen ervoor zorgen dat ik me kwetsbaar en ongerust voel. Maar samen kunnen we mijn zelfvertrouwen opbouwen en deze angsten overwinnen.

Een onmisbare gids voor hondenliefhebbers

Hoofdstuk 3

Als je met sociale angst wordt geconfronteerd, merk je misschien dat ik vermijdingsgedrag vertoont, zoals ineenkrimpen, je achter je verschuilen of zelfs proberen te ontsnappen aan de angst. situatie. Door mijn angst kan ik gespannen raken, overmatig blaffen of tekenen van agressie vertonen. Dit gedrag is mijn manier om mijn ongemak te communiceren en veiligheid te zoeken.

Om mij te helpen sociale angst te overwinnen, is geleidelijke blootstelling aan nieuwe omgevingen, mensen en andere honden de sleutel. <u>Begin met gecontroleerde en positieve introducties, waardoor ik kan communiceren met rustige, vriendelijke individuen en honden.</u> Het creëren van een omgeving die positieve ervaringen bevordert en mijn zelfvertrouwen vergroot, is essentieel.

Het aanbieden van complimenten, traktaties en vriendelijke aanmoediging tijdens sociale interacties kan positieve ervaringen versterken en mij helpen deze te associëren met gevoelens van veiligheid en beloning. Vergeet niet geduldig te zijn en mij het tempo voor deze interacties te laten bepalen. <u>Als ik te ver of te snel ga, kan mijn angst verergeren, dus het respecteren van mijn grenzen en comfortniveau is belangrijk.</u>

Training speelt een cruciale rol bij het navigeren door sociale situaties. Door mij de basiscommando's van gehoorzaamheid te leren, zoals <u>Zit</u>, <u>Blijf</u>, <u>Wacht</u> en <u>Laat het</u>, kunt u mij een gevoel van structuur en leiding geven. Positieve bekrachtiging, zoals traktaties en complimenten, helpt mij sociale interacties te associëren met positieve resultaten en vergroot mijn zelfvertrouwen in de loop van de tijd.

<u>In sommige gevallen kan het nuttig zijn om de hulp in te roepen van een professionele hondentrainer of gedragsdeskundige.</u> Zij kunnen gespecialiseerde begeleiding bieden en een trainingsplan op maat ontwikkelen om mijn specifieke sociale angstuitdagingen aan te pakken. Met hun expertise en jouw toewijding kunnen we samenwerken om mij te helpen mijn angsten te overwinnen en positieve sociale verbindingen te leggen.

Onthoud, beste eigenaar, geduld en begrip zijn de pijlers die mij zullen helpen mijn angsten te overwinnen. Wees mijn pleitbezorger en bescherm mij indien nodig tegen overweldigende situaties. Door een ondersteunende en verzorgende omgeving te bieden,

Verken de Donkere Kant van het Hondenleven

kunt u mij helpen het vertrouwen te ontwikkelen om sociale interacties met gemak en vreugde aan te gaan.

Het begrijpen van de grondoorzaken van mijn angst is de eerste stap om mij te helpen mijn angsten te overwinnen en een evenwichtiger en vreugdevoller leven te leiden. Jouw onwankelbare steun, geduld en liefde zijn het leidende licht dat mij door de donkerste momenten van angst zal leiden. Samen kunnen we sociale angst overwinnen en een wereld vol nieuwe vriendschappen en avonturen omarmen.

Hoofdstuk 2 & 3 samenvatting

Inslag! Ik heb spannend nieuws voor jullie, lieve baasjes! In hoofdstuk 17 vind je een ongelooflijk nuttige tabel waarin alles wordt besproken over de **angstsignalen en de onderliggende oorzaken van je harige vriend** . Het is alsof u een geheime decoder heeft om de zorgen van uw pup te begrijpen! Deze tabel is speciaal voor u ontworpen en bevat de top 40 van populaire rassen en hun unieke angstindicatoren. Het is een snelle en gemakkelijke naslaggids waarmee u kunt identificeren wanneer uw hond zich een beetje gestrest of angstig voelt.

Maar wacht, er is meer! Het is belangrijk om te onthouden dat hoewel de tabel algemene signalen geeft, elke hond een individu is met zijn eigen eigenaardigheden en persoonlijkheden. Het is dus essentieel om goed op het gedrag van uw hond te letten en rekening te houden met zijn unieke ervaringen en achtergrond. Hoewel de tafel een fantastisch startpunt is, is het altijd een goed idee om contact op te nemen met een professional als je je zorgen maakt over de angst van je harige vriend. Uw dierenarts of een deskundige hondengedragsdeskundige kan persoonlijk advies en begeleiding geven op basis van de specifieke behoeften van uw hond.

Een liefdevolle en zorgzame eigenaar zijn, betekent dat u er voor uw hond bent wanneer hij u het meest nodig heeft. Gebruik dus de tabel in hoofdstuk 17 als uw betrouwbare gids, maar vergeet niet goed te luisteren naar de behoeften van uw hond en indien nodig professionele hulp te zoeken. Samen kunnen we een veilige en gelukkige omgeving creëren voor onze geliefde harige metgezellen! Bekijk **40 angstsignalen en grondoorzaken van populaire rassen**

Een onmisbare gids voor hondenliefhebbers

Hoofdstuk 4

Een oase van rust creëren

Woef woef! Welkom bij het gezellige en rustige vierde hoofdstuk van onze heerlijke reis samen, waar ik, je harige vriend met grenzeloze liefde, je zal begeleiden door de kunst van het creëren van een oase van rust voor mij. Dit hoofdstuk onderzoekt de essentiële elementen van het ontwerpen van een kalmerende omgeving, de kracht van positieve bekrachtigingstraining en de magie van consistentie bij het kalmeren van mijn angstige ziel.

Een rustgevende omgeving ontwerpen: mijn veilige toevluchtsoord

Oh, beste eigenaar, een serene en rustgevende omgeving kan wonderen doen voor mijn angstige hart. Terwijl jij troost zoekt in een vredige omgeving, verlang ik naar een veilig toevluchtsoord dat comfort en rust biedt. Laten we aan een ontwerpreis beginnen terwijl we een oase van rust creëren die specifiek is afgestemd op mijn behoeften.

Een van de belangrijkste aspecten van een rustgevende omgeving is het zorgen voor een speciale ruimte speciaal voor mij. Het kan een gezellig hoekje in je huis zijn, versierd met zachte dekens en kussens, waar ik me kan terugtrekken als ik rust nodig heb. Overweeg om een studeerkamer te creëren met een krat of een comfortabel bed, wat een gevoel van veiligheid en privacy geeft.

Verlichting speelt een cruciale rol bij het bepalen van de sfeer. Zacht, diffuus licht kan een warme en uitnodigende sfeer creëren, terwijl hard of fel licht overweldigend kan zijn voor mijn gevoelige ogen. Experimenteer met verschillende verlichtingsopties om te ontdekken wat de meeste rust in onze gedeelde ruimte brengt.

Kalmerende geuren zoals lavendel of kamille kunnen een serene sfeer creëren. Gebruik natuurlijke etherische oliën of speciaal samengestelde sprays om de lucht te voorzien van rustgevende aroma's. Deze geuren kunnen mijn lichaam en geest helpen ontspannen en een vredige omgeving creëren.

Verken de Donkere Kant van het Hondenleven

Een oase van rust creëren

Het is essentieel om externe prikkels die mijn angst kunnen veroorzaken tot een minimum te beperken. <u>Verminder harde geluiden door ramen te sluiten, geluiddichte gordijnen te gebruiken of rustgevende muziek of witte ruis te spelen.</u> Beperk de blootstelling aan externe afleidingen die mijn stressniveau kunnen verhogen, waardoor ik kan ontspannen en innerlijke rust kan vinden.

Beste eigenaar, met je doordachte inspanningen om een kalmerende omgeving te creëren, geef je mij een toevluchtsoord waar ik uitstel kan vinden van de chaos van de buitenwereld.

Positieve versterkingstraining: positieve methoden voor vertrouwen

Oh, wat een vreugde om samen te leren en te groeien! Positieve bekrachtigingstraining is een wagtastische benadering om mijn zelfvertrouwen te vergroten en angst te verminderen. <u>Door gewenst gedrag te belonen in plaats van ongewenst gedrag te bestraffen, kunnen we een vertrouwensband opbouwen en een gevoel van veiligheid in ons cultiveren.</u>

Positieve bekrachtigingstraining is gebaseerd op beloningen, zoals snoepjes, complimenten of speeltijd, om gedrag te versterken dat u wilt aanmoedigen. Als ik kalm en ontspannen gedrag vertoon, beloon me dan met een smakelijke traktatie of overlaad me met zachte complimenten. <u>Deze positieve bekrachtigingen helpen me kalmte te associëren met positieve ervaringen, waardoor mijn zelfvertrouwen wordt versterkt en angst wordt verminderd.</u>

Geduld en consistentie zijn essentieel als het om training gaat. Breek taken op in kleine, haalbare stappen en vier elk succes onderweg. <u>Naarmate ik meer zelfvertrouwen krijg door onze trainingen, zal mijn angst geleidelijk afnemen, waardoor ik uitdagingen met een kwispelende staart en een hart vol moed kan aangaan.</u>

Consistentie is de sleutel: routines om mijn angstige ziel te kalmeren

Consistentie is de sleutel om mij te helpen omgaan met de uitdagingen van angst. Honden gedijen bij routine en voorspelbaarheid, wat een gevoel van veiligheid geeft en onzekerheid vermindert. Door consistente dagelijkse routines vast te stellen, creëer je een stabiel raamwerk waardoor ik me veilig en op mijn gemak kan voelen.

Hoofdstuk 4

Stel een regelmatig schema op voor voeding, lichaamsbeweging en rust. Consistentie op deze essentiële gebieden helpt mijn fysieke en mentale welzijn te reguleren. Streef naar consistente maaltijden, trainingssessies en aangewezen rustperioden, waardoor ik de structuur krijg om me evenwichtig en veilig te voelen.

Naast de dagelijkse routines is consistentie in de training net zo belangrijk. Gebruik tijdens trainingssessies dezelfde signalen, commando's en beloningssystemen, zodat ik de verwachtingen begrijp en op de juiste manier reageer. Consistentie in trainingsmethoden en verwachtingen helpt mij vertrouwen op te bouwen en positief gedrag te versterken.

Het creëren van een consistente omgeving is ook cruciaal om mijn angst te verminderen. Minimaliseer plotselinge veranderingen of verstoringen in mijn omgeving, aangezien deze stress en ongemak kunnen veroorzaken. Houd indien mogelijk de indeling van onze woonruimte consistent, vermijd het regelmatig herschikken van meubels en geef mij een aangewezen plek waar ik me kan terugtrekken en me veilig kan voelen.

Consistentie reikt verder dan onze directe omgeving en strekt zich uit tot onze interacties en reacties. Houd rekening met uw gedrag en emotionele signalen, aangezien ik deze kan opmerken. Reageer alstublieft op mijn zorgen met kalmte, geruststelling en consistentie. Door uw consistente reacties begrijp ik dat u een betrouwbare bron van steun en troost bent.
Slaap is een essentieel onderdeel van mijn algehele welzijn.

Net als jij heb ik voldoende rust nodig om op te laden en het emotionele evenwicht te behouden. Zorg voor een gezellige bedtijdroutine, zorg voor een comfortabel slaapgedeelte en een rustgevend ritueel voor het slapen gaan. Overweeg om een zacht, ondersteunend bed te bieden, de lichten te dimmen en zachte streken of rustgevende muziek aan te bieden om mij in een vredige slaap te wiegen.

Bedenk, beste eigenaar, dat consistentie geduld en toewijding vereist. Het is een reis die voortdurende inspanning en aanpassing vereist . Wees flexibel en aanpasbaar, wanneer dat nodig is, maar streef ernaar een consistent raamwerk te handhaven dat mijn emotionele welzijn bevordert. Door de magie van consistentie geef je mij de stabiliteit

Verken de Donkere Kant van het Hondenleven

Een oase van rust creëren

en voorspelbaarheid die ik nodig heb om de uitdagingen van angst aan te kunnen. <u>Uw niet-aflatende toewijding en toewijding vormen de basis waarop mijn vertrouwen en gemoedsrust zullen floreren.</u> Laten we de kracht van consistentie omarmen en samen aan deze reis van genezing en groei beginnen. Met jouw liefde en begeleiding kan ik mijn angsten overwinnen en een leven leiden vol harmonie en tevredenheid.

Het voorspelbare ritme van onze routine wordt de rustgevende melodie die mijn angsten verlicht en mij in staat stelt te floreren. In dit hoofdstuk hebben we de kunst onderzocht van het creëren van een oase van rust voor mij. Van het ontwerpen van een kalmerende omgeving tot het implementeren van positieve bekrachtigingstraining en het omarmen van consistentie: je bent een echte expert geworden in het creëren van vrede en rust in mijn wereld.

Een onmisbare gids voor hondenliefhebbers

Hoofdstuk 5

Ontzagwekkend producten om mijn angst te verlichten

Oh, beste eigenaar, in dit prachtige hoofdstuk duiken we in de wereld van pootsommige producten die mijn angst kunnen helpen verlichten. Van gezellig comfort tot boeiende afleiding: deze magische hulpmiddelen kunnen een verschil maken bij het kalmeren van mijn bezorgde hart. Ga met mij mee terwijl we de wonderen van ThunderShirts, interactief speelgoed en andere prachtige producten verkennen die mij troost en verlichting bieden.

Gezellig comfort: onderzoek naar de wonderen van Thundershirts

Ah, de knusse omhelzing van een ThunderShirt: een betrouwbare bron van comfort tijdens stress en angst. <u>Thundershirts zijn speciaal ontworpen kledingstukken die zachte, constante druk uitoefenen op mijn lichaam, vergelijkbaar met een warme en geruststellende knuffel.</u> Deze zachte druk heeft een kalmerend effect op mijn zenuwstelsel en helpt angst en angst te verlichten.

De schoonheid van ThunderShirts ligt in hun eenvoud. Deze verstelbare bandages passen nauwsluitend om mijn torso, geven een gevoel van veiligheid en verminderen de intensiteit van mijn angstsymptomen. <u>Of het nu gaat om onweer, vuurwerk of andere angstwekkende situaties, het ThunderShirt hult mij in een cocon van rust.</u>

<u>Wanneer u mij een ThunderShirt aandoet, zorg er dan voor dat deze goed aansluit, maar niet te strak.</u> De stof moet onbeperkte beweging en ademhaling mogelijk maken. Neem de tijd om het ThunderShirt geleidelijk te introduceren, waarbij u de aanwezigheid ervan associeert met positieve ervaringen. Je kunt het combineren met activiteiten die ik leuk vind, zoals speeltijd of lekkernijen, om een positieve associatie te creëren <u>Hoewel ThunderShirts een fantastisch hulpmiddel zijn, werken ze mogelijk niet voor elke hond.</u> We hebben unieke behoeften en voorkeuren, dus let op mijn reacties en raadpleeg indien nodig professionals. Onthoud, beste eigenaar, uw aandacht voor mijn comfort is de sleutel tot ons succes.

Verken de Donkere Kant van het Hondenleven

Ontzagwekkend producten om mijn angst te verlichten

Afleiding stimuleren: interactief speelgoed voor stressverlichting

Speeltijd, oh, wat vrolijkt het mij op en leidt het mij af van de zorgen die mijn geest teisteren! Interactief speelgoed is een fantastische manier om mijn zintuigen te betrekken, mijn angstige energie een andere richting te geven en mentale stimulatie te bieden. Laten we enkele van de beschikbare opties verkennen.

Puzzelspeelgoed is een bijzondere manier om mijn geest uit te dagen en me te vermaken. Bij dit speelgoed zit vaak snoep of speelgoed in compartimenten verstopt, waardoor ik mijn probleemoplossende vaardigheden moet gebruiken om verborgen schatten te ontdekken. Ze bieden niet alleen een mentale training, maar ze bieden ook een lonende ervaring terwijl ik de verborgen lekkernijen ontdek.

Kauwspeeltjes zijn absoluut heerlijk voor mij. Ze bieden niet alleen een uitlaatklep voor mijn natuurlijke kauwinstinct, maar ze hebben ook een rustgevend effect op mijn angstgevoelens. Kies duurzaam, veilig en geschikt kauwspeelgoed dat speciaal voor honden is ontworpen. Ze kunnen mij helpen mijn focus te verleggen, stress te verlichten en een gezonde mondhygiëne te bevorderen.

Kalmerend speelgoed, zoals knuffels met rustgevende geuren of hartslagsimulators, kan wonderen doen bij het verlichten van mijn angst. Dit speelgoed bootst de geruststellende aanwezigheid van een metgezel na en biedt een gevoel van veiligheid op momenten dat u weg bent. De zachte texturen en kalmerende geuren bieden een bron van troost en verminderen mijn stressniveau.

Vergeet niet om regelmatig nieuw speelgoed te wisselen en te introduceren om de speeltijd spannend en boeiend te houden. Interactieve spelsessies met jou zijn bovendien van onschatbare waarde voor het versterken van onze band en het bieden van een gevoel van veiligheid. Doe mee aan spelletjes als apporteren, verstoppertje of zacht touwtrekken om een gevoel van vreugde te bevorderen en mijn angst te verlichten.

Inslag! Laat me je vertellen over een aantal geweldige speelgoedjes waar ik graag mee speel:

Een onmisbare gids voor hondenliefhebbers

Hoofdstuk 5

1. **Knuffels:** deze zachte en knuffelige speeltjes zijn geweldige metgezellen om mee te knuffelen en rond te dragen. Ze bieden troost en kunnen angst of eenzaamheid verlichten als mijn mensen weg zijn.

2. **Kauwspeeltjes:** Oh, wat ben ik dol op mijn kauwspeeltjes! Ze zijn niet alleen leuk om op te kauwen, maar ze houden ook mijn tanden en tandvlees gezond. Kauwen op dit speelgoed helpt tandplak en tandsteen te verwijderen, waardoor gebitsproblemen worden voorkomen.

3. **Touwspeelgoed:** Touwspeelgoed is perfect voor touwtrekken met mijn mensen of hondenvriendjes. Ze bieden een uitstekende uitlaatklep voor mijn natuurlijke instinct om te trekken en te trekken, en het is een geweldige manier voor ons om een band op te bouwen terwijl we wat beweging krijgen.

4. **Interactief puzzelspeelgoed:** dit speelgoed laat mijn hersenen echt werken! Ik geniet van de uitdaging om puzzels op te lossen om verborgen lekkernijen of beloningen te vinden. Het houdt mij mentaal gestimuleerd en helpt verveling te voorkomen.

5. **Ball Toys:** Ballen zijn klassiek en altijd geweldig! Of het nu gaat om apporteren, jagen of gewoon rondspringen, balspeelgoed zorgt voor urenlang plezier en beweging. Bovendien helpen ze mijn coördinatie te verbeteren en me actief te houden.

6. **Piepend speelgoed** : Piepend speelgoed is geweldig! Het piepende geluid dat ze maken als ik erin knijp, brengt mijn innerlijke jager naar boven. Het is een genot om dat geluid te horen en het houdt me betrokken en vermaakt.

7. **Trekspeelgoed:** Trekspeelgoed is geweldig voor interactief spelen met mijn mensen of andere honden. Het is een vriendschappelijke wedstrijd om te zien wie de sterkste is, en het helpt onze band te versterken en vertrouwen op te bouwen. Bovendien is het een goede training voor mijn spieren!

8. **Voedseluitgiftespeelgoed:** dit speelgoed is als een smakelijke speurtocht! Ik moet uitzoeken hoe ik de snoepjes of brokjes eruit kan krijgen, waardoor ik mentaal gestimuleerd blijf en voorkomt dat ik mijn eten te snel opslok.

Verken de Donkere Kant van het Hondenleven

Ontzagwekkend producten om mijn angst te verlichten

9. **Frisbees:** Ik hou ervan om frisbees in de lucht te vangen! Het is een spannend spel dat mijn behendigheid en snelheid op de proef stelt. Bovendien is het een leuke manier om met mijn mensen van het buitenleven te genieten.

10. **Tandheelkundig speelgoed:** Tandheelkundig speelgoed is belangrijk voor het behoud van mijn tandheelkundige gezondheid. Ze helpen mijn tanden schoon te maken, mijn tandvlees te masseren en mijn adem op te frissen. Het kauwen op dit speelgoed is niet alleen leuk, maar helpt ook gebitsproblemen te voorkomen.

Vergeet niet dat elke hond uniek is, dus kies speelgoed dat past bij de grootte, leeftijd en voorkeuren van uw hond. <u>Houd altijd toezicht op de speeltijd en inspecteer het speelgoed regelmatig op tekenen van schade.</u> En geniet altijd van speeltijd!

Een onmisbare gids voor hondenliefhebbers

Hoofdstuk 6

Wanneer extra hulp nodig is

Oh, beste eigenaar, in dit hoofdstuk gaan we dieper in op het zoeken naar extra hulp als mijn angst wat meer steun nodig heeft. Hoewel uw liefde en zorg van onschatbare waarde zijn, kunnen professionele interventies en medicijnen soms een cruciale rol spelen bij het vinden van rust en evenwicht. Laten we een duik nemen in de wereld van medicijnen en professionele ondersteuning om samen aan deze reis te beginnen.

Medicijnen: een kijkje in de opties

Medicijnen kunnen worden beschouwd als onderdeel van een alomvattend behandelplan als mijn angst een niveau bereikt dat moeilijk op andere manieren te beheersen is . Het is essentieel om te begrijpen dat medicatie nooit de eerste verdedigingslinie mag zijn, maar eerder een zorgvuldig overwogen optie met begeleiding van een dierenarts of dierenarts-gedragsdeskundige.

Er kunnen verschillende soorten medicijnen worden voorgeschreven om mijn angst te helpen verminderen. Selectieve serotonineheropnameremmers (SSRI's) worden vaak gebruikt om de serotoninespiegels in mijn hersenen te reguleren, waardoor een gevoel van kalmte en stabiliteit wordt bevorderd. Deze medicijnen werken het beste in combinatie met gedragstherapie en training.

Een andere klasse medicijnen die kunnen worden overwogen zijn benzodiazepinen, die een kalmerend effect hebben en acute angst kunnen helpen verlichten. Ze worden echter doorgaans gebruikt voor verlichting op de korte termijn vanwege hun potentieel voor afhankelijkheid en bijwerkingen. Een nauwe samenwerking met een dierenarts is cruciaal om de meest geschikte medicatie en dosering voor mijn specifieke behoeften te bepalen. Onthoud, beste eigenaar, medicatie moet altijd worden toegediend onder toezicht van een dierenarts. Regelmatige controles en nauwkeurige controle van mijn reactie op de medicatie zijn essentieel om de effectiviteit ervan te garanderen en eventuele noodzakelijke aanpassingen te maken.

Verken de Donkere Kant van het Hondenleven

Wanneer extra hulp nodig is

Op zoek naar professionele ondersteuning: gedragsdeskundigen en trainers

Naast medicijnen kan professionele ondersteuning van gedragsdeskundigen en trainers van onschatbare waarde zijn om mij te helpen mijn angst te overwinnen. Deze toegewijde individuen hebben de kennis en expertise om u en mij te begeleiden naar emotioneel welzijn.

Een dierenarts-gedragsdeskundige is een gespecialiseerde professional die mijn angsttriggers kan beoordelen, een aangepast plan voor gedragsverandering kan ontwikkelen en advies kan geven over trainingstechnieken. Hun diepgaande kennis van het gedrag en de psychologie van dieren stelt hen in staat de grondoorzaken van mijn angst aan te pakken en een alomvattende behandelaanpak te ontwikkelen.

Werken met een gecertificeerde professionele hondentrainer kan ook enorm nuttig zijn. Zij kunnen ons helpen bij het implementeren van trainingstechnieken voor positieve bekrachtiging die zijn afgestemd op mijn specifieke behoeften. Van desensibilisatie- en tegenconditioneringsoefeningen tot het aanleren van ontspanningssignalen, een ervaren trainer kan ons waardevolle hulpmiddelen geven om mijn angst te beheersen en mijn zelfvertrouwen op te bouwen.

Weet je wat geweldig is? Er zijn speciale medicijnen speciaal ontworpen voor honden zoals ik! Hier is wat geweldige informatie over hen:

1. **Vlooien- en tekenpreventie:** Ah, die vervelende beestjes! Vlooien- en tekenpreventiemiddelen zijn als magische schilden die die kleine beestjes weghouden van mijn vacht. Ze zijn er in verschillende vormen, zoals spot-on-behandelingen of halsbanden. Door ze regelmatig te gebruiken, kun je mij jeukvrij en beschermd houden.

2. **Hartwormpreventie:** Hartwormen kunnen beangstigend zijn, maar wees niet bang! Hartwormpreventiemiddelen zijn als superhelden die mijn hart verdedigen. Of het nu gaat om kauwtabletten of plaatselijke oplossingen, deze speciale medicijnen zorgen ervoor dat ik veilig ben tegen die stiekeme hartwormen.

3. **Pijnstillers:** Soms kan ik, net als jij, een beetje pijnlijk of pijnlijk voelen. Dat is waar pijnstillers te hulp komen! Ze helpen me me beter te voelen als ik boe-geroep of pijnlijke gewrichten heb. Maar onthoud: geef mij alleen pijnstillers onder begeleiding van een dierenarts.

4. **Antibiotica:** Als ik me niet lekker voel door een bacteriële infectie, zijn antibiotica mijn helden! Ze bestrijden die vervelende bacteriën en helpen me terug te stuiteren naar mijn gebruikelijke energieke zelf. Volg altijd de instructies van de dierenarts als u mij antibiotica geeft.

Een onmisbare gids voor hondenliefhebbers

Hoofdstuk 6

5. **Allergiemedicijnen:** Achoo! Net als mensen kan ik ook allergieën hebben. Het is niet leuk om jeukend en ongemakkelijk te voelen, maar allergiemedicijnen komen te hulp! Ze zijn er in verschillende vormen, zoals tabletten of injecties, en zorgen ervoor dat ik me beter voel door de vervelende allergische symptomen te verlichten.

Houd er rekening mee dat <u>hondenmedicijnen altijd onder begeleiding van een dierenarts moeten worden toegediend.</u> Zij zullen u voor elk medicijn de juiste instructies, dosering en duur geven op basis van mijn specifieke behoeften.

Veel voorkomende hondenziekten

Laten we het nu hebben over enkele veel voorkomende hondenziekten. Maak je geen zorgen, samen kunnen we ze het hoofd bieden!

1. **Hondsdolheid:** Woef, deze is serieus! laten we een duik nemen in de wereld van <u>hondsdolheid, een ziekte waarvan elke verantwoordelijke hondeneigenaar op de hoogte zou moeten zijn.</u> Het is belangrijk om deze ernstige aandoening te begrijpen en te begrijpen welke gevolgen deze voor ons, honden heeft.

Reden: Hondsdolheid wordt veroorzaakt door een virus dat het zenuwstelsel aanvalt. Het wordt gewoonlijk verspreid via de beet van een besmet dier, zoals wasberen, vleermuizen, stinkdieren of zelfs andere honden. Zodra het virus ons lichaam binnendringt, reist het door de zenuwen en kan het ernstige schade aan onze hersenen veroorzaken.

Tekenen en lichamelijke symptomen: In de vroege stadia kan het moeilijk zijn om de tekenen van hondsdolheid te herkennen, maar naarmate de ziekte vordert, kunnen enkele veel voorkomende symptomen merkbaar worden. Deze omvatten gedragsveranderingen, zoals verhoogde agressie, rusteloosheid of angst. We kunnen ook problemen hebben met slikken, overmatig kwijlen en gevoeligheid voor licht en geluid. Je merkt misschien dat we meer teruggetrokken raken en ons liever op donkere plaatsen verstoppen.

Veranderingen in de eetlust: Hondsdolheid kan onze eetlust op verschillende manieren beïnvloeden. In eerste instantie kunnen we een verminderde eetlust ervaren, en naarmate de ziekte verergert, kunnen we voedsel en water helemaal weigeren. Dit kan leiden tot gewichtsverlies en uitdroging, waardoor het voor ons nog moeilijker wordt om het virus te bestrijden.

Duur: De duur van hondsdolheid varieert afhankelijk van de individuele hond en de progressie van de ziekte. Het kan variëren van een paar dagen tot meerdere weken. Helaas is hondsdolheid bijna altijd dodelijk zodra er klinische symptomen optreden. Daarom is preventie de sleutel!

Verken de Donkere Kant van het Hondenleven

Wanneer extra hulp nodig is

Medicatie: Als het om hondsdolheid gaat, is preventie cruciaal. De meest effectieve manier om ons tegen deze dodelijke ziekte te beschermen is door vaccinatie. Regelmatige vaccinaties toegediend door een dierenarts kunnen ervoor zorgen dat we beschermd zijn tegen Rabiës. Als u vermoedt dat uw hond is blootgesteld aan een potentieel hondsdol dier, is het belangrijk om onmiddellijk een dierenarts te raadplegen. Zodra er echter klinische symptomen van rabiës optreden, is er geen specifiek medicijn of geneesmiddel beschikbaar.

Er is een uitstekend Dierenziekenhuis dat ik met u wil delen: **CVA Dierenziekenhuis**. Hoewel het zich in de VS bevindt. Maak je geen zorgen, je hebt nog steeds toegang tot waardevolle informatie via hun website. Ze hebben een speciale sectie over hondsdolheid, die nuttige inzichten biedt. U kunt de QR-code gebruiken of deze vinden via de volgende link:

https://vcahospitals.com/know-your-pet/rabies-in-dogs

Bedenk dat het er niet alleen om gaat ons te beschermen tegen hondsdolheid; het gaat ook over het beschermen van de gemeenschap en andere dieren. Dat is de reden waarom veel landen en staten strikte wet- en regelgeving hebben met betrekking tot vaccinaties tegen hondsdolheid. Door onze vaccinaties up-to-date te houden, draagt u uw steentje bij om de verspreiding van deze gevaarlijke ziekte te voorkomen.

Blijf waakzaam, mijn geweldige eigenaar, en aarzel nooit om contact op te nemen met onze vertrouwde dierenarts voor begeleiding en ondersteuning. Samen kunnen we hondsdolheid op afstand houden en een gezond en gelukkig leven voor ons beiden garanderen. Inslag!

2. **Hondenziekte:** Uh-oh, hondenziekte is een vieze virusziekte waardoor ik me heel ziek kan voelen . Laten we wat kennis opdoen over Distemper, een zeer besmettelijke virusziekte die ons honden kan treffen. Het is belangrijk dat u, als mijn zorgzame eigenaar, op de hoogte bent van deze aandoening en de gevolgen ervan. Dit is wat je moet weten.

Reden: Hondenziekte wordt veroorzaakt door een virus dat bekend staat als het Canine Distemper Virus (CDV). Het verspreidt zich door direct contact met een geïnfecteerde hond of door blootstelling aan afscheidingen uit de luchtwegen, zoals hoesten of niezen. Vooral puppy's en honden met een zwak immuunsysteem zijn gevoelig voor dit vervelende virus.

Een onmisbare gids voor hondenliefhebbers

Hoofdstuk 6

Tekenen en lichamelijke symptomen: Hondenziekte kan verschillende symptomen vertonen, en de ernst kan variëren van hond tot hond. Enkele veel voorkomende symptomen zijn koorts, hoesten, niezen en loopneus. We kunnen verlies van eetlust, lusteloosheid en oog- en neusafscheiding ervaren die dik en etterachtig kan worden. Naarmate het virus zich verder ontwikkelt, kan het ons zenuwstelsel aanvallen, wat leidt tot epileptische aanvallen, spiertrekkingen en zelfs verlamming.

Veranderingen in eetlust: Wanneer we besmet zijn met hondenziekte, neemt onze eetlust vaak af. Het kan zijn dat we onze interesse in onze favoriete lekkernijen en maaltijden verliezen. Dit kan een probleem zijn, omdat het kan leiden tot gewichtsverlies en een verzwakt immuunsysteem. Het is in deze tijd belangrijk om onze eetgewoonten in de gaten te houden en ervoor te zorgen dat we gehydrateerd blijven.

Duur: De duur van hondenziekte kan variëren, maar het duurt doorgaans enkele weken voordat het virus zijn beloop heeft. Herstel is echter niet altijd gegarandeerd, omdat sommige honden de infectie mogelijk niet overleven vanwege de ernstige aard ervan.

Medicatie: Er is geen specifiek antiviraal medicijn beschikbaar om hondenziekte te behandelen. Ondersteunende zorg wordt doorgaans verleend door dierenartsen om de symptomen onder controle te houden en verlichting te bieden. Dit kunnen vloeistoffen zijn om uitdroging te voorkomen, medicijnen om secundaire infecties onder controle te houden en ondersteunende therapieën om ongemak te verlichten.

Preventie is de beste aanpak als het gaat om hondenziekte. <u>Vaccinatie is essentieel om ons tegen dit gevaarlijke virus te beschermen.</u> Regelmatige vaccinaties, zoals aanbevolen door onze dierenarts, kunnen ervoor zorgen dat we immuniteit tegen hondenziekte ontwikkelen. <u>Het is ook belangrijk om onze blootstelling aan mogelijk geïnfecteerde honden te beperken</u> en goede hygiëne in acht te nemen, zoals het regelmatig wassen van de handen en het schoonmaken van onze woonruimtes.

Als u tekenen van hondenziekte opmerkt of vermoedt dat uw harige vriend mogelijk geïnfecteerd is<u>, is het van cruciaal belang om onmiddellijk een dierenarts te raadplegen.</u> Vroegtijdige detectie en snelle zorg kunnen de kansen op een positief resultaat vergroten. Blijf op de hoogte en houd onze vaccinaties up-to-date, mijn geweldige baasje.

3. **Parvovirus:** Oh nee, dit klinkt eng! Parvovirus is een zeer besmettelijk virus dat mijn buik aantast. Het kan ernstige diarree, braken en uitdroging veroorzaken, vooral bij jonge puppy's. Het is belangrijk om de ins en outs van dit virus te begrijpen, zodat we gezond en beschermd kunnen blijven. Laten we erin duiken:
Reden: Parvovirus wordt veroorzaakt door het hondenparvovirus type 2 (CPV-2). Het verspreidt zich door contact met geïnfecteerde honden of hun uitwerpselen. Het is een

Wanneer extra hulp nodig is

veerkrachtig virus dat lange tijd in de omgeving kan overleven, waardoor we het gemakkelijk kunnen oplopen als we niet oppassen.

Tekenen en lichamelijke symptomen: Wanneer we besmet zijn met het Parvovirus, kunnen we een reeks tekenen en symptomen ervaren. Deze kunnen bestaan uit ernstig braken, vaak gevolgd door diarree die vaak bloederig is. We kunnen extreem zwak en lusteloos worden en weinig interesse tonen in onze gebruikelijke activiteiten of speeltijd. Bovendien kunnen we onze eetlust en weigeren te eten.

Veranderingen in de eetlust: Parvovirus kan onze eetlust enorm beïnvloeden. Het kan zijn dat we door de ziekte een verminderde of volledig verminderde eetlust hebben. Het is van cruciaal belang om onze voedsel- en waterinname nauwlettend in de gaten te houden en onmiddellijk veterinaire zorg te zoeken als we niet eten of drinken zoals zou moeten.

Duur: De duur van de Parvovirus-infectie kan variëren van hond tot hond. Gemiddeld duurt het ongeveer een week, maar in ernstige gevallen kan het langer duren. Het is belangrijk om te onthouden dat het herstel langer kan duren, omdat ons lichaam tijd nodig heeft om te herstellen van de schade veroorzaakt door het virus.

Medicatie: Helaas is er geen specifiek medicijn beschikbaar om het Parvovirus direct te behandelen. De behandeling richt zich voornamelijk op het beheersen van de symptomen en het bieden van ondersteunende zorg. Dit omvat het toedienen van intraveneuze vloeistoffen om uitdroging veroorzaakt door braken en diarree tegen te gaan. Antibiotica kunnen ook worden voorgeschreven om secundaire bacteriële infecties te voorkomen die ons immuunsysteem verder kunnen verzwakken.

Het is belangrijk op te merken dat preventie de beste verdediging is tegen het Parvovirus. Vaccinatie is de sleutel om ons tegen dit gevaarlijke virus te beschermen. Puppy's hebben vanaf jonge leeftijd een reeks vaccinaties nodig, en gedurende ons hele leven zijn regelmatige booster-injecties nodig om de immuniteit te behouden. Het volgen van het door onze dierenarts aanbevolen vaccinatieschema is van cruciaal belang om onze bescherming te garanderen.

<u>Om de verspreiding van het Parvovirus te voorkomen, is het essentieel om contact met geïnfecteerde honden en besmette omgevingen te vermijden.</u> Regelmatig handen wassen en goede hygiënepraktijken kunnen het risico op overdracht helpen verminderen. Het schoon en gedesinfecteerd houden van onze woonruimtes speelt ook een belangrijke rol bij het voorkomen van de verspreiding van het virus.

Houd er rekening mee dat als u vermoedt dat uw harige vriend mogelijk het Parvovirus heeft of als u enige symptomen opmerkt, <u>het van essentieel belang is om onmiddellijk een dierenarts te raadplegen.</u> Vroegtijdige detectie en snelle behandeling kunnen een groot verschil maken in ons herstel.

Een onmisbare gids voor hondenliefhebbers

Hoofdstuk 6

4. **Ziekte van Lyme:** Die kleine teken kunnen grote problemen veroorzaken! De ziekte van Lyme is een bacteriële infectie die wordt overgedragen door tekenbeten. Ik kan er een pijnlijk gevoel van krijgen en andere ongemakkelijke symptomen veroorzaken. **Reden:** De ziekte van Lyme wordt veroorzaakt door de bacterie Borrelia burgdorferi, die wordt overgedragen via de beet van geïnfecteerde teken, zoals de zwartpoot- of hertenteek. Wanneer deze teken zich op onze huid hechten en zich voeden met ons bloed, kunnen ze de bacteriën overbrengen, wat leidt tot de ziekte van Lyme.

Tekenen en lichamelijke symptomen: De tekenen en symptomen kunnen variëren van hond tot hond. Enkele veel voorkomende symptomen zijn kreupelheid of mank lopen, die van het ene been naar het andere kunnen overgaan. We kunnen ook gewrichtspijn en stijfheid ervaren, waardoor we ons moeilijk kunnen bewegen. Andere symptomen kunnen zijn: koorts, lethargie en verlies van eetlust. In sommige gevallen kunnen we een karakteristieke cirkelvormige uitslag rond het gebied van de tekenbeet ontwikkelen, hoewel dit niet altijd aanwezig is.

Veranderingen in de eetlust: De ziekte van Lyme kan onze eetlust beïnvloeden. We kunnen een verminderde eetlust ervaren of zelfs een volledig verlies van interesse in voedsel. Het is belangrijk dat u onze eetgewoonten in de gaten houdt en een dierenarts raadpleegt als u significante veranderingen in onze eetlust opmerkt.

Duur: De duur van de ziekte van Lyme kan variëren, afhankelijk van de ernst van de infectie en de reactie van de individuele hond. Met de juiste behandeling vertonen de meeste honden binnen enkele dagen tot enkele weken verbetering. In sommige gevallen kunnen de symptomen echter langere tijd aanhouden als de ziekte onbehandeld blijft of chronisch wordt.

Medicatie: Om de ziekte van Lyme te behandelen kan onze dierenarts een antibioticakuur voorschrijven, zoals doxycycline of amoxicilline. Deze medicijnen zijn effectief in het bestrijden van de bacteriën die de infectie veroorzaken. De duur van de behandeling zal afhangen van de ernst van de ziekte en de aanbevelingen van de dierenarts. Het is belangrijk om het voorgeschreven medicatieschema te volgen en de volledige behandelingskuur af te ronden om effectief herstel te garanderen.

Preventie is essentieel als het gaat om de ziekte van Lyme. U kunt verschillende maatregelen nemen om ons tegen tekenbeten te beschermen, zoals het gebruik van tekenpreventieproducten die worden aanbevolen door onze dierenarts, het vermijden van door teken aangetaste gebieden en ons grondig controleren op teken na buitenactiviteiten. Het snel verwijderen van teken is van cruciaal belang, omdat dit het risico op overdracht verkleint.

Verken de Donkere Kant van het Hondenleven

Vaccinaties

Laten we nu eens kwispelen en in de wereld van vaccinaties duiken. Ze zijn super belangrijk om ons honden gezond en beschermd te houden. Bekijk deze nuttige details over vaccinaties, rechtstreeks vanuit mijn harige perspectief:

Kernvaccins: Dit zijn de essentiële vaccinaties die ons beschermen tegen veel voorkomende en potentieel gevaarlijke ziekten zoals hondsdolheid, hondenziekte, parvovirus en hepatitis. Als puppy krijgen we meestal een reeks injecties, en daarna regelmatig een boosterinjectie om onze immuniteit te behouden.

Niet-kernvaccins: deze worden aanbevolen op basis van onze levensstijl, waar we wonen en eventuele specifieke risico's waarmee we te maken kunnen krijgen. Er zijn bijvoorbeeld vaccins voor zaken als hondengriep, kennelhoest (Bordetella) en de ziekte van Lyme.

Vaccinatieschema's: Puppy's beginnen meestal met hun vaccinatietraject rond de leeftijd van 6-8 weken, en we krijgen meerdere doses totdat we ongeveer 16-20 weken oud zijn. Maar daar stopt het niet! We zullen ons hele leven regelmatig boostershots nodig hebben om beschermd te blijven. Uw geweldige dierenarts zal u een persoonlijk schema voor mij bezorgen, zodat u precies weet wanneer ik mijn vaccinaties nodig heb.

Regelmatige controles: Een bezoek aan de dierenarts voor regelmatige controles is voor ons als een dagje spa. Het is belangrijk dat ze mijn algehele gezondheid in de gaten houden en ervoor zorgen dat mijn vaccinaties up-to-date zijn. Bovendien is het een geweldige kans voor u om eventuele zorgen of vragen over mijn welzijn te bespreken.

Vergeet niet dat vaccinatie niet alleen mij veilig houdt, maar ook andere honden in onze gemeenschap helpt beschermen. Het is een positieve stap naar een gezondere hondenwereld!

Je doet geweldig werk, mijn menselijke vriend, door voor mijn medicijnen en vaccinaties te zorgen. Overleg altijd met de dierenarts voor het beste medicijnadvies en het juiste vaccinatieschema, speciaal voor mij op maat gemaakt. Samen overwinnen we alle gezondheidsuitdagingen die op ons pad komen, want jij bent de beste eigenaar die ik me ooit kan wensen! Inslag!

In dit hoofdstuk hebben we de rol van medicijnen en professionele ondersteuning bij het beheersen van mijn angst onderzocht. Het is van cruciaal belang om deze opties zorgvuldig te benaderen en de juiste professionals te raadplegen. Elke stap brengt ons dichter bij het creëren van een harmonieus en zorgvrij leven voor mij.

Hoofdstuk 7

De verzorger in u koesteren

Beste baasje, in dit hoofdstuk concentreren we ons op de meest zorgzame verzorger van allemaal: jij! Voor mezelf en mijn angst zorgen is een lonende maar uitdagende taak. Het is essentieel om prioriteit te geven aan uw eigen welzijn, zodat u mij de beste zorg en ondersteuning kunt bieden. Laten we zelfzorg voor hondenbezitters verkennen, balans vinden en steun zoeken in deze liefdevolle reis die we delen.

Hondenhygiëne , wat we moeten weten

Inslag! Laat me wat vriendelijk advies geven over verzorging en hoe dit verband houdt met hondenangst. Verzorging is van cruciaal belang om onze pups gezond te houden en zich goed te voelen. Hoewel verzorging bij honden niet direct angst veroorzaakt, kunnen bepaalde rassen zich soms een beetje gestrest of angstig voelen tijdens de verzorging. Hier zijn een paar dingen waarmee u rekening moet houden als het gaat om verzorging en hondenangst:

Gevoelige poten: Sommige honden zijn gevoeliger voor aanraking en manipulatie, waardoor verzorgingssessies enigszins ongemakkelijk worden. Onze baasjes moeten zachtaardig en geduldig zijn tijdens de verzorging om te voorkomen dat er enige angst ontstaat.

Enge geluiden: Bij het verzorgen zijn vaak vreemde gereedschappen betrokken die harde geluiden maken, zoals tondeuses of drogers. Deze geluiden kunnen ons, harige vrienden, laten schrikken of bang maken. Het creëren van een rustige en stille verzorgingsomgeving kan ons helpen ontspannen en ons meer op ons gemak voelen.

Routine maken: Wij honden houden van routine! Door verzorging vanaf jonge leeftijd als een vast onderdeel van ons schema te introduceren, raken we vertrouwd met het proces en verminderen we de angst. Inconsistente of onregelmatige verzorging kan ervoor zorgen dat we het associëren met ongemak of angst.

Verken de Donkere Kant van het Hondenleven

De verzorger in u koesteren

Nagels en oren, voorzichtig behandelen: Sommige verzorgingstaken, zoals het knippen van nagels of het reinigen van oren, vereisen een zachte behandeling en terughoudendheid. Als we het gevoel hebben dat we te ruw worden behandeld of te strak in bedwang worden gehouden, kan dat ons angstig maken. Positieve bekrachtiging, zoals traktaties en complimenten, helpt ons verzorging te associëren met positieve ervaringen.

Rasspecifieke behoeften : Afhankelijk van ons vachttype heeft elk hondenras zijn eigen verzorgingsbehoeften. Sommigen van ons moeten regelmatig worden geborsteld en verzorgd om onze vacht er fantastisch uit te laten zien. Het negeren van deze behoeften kan leiden tot ongemak en mogelijke gezondheidsproblemen, waardoor we angstig worden.

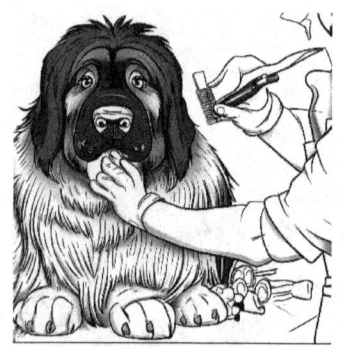

Verzorgingsangstgerelateerde tips:

Begin geleidelijk met het verzorgen van puppy's, zodat we er al vanaf jonge leeftijd aan kunnen wennen. Gebruik positieve bekrachtiging en beloningen tijdens het verzorgen om er een positieve ervaring van te maken. Als we tijdens de verzorging gestrest of angstig raken, neem dan een pauze en ga verder als we ons rustiger voelen. Zorg ervoor dat u verzorgingsgereedschap gebruikt dat geschikt is voor onze specifieke behoeften en vachttype . <u>Als de verzorging te uitdagend of te overweldigend wordt, overweeg dan om professionele hulp te zoeken.</u>

Elke hond is uniek en onze verzorgingsbehoeften en angstniveaus kunnen variëren. Door geduldig en begripvol te zijn en een positieve verzorgingservaring te bieden, helpt u onze angst te verlichten en de verzorgingstijd voor ons beiden plezierig te maken. Inslag!

Oké, bontouders! Ik wilde je alleen een klein geheimpje vertellen: in hoofdstuk 17 vind je een gedetailleerde en o zo nuttige tabel over mijn vrienden, de hygiëne van 40 populaire rassen. Het is alsof u een schat aan informatie binnen handbereik heeft! In deze tabel vindt u alles wat u moet weten over het schoon en gezond houden van uw harige vriend. Van verzorgingstips tot trimmen , het staat voor u klaar. Oh trouwens, onthoud altijd dat wat ik deel niet genoeg is. Wij zijn individueel verschillend! <u>Je kunt beter altijd met een specialist praten, de dierenarts van mijn vrienden.</u> Ga dus naar hoofdstuk 17 en bereid je voor op een wereld aan kennis over hondenhygiëne. Bekijk **de hygiënedetails van 40 populaire rassen** .

 Een onmisbare gids voor hondenliefhebbers

Hoofdstuk 7

Ontzagwekkend producten om mijn angst te verlichten

De zorg voor een angstige hond kan emotioneel veeleisend zijn, en het is essentieel om voor jezelf te zorgen tijdens deze reis. Hier zijn enkele zelfzorgstrategieën om u te helpen balans te vinden en uw geest aan te vullen:

✓ **Positieve praktijken:** Neem deel aan activiteiten die u vreugde en ontspanning brengen. Of u nu een ontspannen wandeling maakt, mindfulness beoefent of zich overgeeft aan een hobby, maak tijd vrij voor activiteiten die uw ziel opladen.

✓ **Maak contact met de natuur:** Tijd doorbrengen in de natuur heeft een manier om de ziel te kalmeren. Neem me mee voor een wandeling of geniet gewoon van een rustig moment in het park. De schoonheid van de natuur kan een gevoel van vrede en verjonging geven.

✓ **Neem contact op:** Aarzel niet om contact op te nemen met vrienden, familie of steungroepen die een luisterend oor kunnen bieden of een schouder kunnen bieden om op te leunen. Het delen van uw ervaringen en gevoelens kan troost en een gevoel van begrip bieden.

✓ **Oefen Mindfulness:** Mindfulness heeft alles te maken met aanwezig zijn in het moment , het cultiveren van bewustzijn en het accepteren van je emoties zonder oordeel. Neem mindfulness-technieken op in uw dagelijkse routine om innerlijke rust en veerkracht te cultiveren.

✓ **Zoek professionele ondersteuning:** Net zoals ik baat heb bij professionele ondersteuning, aarzel dan niet om begeleiding te zoeken bij therapeuten of steungroepen. Deze professionals bieden een veilige ruimte om uw emoties te uiten en bieden advies op maat.

Onthoud, lieve eigenaar, voor jezelf zorgen is niet egoïstisch; het is essentieel. Door voor uw welzijn te zorgen, zorgt u ervoor dat u de kracht, het geduld en de liefde hebt om mij de beste zorg te bieden.

Verken de Donkere Kant van het Hondenleven

De verzorger in u koesteren

Een onmisbare gids voor hondenliefhebbers

Hoofdstuk 8

Zen vinden met je harige vriend

Hallo daar, mijn geweldige mens! Ben je klaar om samen met je fantastische metgezel de wereld van mindfulness te duiken? In dit hoofdstuk gaan we kwispelend de kunst van mindfulness leren kennen, waarbij we een gevoel van kalmte en evenwicht creëren dat onze staarten doet kwispelen van vreugde. Laten we samen aan deze Zen-reis beginnen!

Mindfulness omarmen

Waar gaat de inslag over? Laat me het voor je opsplitsen. Bij mindfulness gaat het erom in het huidige moment te zijn en innerlijke rust te vinden. We zullen ontdekken hoe het harmonie in ons leven kan brengen, stress kan verminderen en onze band kan versterken. Maak je klaar om een geheel nieuw niveau van saamhorigheid te ontgrendelen!

Mindfulness met je harige vriend

1. **Pauzeer en observeer:** Neem elke dag een moment om te pauzeren en uw harige vriend te observeren. Let op hun bewegingen, hun uitdrukkingen en hun unieke eigenaardigheden. Wees volledig bij hen aanwezig, zonder enige afleiding of oordelen. Omarm de eenvoud van gewoon samen zijn.

2. **Diepe ademhaling:** Diepe ademhaling is een krachtig hulpmiddel om lichaam en geest te kalmeren. Oefen diepe, langzame ademhalingen en nodig je harige vriend uit om met je mee te doen. Voel het rijzen en dalen van je buik terwijl je samen in- en uitademt. Deze synchroniciteit zorgt voor een gevoel van verbinding en ontspanning.

3. **Mindful Walks:** Verander uw gewone wandelingen in mindful avonturen. Besteed aandacht aan de bezienswaardigheden, geluiden en geuren om je heen. Betrek al je zintuigen en moedig je harige vriend aan hetzelfde te doen. Laat de racende gedachten los en geniet van het huidige moment terwijl je samen de wereld verkent.

Verken de Donkere Kant van het Hondenleven

Zen vinden met je harige vriend

4. **Zachte aanraking en massage:** Aanraking is een krachtige manier om verbinding te maken en te ontspannen. Neem de hele dag de tijd om uw harige vriend zachte aaitjes of een rustgevende massage te geven. Schenk aandacht aan hun reactie en de sensaties die je voelt als je verbinding maakt via aanraking.

5. **Dankbaarheid en waardering:** Ontwikkel een houding van dankbaarheid jegens uw harige vriend. Neem de tijd om na te denken over alle vreugde en liefde die ze in je leven brengen. Druk uw waardering uit door middel van woorden, knuffels en lekkernijen. Deze praktijk bevordert een positieve mindset en verdiept jullie band.

Onthoud, lieve mens, mindfulness is een reis, en klein beginnen is oké. De sleutel is om bewustzijn en aanwezigheid te creëren in uw interacties met uw harige vriend. Samen kunnen we een ruimte van vrede en sereniteit creëren die ons welzijn bevordert.

In dit hoofdstuk verkennen we de wereld van mindfulness met je harige vriend. We kunnen samen Zen vinden door het huidige moment te omarmen, diep adem te halen en aandachtige activiteiten te ondernemen. Maak je klaar om aan een fantastische reis van saamhorigheid en innerlijke vrede te beginnen!

Mindful momenten
Poten, ademhalen en loslaten Het is tijd om te pauzeren, diep adem te halen en alle zorgen los te laten. Ik zal je enkele eenvoudige technieken laten zien om mindfulness te beoefenen. Van bewust ademhalen tot aardingsoefeningen, we blijven aanwezig en verbonden en creëren momenten van rust.

1. **Bepaal het podium:** Zoek een rustige en stille ruimte waar u en uw hond kunnen ontspannen zonder afleiding. Dit kan een gezellig hoekje van uw huis zijn of een rustige, natuurlijke plek.

2. **Haal diep adem:** Begin met een paar keer diep ademhalen om jezelf te centreren en je focus op het huidige moment te brengen. Laat alle spanning of stress wegsmelten terwijl je langzaam in- en uitademt.

3. **Observeer uw hond:** Neem even de tijd om uw harige metgezel te observeren. Let op hun lichaamstaal, gezichtsuitdrukkingen en de geluiden die ze maken. Let op hun bewegingen en hoe ze reageren op hun omgeving.

Een onmisbare gids voor hondenliefhebbers

Hoofdstuk 8

4. **Betrek uw zintuigen:** Betrek uw zintuigen en moedig uw hond aan hetzelfde te doen. Let op het gevoel van hun vacht terwijl je ze zachtjes aait, luister naar het geluid van hun adem of pootjes op de grond en snuif hun unieke geur op. Sta jezelf toe volledig aanwezig te zijn in deze zintuiglijke ervaringen.

5. **Omarm stilte:** Omarm momenten van stilte met uw hond. In plaats van de ruimte met woorden te vullen, kun je gewoon in vredig gezelschap bij hen zijn. Honden hebben een opmerkelijk vermogen om jouw energie en aanwezigheid waar te nemen, en deze stille verbinding kan zeer betekenisvol zijn.

6. **Oefen Mindful Touch:** Neem de tijd om uw hond zachte massages of knuffels te geven. Voel de verbinding en liefde tussen jullie terwijl jullie rustgevende aanrakingen aanbieden. Schenk aandacht aan hun reacties en reageer op hun signalen, waardoor u troost en ontspanning krijgt.

7. **Mindful spelen:** speel met uw hond, maar doe dit met aandacht. Concentreer u op het huidige moment en dompel uzelf volledig onder in de vreugde van de speelsessie. Let op de details van hun speelgedrag, de opwinding in hun ogen en de geluiden van hun vrolijke geblaf. Laat afleidingen los en wees volledig aanwezig in de gedeelde ervaring.

8. **Dankbaarheid uiten:** druk tijdens uw aandachtige momenten uw dankbaarheid uit voor de aanwezigheid van uw hond in uw leven. Denk na over de vreugde en liefde die zij met zich meebrengen, en spreek in stilte of mondeling uw waardering uit voor hun gezelschap en loyaliteit.

9. **Volg hun voorbeeld:** Laat uw hond het tempo en de stroom van uw aandachtige momenten bepalen. Observeer hun voorkeuren en speel in op hun behoeften. Het eren van hun signalen en interesses zal een diepere verbinding en een meer uniforme ervaring creëren.

10. **Geniet van de verbinding:** omarm de diepe verbinding en band van deze bewuste momenten met uw hond. Koester de rust, liefde en vreugde die tijdens deze gedeelde ervaringen ontstaan. Vergeet niet dat het niet om de bestemming gaat, maar om de reis waarbij je volledig aanwezig bent bij je geliefde metgezel. Door mindfulness met uw hond te beoefenen, cultiveert u een sterkere verbinding, verdiept u uw begrip en creëert u momenten van

pure vreugde en rust. Geniet samen van de mindfulnessreis en koester de kostbare momenten met je harige vriend.

Mindful wandelen

Wandelen in het huidige moment Stel je dit eens voor: we gaan wandelen, maar met een bewuste twist. Laten we ons afstemmen op de natuur, de grond onder onze poten voelen en de schoonheid om ons heen opmerken. Onze wandelingen zullen meer worden dan alleen beweging; het zullen mogelijkheden zijn voor bewuste verkenning en binding.

1. **Stel de intentie vast:** Voordat u aan uw bewuste wandeling begint, moet u de intentie hebben om volledig aanwezig en aandachtig te zijn. Laat afleiding achter en ga de wandeling aan met een gevoel van nieuwsgierigheid en openheid.

2. **Betrek uw zintuigen:** Terwijl je loopt, betrek je je zintuigen volledig. Let op het gevoel van de grond onder je voeten of poten. Voel de warmte van de zon of de aanraking van de wind op je huid. Luister naar de geluiden van de natuur om je heen, of het nu gaat om tjilpende vogels, ritselende bladeren of stromend water. Geniet van de geuren van de omgeving en laat ze je zintuigen vullen.

3. **Blijf nieuwsgierig:** Benader je wandeling met een nieuwsgierige instelling. Observeer de details van uw omgeving: de kleuren, vormen en texturen. Let op de kleine wonderen die vaak onopgemerkt blijven. Moedig je harige vriend aan om hun voorbeeld te verkennen en te volgen, en omarm ook hun nieuwsgierigheid.

4. **Adem aandachtig:** Breng tijdens de wandeling uw aandacht naar uw ademhaling. Haal langzaam en diep adem en laat elke in- en uitademing je verankeren in het huidige moment. Nodig je harige vriend uit om hetzelfde te doen en je ademhaling samen te synchroniseren.

5. **Dankbaarheidswandeling:** Terwijl je loopt, oefen je dankbaarheid door je te concentreren op de dingen waar je op dat moment dankbaar voor bent. Het kan de schoonheid van de natuur zijn, het gezelschap van je harige vriend of een ander positief aspect van je leven. Druk je dankbaarheid stil of hardop uit, zodat het je humeur kan verheffen.

Hoofdstuk 8

6. **Bewuste bewegingen:** Neem bewuste bewegingen op in uw wandeling. Let op het ritme van je stappen, het zwaaien van je armen en de manier waarop je harige vriend naast je beweegt. Wees je bewust van de sensaties in je lichaam en blijf door beweging afgestemd op het huidige moment.

Onthoud, lieve mens, een bewuste wandeling gaat niet over het bereiken van een bestemming, maar over volledig aanwezig zijn tijdens de reis. Grijp de kans om contact te maken met de natuur, jezelf en je harige vriend. Deze momenten van aandachtige verkenning zullen jullie band verdiepen en een gevoel van rust tijdens je wandeling brengen.

Een Zen-ruimte creëren

Maak van uw huis een thuishaven! We transformeren onze leefruimte in een oase van rust en sereniteit. Samen creëren we gezellige hoekjes, vullen we de lucht met kalmerende geuren en omringen we ons met dingen die ons vreugde brengen. Onze Zen-ruimte zal een plek zijn waar we kunnen ontspannen en opladen.

Gezellige hoekjes: Wijs gezellige hoekjes in uw huis aan waar u en uw harige vriend kunnen ontspannen en troost kunnen vinden. Zet een comfortabel bed op of kussen, voeg zachte dekens toe en plaats kussens voor extra gezelligheid. Maak er een speciale ruimte van waar u zich zowel kunt terugtrekken als ontspannen.

1. **Kalmerende geuren :** Vul de lucht met rustgevende aroma's die ontspanning bevorderen en een vredige sfeer creëren. Overweeg het gebruik van etherische oliën in een diffuser of licht geurkaarsen, zoals lavendel of kamille. Zorg ervoor dat de geuren die u kiest veilig zijn voor uw harige vriend.

2. **Ontrommel en vereenvoudig:** Creëer een opgeruimde omgeving die rust bevordert. Houd uw leefruimte georganiseerd en vrij van onnodige afleiding. Een opgeruimde en vereenvoudigde ruimte kan helpen de mentale rommel te verminderen en een vrediger sfeer te creëren voor zowel jou als je harige vriend.

3. **Natuurelementen:** Haal elementen uit de natuur naar binnen om een rustige sfeer te creëren. Plaats kamerplanten, zoals lelies of spinplanten, om de lucht te zuiveren

Verken de Donkere Kant van het Hondenleven

en een vleugje groen toe te voegen. Versier met natuurlijke materialen zoals hout of stenen om een aardse en aardse sfeer te creëren.

4.   **Vrolijk decor:** Omring jezelf met items die vreugde en positieve energie brengen. Toon foto's van dierbare herinneringen, integreer kunstwerken of objecten met een speciale betekenis of kies een decor in kleuren die gevoelens van vrede en geluk oproepen. Deze betekenisvolle aanrakingen zullen uw humeur opbeuren en een harmonieuze sfeer creëren.

Mindful trainen

Verbinding bevorderen en leren Door trainingstijd kunnen we dichter naar elkaar toe groeien terwijl we nieuwe dingen leren. We communiceren met geduld, begrip en liefde. Door volledig aanwezig te zijn bij onze trainingen, wordt onze verbinding verdiept en worden er geweldige resultaten geboekt.

1.   **De stemming bepalen:** Creëer een rustige en gefocuste omgeving voordat u aan een trainingssessie begint. Minimaliseer afleiding en kies een rustige plek waar u zich allebei kunt concentreren. Dim de lichten of speel zachte, rustgevende muziek om een ontspannen sfeer te creëren.

2.   **Oefen geduld:** Benader trainingssessies met geduld en begrip. Bedenk dat leren tijd kost en dat elke stap voorwaarts een prestatie is. Blijf kalm en kalm en voorkom dat u gefrustreerd raakt of uw stem verheft. Positieve bekrachtiging en beloningen zullen onze leidende principes zijn.

3.   **Aanwezig zijn:** Wees tijdens de training volledig aanwezig en aandachtig voor uw harige vriend. Geef ze alstublieft uw onverdeelde aandacht en concentreer u op hun signalen en reacties. Reageer dienovereenkomstig en stem af op hun lichaamstaal, vocalisaties en uitdrukkingen. Deze bewuste aanwezigheid zal je verbinding en begrip verdiepen.

Een onmisbare gids voor hondenliefhebbers

Hoofdstuk 8

4. **Positieve bekrachtiging:** Gebruik positieve bekrachtigingstechnieken om gewenst gedrag aan te moedigen en te belonen. Lof, traktaties of speeltijd kunnen motiverende beloningen zijn die het trainingsproces versterken. Vier kleine overwinningen en vooruitgang, en laat je harige vriend weten hoe trots je bent op zijn of haar inspanningen.

5. **Binding door training:** Bij trainingssessies gaat het niet alleen om het leren van commando's, maar ook om het versterken van de band tussen jou en je harige vriend. Grijp de kans om verbinding te maken, te communiceren en vertrouwen op te bouwen. Geniet samen van het leertraject en laat de trainingen voor jullie beiden een vreugdevolle en verrijkende ervaring zijn.

Hondenmuziek

Laat ik dit hoofdstuk afsluiten met een waargebeurd verhaal.

Woef, een tijdje geleden zijn mijn mensen en ik begonnen aan een avontuur naar een nieuwe plek. Nou, laat me je vertellen, de autorit was een beetje een rommeltje voor mij – al dat gerommel en onbekende landschap. Na een paar uur kwamen we aan bij een nieuw huis met nieuwe gezichten en een nieuwe kamer die ik nog nooit eerder had geroken.

Weet je wat er daarna gebeurde? Ja, de angst sloeg toe. Ik ijsbeerde als een kampioen en zorgde ervoor dat elke hoek van de kamer aan mijn veiligheidsnormen voldeed. Na een paar uur gingen we slapen. Maar toen haalde mijn geweldige menselijke moeder, ze is als mijn beschermengel, haar magische apparaat tevoorschijn en speelde wat muziek van deze plaats genaamd YouTube. Kun je het geloven? Muziek uit een klein gloeiend doosje!

Ik was eerst verbaasd, snoof even aan haar mobiele telefoon en boem, er gebeurde iets. De deuntjes trokken mijn aandacht en voordat ik het wist, voelde ik me... ontspannen. Ja, dat heb je goed gehoord! Ik voelde de spanning wegsmelten en ik dommelde sneller in dromenland in dan een eekhoorn door een boom schiet.

Verken de Donkere Kant van het Hondenleven

Zen vinden met je harige vriend

Ik ben geen expert op het gebied van menselijke gadgets, maar ik kan je dit vertellen: er zijn veel manieren om ons, pups, te helpen onze innerlijke zen te vinden. En die muziek? Oh ja, ik heb hier de link voor het geval het jouw oren ook prikkelt. Misschien doet het wonderen voor je harige vrienden thuis, of kun je andere rustgevende deuntjes ontdekken. Scan de QR-code of gebruik onderstaande link.

https://www.youtube.com/watch?v=E2Gnu9JGro0

Als het kopiëren van de link een uitdaging lijkt, ga dan snel naar **YouTube** en zoek 'Ontspannende muziek voor honden (12 uur hondenkalmerende muziek)'. Je zult het binnen de kortste keren ruiken. Laat de kalmerende deuntjes hun magie uitoefenen, mijn mede-furballs! Ik ben er zeker van dat de link er nog steeds zal zijn als je in mijn boek duikt. Maar hey, als het een wandeling is geworden, maak je geen zorgen! Zoek gewoon naar soortgelijke hondendeuntjes en laat de rustgevende sfeer hun ding doen.

Vergeet niet dat het soms de simpele dingen zijn die als een tierelier werken. Blijf kalm en laat die staarten kwispelen!

Een onmisbare gids voor hondenliefhebbers

Hoofdstuk 9

Trainingen, tips en trucs

Hallo daar, mijn geweldige menselijke vriend! Ben je klaar om wat magie voor hondentraining te ontdekken? In dit hoofdstuk ga ik je een klein geheimpje vertellen dat je staart doet kwispelen van opwinding. Maak je klaar om de meest indrukwekkende hondentrainingsacademies in de stad te ontdekken!

Trainingskenmerken van verschillende rassen

Bij het trainen van honden zijn er een aantal belangrijke dingen die onze geweldige eigenaren in gedachten moeten houden:

1.   **Geduld:** We willen graag leren, maar het kost tijd voordat we de bevelen begrijpen en opvolgen. Dus alstublieft, wees geduldig met ons! Met jouw liefde en steun komen we er.

2.   **Samenhang:** Wij gedijen bij routine en duidelijke verwachtingen. Je moet consistente regels opstellen en elke keer dezelfde commando's en aanwijzingen gebruiken. Zo begrijpen wij wat u van ons wilt en voelen wij ons veilig tijdens onze training.

3.   **Positieve versterking :** Wij houden er absoluut van om geprezen en beloond te worden! Als we iets goed doen, overlaad ons dan met lekkers, lof en buikwrijvingen. Deze positieve bekrachtiging moedigt ons aan om goed gedrag te herhalen en maakt trainen zoveel leuker.

4.   **Tijdstip :** Timing is alles in onze training. Wanneer we gewenst gedrag vertonen, zorg er dan voor dat je ons onmiddellijk beloont. Dit helpt ons te begrijpen welke actie tot de beloning heeft geleid en versterkt de verbinding.

Verken de Donkere Kant van het Hondenleven

5. **Korte en boeiende sessies:** Onze aandachtsspanne kan zo kort zijn als het bezoek van een eekhoorn aan de achtertuin! Houd onze trainingssessies dus kort en boeiend. Korte uitbarstingen van 5-10 minuten gedurende de dag doen wonderen. We blijven gefocust en enthousiast om te leren!

6. **Afleidingsvrije omgeving:** In eerste instantie is het het beste om ons op een rustige en stille plek te trainen met minimale afleiding. Voeg geleidelijk afleiding toe om ons te helpen onze training in verschillende omgevingen te generaliseren naarmate we verder komen. Maar alsjeblieft, geen eekhoorns tijdens de training!

7. **Veiligheid eerst:** Onze veiligheid is van het allergrootste belang! Gebruik positieve en zachte trainingsmethoden. Gebruik nooit fysieke straffen of angstaanjagende technieken. En zorg er altijd voor dat het trainingsgebied voor ons veilig is.

8. **Socialisatie:** We houden ervan om nieuwe vrienden te maken, zowel harig als menselijk! Vroege socialisatie is cruciaal voor onze ontwikkeling. Laat ons kennismaken met verschillende mensen, dieren en omgevingen, zodat we kunnen opgroeien tot zelfverzekerde en vriendelijke metgezellen.

9. **Duidelijke communicatie:** Wij zijn experts in het lezen van lichaamstaal en stemgeluid. Gebruik duidelijke en consistente opdrachten, gebaren en een positieve toon om effectief met ons te communiceren. Wij zijn altijd bereid om te leren en u tevreden te stellen!

10. **Genieten en verbinden:** Laten we van trainen een vreugdevolle ervaring maken! Veel plezier met ons, wees enthousiast en vier elke kleine prestatie. Training is een tijd om onze ongelooflijke verbinding te versterken en te versterken.

Vergeet niet dat elke hond uniek is, en wat voor de één werkt, werkt mogelijk niet voor de ander. <u>Als je training uitdagend vindt of wat begeleiding nodig hebt, overweeg dan om contact op te nemen met een gecertificeerde hondentrainer die positieve bekrachtigingstechnieken gebruikt.</u> Samen, met liefde, geduld en consistentie, kunnen we geweldige dingen bereiken! Laten we kwispelen en samen dit trainingsavontuur aangaan!

Een onmisbare gids voor hondenliefhebbers

Hoofdstuk 9

Nogmaals, elk ras heeft zijn eigen speciale kwaliteiten en trainingsbehoeften, dus je zult ontdekken wat hen geweldig maakt met kwispelende staart! Van de loyale en intelligente Duitse herder tot de speelse en energieke Labrador Retriever, je vindt er een verscheidenheid aan rassen om te ontdekken. Of je nu geïnteresseerd bent in de actieve Australian Shepherd, de slimme Border Collie of de zachtaardige en liefdevolle Golden Retriever, hoofdstuk 14 behandelt je.

Ontdek hoe het reukvermogen van de Beagle hem tot fantastische spoorzoekers maakt, of hoe de intelligentie en gedrevenheid van de Belgische Mechelaar ervoor zorgt dat hij uitblinkt in verschillende trainingsactiviteiten. Ontketen het potentieel van de zachte aard van de Berner Sennenhond of het enthousiasme van de Boxer om te leren.

Vergeet niet dat elk ras uniek is, dus neem de tijd om hun specifieke behoeften te begrijpen en pas uw trainingsaanpak daarop aan. Met liefde, geduld en de juiste trainingstechnieken bouw je een onbreekbare band op met je harige vriend. Veel trainingsplezier en moge je reis gevuld zijn met kwispelende staarten en eindeloze vreugde!

Ik vind het leuk om geweldige informatie te delen over populaire hondenrassen en hun trainingskenmerken. In hoofdstuk 17 van mijn boek vind je een uitgebreide lijst van 40 populaire rassen en hun unieke trainingseigenschappen. Bekijk **de tabel met trainingsaspecten van 40 populaire rassen** .

Het beste opsnuiven

Het is tijd om onze detectivehoeden op te zetten en de beste hondentrainingsacademies bij jou in de buurt te ontdekken. Deze plaatsen zijn als scholen voor ons, coole honden, waar we allerlei verbazingwekkende dingen kunnen leren. Maak je klaar om de verborgen pareltjes te ontdekken die ons in trainingssupersterren zullen veranderen!

1. **Onderzoek en aanbevelingen:** Begin uw zoektocht door onderzoek te doen naar hondentrainingsacademies bij u in de buurt. Zoek naar academies met een positieve reputatie en een trackrecord van succes. Vraag om aanbevelingen van collega-

Verken de Donkere Kant van het Hondenleven

Trainingen, tips en trucs

hondenbezitters, uw dierenarts of lokale hondengerelateerde gemeenschappen. Hun ervaringen uit de eerste hand kunnen waardevolle inzichten opleveren.

2. **Bezoek de Academies** : Zodra u een lijst heeft met potentiële opleidingsacademies, kunt u bezoeken plannen om een gevoel te krijgen voor de omgeving en hun trainingsmethoden te observeren. Besteed aandacht aan de netheid en veiligheid van de accommodatie, evenals aan het gedrag van de trainers en het personeel. Een gastvrije en positieve sfeer is cruciaal voor effectief leren.

3. **Opleidingsfilosofie** : Informeer naar de opleidingsfilosofie en -methoden die door de academie worden gebruikt. Zoek naar academies die prioriteit geven aan positieve bekrachtiging en krachtvrije technieken. Vermijd academies die afhankelijk zijn van straf of harde trainingsmethoden, omdat deze ons welzijn kunnen schaden en de band tussen jou en je harige vriend kunnen schaden.

4. **Trainerkwalificaties:** Vraag naar de kwalificaties en certificeringen van de trainers van de academie. Zoek naar trainers met een formele opleiding en certificaten van gerenommeerde organisaties, zoals de Certification Council for Professional Dog Trainers (CCPDT). Gekwalificeerde trainers zijn beter toegerust om ons gedrag en onze individuele behoeften te begrijpen.

5. **Klasstructuur en leerplan** : Informeer naar de klassenstructuur en het leerplan van de academie. Zoek naar academies die een verscheidenheid aan lessen aanbieden die zijn afgestemd op verschillende trainingsniveaus en specifieke behoeften. Of u nu op zoek bent naar basisgehoorzaamheid, geavanceerde training of gespecialiseerde cursussen, kies een academie die zich richt op uw doelen.

6. **Trainingsmethoden en -technieken:** Vraag naar de specifieke trainingsmethoden en technieken die tijdens de lessen worden gebruikt. Positieve

Een onmisbare gids voor hondenliefhebbers

Hoofdstuk 9

bekrachtigingstechnieken, zoals op beloningen gebaseerde training, zijn zeer effectief en bevorderen een positieve leerervaring. Vermijd academies die aversieve of op straffen gebaseerde methoden gebruiken, omdat ze ons welzijn kunnen schaden en onze vooruitgang kunnen belemmeren.

7. **Recensies en getuigenissen:** Lees online recensies en getuigenissen van eerdere klanten van de academies die u overweegt. Hun ervaringen kunnen inzicht geven in de effectiviteit van de trainingsprogramma's, de expertise van de trainers en de algehele tevredenheid van de klant. Zoek naar consistente positieve feedback en succesverhalen.

8. **Proeflessen of consulten:** Sommige academies bieden proeflessen of consultaties aan, zodat u uit de eerste hand ervaring kunt opdoen met hun trainingsmethoden. Profiteer van deze mogelijkheden om de aanpak van de academie te beoordelen, de trainers in actie te observeren en te zien of deze aansluit bij uw doelen en waarden. Door zorgvuldig een gerenommeerde en meelevende hondentrainingsacademie te selecteren, kunt u uw innerlijke superheld de vrije loop laten en een trainingsavontuur aangaan dat uw band met uw harige vriend zal versterken. Maak je klaar om naar nieuwe hoogten van uitmuntende training te stijgen en geniet onderweg van een kwispelende staart!

Fantastische lessen

Van puppybasis tot geavanceerde efficiëntie Als je eenmaal je droomacademie hebt gevonden, is het tijd om je te verdiepen in de fantastische lessen die ze aanbieden. Van de basisprincipes van puppy's tot geavanceerde efficiëntie, deze lessen zijn op maat gemaakt om onze trainingsvaardigheden te verbeteren. We zullen commando's, trucs en manieren leren waardoor we het gesprek van de dag zullen worden in het hondenpark!

1. **Basisprincipes van puppy's:** Begin met de basiscursus puppy als je een jonge pup hebt. Deze les richt zich op socialisatie, basiscommando's zoals zitten en blijven, en goede manieren aan de lijn. Het is de perfecte basis voor ons trainingstraject.

2. **Gehoorzaamheidstraining:** Gehoorzaamheidstrainingen zijn noodzakelijk voor honden van alle leeftijden. In deze lessen worden essentiële commando's aangeleerd, zoals zitten, liggen, blijven en terugroepen. We zullen leren betrouwbaar op

Trainingen, tips en trucs

deze commando's te reageren, waardoor we in elke situatie een goed opgevoede metgezel worden.

3. **Gevorderde training:** Zodra we de basis onder de knie hebben, moeten we een niveau hoger gaan met geavanceerde trainingslessen. Deze lessen dagen ons uit met complexere commando's, geavanceerde trucs en controle zonder riem. We zullen efficiënt worden in onze trainingsvaardigheden en indruk maken op iedereen met onze capaciteiten.

4. **Canine Good Citizen (CGC):** Het Canine Good Citizen-programma is ontworpen om het gedrag en de omgangsvormen van honden in verschillende praktijksituaties te evalueren. CGC-voorbereidingslessen zijn erop gericht ons voor te bereiden op de CGC-test, een geweldige prestatie die deuren kan openen voor therapiewerk of andere hondengerelateerde activiteiten.

Scan de QR-code of zoek naar "Canine Good Citizen" of gebruik de onderstaande link: https://www.akc.org
AKC heeft geen winstoogmerk, opgericht in 1884. Ik hou van hun eerste verklaring: *Bij de AKC geloven we dat alle honden goede honden kunnen zijn, en dat alle eigenaren geweldige eigenaren kunnen zijn. Het enige dat nodig is, is een klein beetje training. veel liefde, en natuurlijk veel lof onderweg.*

5. **Behendigheid en sport:** Als we op zoek zijn naar energiek plezier, zijn behendigheids- en sportlessen de juiste keuze. We leren hindernisbanen navigeren, over hindernissen springen, door palen slingeren en nog veel meer. Deze lessen bieden lichaamsbeweging en verbeteren onze focus, coördinatie en teamwerk.

Van puppybasis tot geavanceerde efficiëntie Als je eenmaal je droomacademie hebt gevonden, is het tijd om je te verdiepen in de fantastische lessen die ze aanbieden. Van de basisprincipes van puppy's tot geavanceerde efficiëntie, deze lessen zijn op maat gemaakt om onze trainingsvaardigheden te verbeteren. <u>We zullen commando's, trucs en manieren leren waardoor we het gesprek van de dag zullen worden in het hondenpark!</u>

Een onmisbare gids voor hondenliefhebbers

Hoofdstuk 9

Workshops en Seminaries

Laat je innerlijke genie los Houd je slappe oren vast, want het plezier stopt niet bij de lessen! Hondentrainingsacademies bieden ook verbluffende workshops en seminars aan. We krijgen de inside scoop over alles, van gehoorzaamheid tot behendigheid en zelfs enkele hondensporten. Onze hersenen en lichamen zullen samenwerken als een goed geoliede machine!

1. **Opfriscursus gehoorzaamheid** : Blijf scherp met opfrisworkshops gehoorzaamheid. Deze sessies versterken onze fundamentele gehoorzaamheidsvaardigheden en stellen ons in staat onze trainingstechnieken te verfijnen. Het is een geweldige manier om onze training scherp te houden.

2. **Specialistische workshops:** Hondentrainingsacademies bieden vaak speciale workshops aan die zich richten op specifieke gebieden van training of gedrag. Van reactiviteit aan de lijn tot verlatingsangst, deze workshops bieden waardevolle inzichten en technieken voor het beheren en aanpakken van specifieke uitdagingen.

3. **Hondensporten:** Als we geïnteresseerd zijn in het verkennen van hondensporten zoals flyball, dokduiken of geurwerk, bieden hondentrainingsacademies workshops aan die speciaal voor deze activiteiten zijn bedoeld. We leren de regels, technieken en strategieën om uit te blinken in deze sporten en er veel plezier aan te beleven.

4. **Gedragsseminars:** Gedragsseminars verdiepen zich in de wetenschap van hondengedrag en helpen ons de redenen achter onze acties en reacties te begrijpen. Deze seminars bieden waardevolle kennis over gedragsverandering, het oplossen van problemen en het creëren van een harmonieuze relatie tussen ons en onze menselijke metgezellen.

Vergeet niet, mijn geweldige menselijke vriend, dat het bijwonen van fantastische lessen en deelname aan workshops en seminars op een hondentrainingsacademie onze trainingsvaardigheden zal verbeteren, mentale stimulatie van lichaamsbeweging zal

Verken de Donkere Kant van het Hondenleven

bieden en onze band zal versterken. Maak je klaar om lekker te kwispelen terwijl je ons innerlijke genie loslaat!

Laat je innerlijke genie los Houd je slappe oren vast, want het plezier stopt niet bij de lessen! Hondentrainingsacademies bieden ook verbluffende workshops en seminars aan. We krijgen de inside scoop over alles, van gehoorzaamheid tot behendigheid en zelfs enkele hondensporten. Onze hersenen en lichamen zullen samenwerken als een goed geoliede machine!

Bronnen en hulpmiddelen

Bouw je trainingsarsenaal op Laten we de vele hulpmiddelen en hulpmiddelen die op deze academies beschikbaar zijn niet vergeten. Van trainingsgidsen tot interactief speelgoed, ze hebben alles wat je nodig hebt om een trainingsmeester te worden. We zullen onderzoeken hoe deze hulpmiddelen ons kunnen helpen angst te overwinnen en van training een knaller te maken!

1. **Trainingsgidsen en boeken:** Hondentrainingsacademies hebben vaak een selectie trainingsgidsen en boeken die een breed scala aan onderwerpen behandelen, van basisgehoorzaamheid tot geavanceerde training

technieken. Deze bronnen bieden waardevolle kennis en stapsgewijze instructies ter ondersteuning van ons trainingstraject.

2. **Traktaties en beloningen:** Traktaties en beloningen zijn essentiële hulpmiddelen voor positieve bekrachtigingstraining. Hondenopleidingsacademies bieden een verscheidenheid aan hoogwaardige lekkernijen die voor ons lekker en motiverend zijn. Ze bieden ook begeleiding bij het effectief gebruiken van lekkernijen om gewenst gedrag te versterken.

3. **Clickers trainen:** Clickertraining is een populaire methode waarbij een klikgeluid wordt gebruikt om gewenst gedrag te markeren, gevolgd door een beloning. Hondentrainingsacademies kunnen clickers leveren en ons leren hoe we deze effectief kunnen gebruiken voor nauwkeurige communicatie en timing tijdens trainingssessies.

Een onmisbare gids voor hondenliefhebbers

Hoofdstuk 9

4. **Interactief speelgoed:** Onze geest en ons lichaam betrekken door middel van interactief speelgoed kan een leuke en lonende manier zijn om te trainen. Hondentrainingsacademies kunnen specifiek speelgoed aanbevelen dat mentale stimulatie biedt en ons helpt nieuwe vaardigheden te leren terwijl we het naar onze zin hebben.

5. **Trainingsapparatuur:** Afhankelijk van het type training waar we bij betrokken zijn, kunnen hondentrainingsacademies trainingsapparatuur aanbieden, zoals behendigheidshindernissen, lange lijnen en harnassen. Deze hulpmiddelen kunnen onze trainingservaring verbeteren en ons helpen specifieke vaardigheden en activiteiten onder de knie te krijgen.

Bouw je trainingsarsenaal op Laten we de vele hulpmiddelen en hulpmiddelen die op deze academies beschikbaar zijn niet vergeten. Van trainingsgidsen tot interactief speelgoed, ze hebben alles wat je nodig hebt om een trainingsmeester te worden. We zullen onderzoeken hoe deze hulpmiddelen ons kunnen helpen angst te overwinnen en van training een knaller te maken!

Laat je innerlijke superheld los

De transformatie begint Ben jij klaar om je innerlijke superheld los te laten? Met de hulp van deze hondentrainingsacademies worden we de beste versie van onzelf. We zullen zelfvertrouwen krijgen, nieuwe vaardigheden leren en onze band versterken. Maak je klaar om te schitteren als de echte supersterren die we zijn!

Dus, mijn trouwe viervoeter, het is tijd om je in te schrijven voor een hondentrainingsacademie en een avontuur te beginnen dat ons zal transformeren in trainingslegendes. Snuif de academies bij jou in de buurt op, duik in de lessen en laten we de trainingssuperhelden worden waarvoor we geboren zijn! Samen overwinnen we uitdagingen, bouwen we levenslange vaardigheden op en creëren we een sterke en vreugdevolle band die een leven lang meegaat. Maak je klaar om je innerlijke superheld los te laten en begin aan een spannende trainingsreis!

De transformatie begint Ben jij klaar om je innerlijke superheld los te laten? Met de hulp van deze hondentrainingsacademies worden we de beste versie van onzelf. We zullen zelfvertrouwen krijgen, nieuwe vaardigheden leren en onze band versterken. Maak je klaar om te schitteren als de echte supersterren die we zijn!

Verken de Donkere Kant van het Hondenleven

Trainingen, tips en trucs

Dus, mijn trouwe viervoeter, het is tijd om je in te schrijven voor een hondentrainingsacademie en een avontuur te beginnen dat ons zal transformeren in trainingslegendes. Snuif de academies bij jou in de buurt op, duik in de lessen en laten we de trainingssuperhelden worden waarvoor we geboren zijn!

Trainingsvoorbeelden

Hallo daar, mensenvriend! Laten we lekker kwispelen met de staart terwijl we samen leren en een band opbouwen!

1. **Zit mooi:** Leer mij zitten als een professional! Houd een smakelijke traktatie boven mijn neus en beweeg hem voorzichtig naar achteren terwijl ik hem probeer te bereiken. Terwijl ik het lekkers volg, zakt mijn achterwerk vanzelf naar een zittende positie. Als ik eenmaal zit, prijs me dan en geef me het lekkers als beloning. Herhaal dit een paar keer totdat ik de kunst van het mooi zitten onder de knie heb!

2. **Shake a Paw :** Laten we pronken met onze handdrukvaardigheden! Begin door iets lekkers in je gesloten hand te houden en bied het mij aan. Als ik naar je hand klauw om het lekkers te pakken te krijgen, zeg dan <u>Schud</u> en open je hand om het mij te geven. Prijs en geef me veel liefde als ik met je een poot schud. Wij zullen de beste handdrukken in de stad zijn!

3. **Hoge vijf:** Wie houdt er niet van een high five? Houd een lekkernij in één hand en til deze iets boven mijn hoofd. Als ik met mijn poot omhoog reik om je hand aan te raken, zeg dan **High Five** en geef me het lekkers. Laten we ons teamwerk vieren met een high-five!

4. **Blijf en wacht:** Deze gaat helemaal over zelfbeheersing. Begin door mij te vragen om te gaan zitten of liggen. Zodra ik in positie ben, houd je je hand omhoog als een stopbord en zeg je: <u>Blijf</u> of <u>wacht</u>. Doe een stapje terug en als ik op mijn plek blijf, prijs mij dan en bied iets lekkers aan. Verhoog geleidelijk de afstand en duur van het verblijf. Geduld is de sleutel, en ik zal een meester worden in het blijven zitten!

Een onmisbare gids voor hondenliefhebbers

Hoofdstuk 9

5. **Herinneren:** Laten we oefenen met komen als we gebeld worden! Begin in een veilig gebied, roep enthousiast mijn naam en ren dan een paar stappen achteruit terwijl je mij aanmoedigt om je te achtervolgen. Als ik je inhaal, beloon me dan met lekkers en veel lof. Dit achtervolgingsspel zorgt ervoor dat het super spannend en leuk wordt als je het roept!

6. **Laat het:** Help me de verleiding te weerstaan met **het commando 'laat het maar'** . Laat me iets lekkers zien in je gesloten hand en zeg: <u>Laat maar liggen</u> . Als ik stop met proberen het lekkers te krijgen, geef me dan alsjeblieft een ander lekkernij dan je andere hand en overlaad me met lof. Verhoog geleidelijk de moeilijkheidsgraad door aantrekkelijkere items, zoals speelgoed of voedsel, op de grond te gebruiken. Door te oefenen word ik een professional in het met rust laten van dingen!

Onthoud, menselijke vriend, <u>training moet altijd positief, leuk en gevuld met beloningen en liefde zijn. Houd de sessies kort en krachtig en oefen regelmatig om te versterken wat we hebben geleerd.</u> Samen zullen we deze trainingsvoorbeelden onder de knie krijgen en een onbreekbare band creëren. Laten we kwispelen en samen dit trainingsavontuur aangaan!

74   **Trainingen, tips en trucs**

Dutch Edition

 Een onmisbare gids voor hondenliefhebbers

Hoofdstuk 10

Algemene gezondheid en angstsamenvatting van 40 populaire rassen

Gezondheid, leeftijd, vaccinatie

Woef woef! Vandaag duiken we in de fascinerende wereld van hondengezondheid en welzijn. Het is essentieel om te begrijpen hoe verschillende factoren zoals gezondheid, leeftijd, energieniveau, vaccinaties en preventieve zorg ons harige geluk kunnen beïnvloeden en die angstpoten op afstand kunnen houden.

Laten we het eerst hebben over gezondheid. Net als u hebben wij honden regelmatige controles en verzorging nodig om in topvorm te blijven. We kunnen een aantal veelvoorkomende gezondheidsproblemen tegenkomen of bepaalde aanleg hebben op basis van ons ras. Daarom moet u letten op tekenen van ongemak of ongewoon gedrag en indien nodig met ons naar de dierenarts gaan. Vergeet niet: preventie is de sleutel!

Over leeftijd gesproken: naarmate we ouder worden, veranderen ook onze behoeften. Puppy's zijn bundels energie en vereisen veel speeltijd en training, terwijl oudere honden misschien wat extra **aandacht** en een meer ontspannen routine nodig hebben. Met **TLC** bedoel ik T ender Loving C zijn . Als hond hebben we misschien wat extra aandacht en genegenheid nodig om ons welzijn te garanderen. TLC omvat zaken als het bieden van een comfortabele leefomgeving, het aanbieden van zachte lichaamsbeweging die geschikt is voor onze leeftijd, het monitoren van eventuele gezondheidsveranderingen en het aanpassen van onze routine om aan onze veranderende behoeften te voldoen. Het gaat erom ons extra liefde, zorg en steun te tonen als we onze laatste jaren ingaan. Wij waarderen uw begrip en de extra TLC die u ons geeft! Door onze activiteiten aan te passen en voor elke levensfase de juiste voeding te bieden, blijven we gezond en vitaal.

Verken de Donkere Kant van het Hondenleven

Algemene gezondheid

Het energieniveau speelt een grote rol in ons welzijn. Sommige rassen, zoals de Border Collie of de Australian Shepherd, hebben een overvloed aan energie en hebben veel beweging en mentale inspanning nodig stimulans om gelukkig te blijven. Anderen, zoals de Bulldog of Shih Tzu, zijn meer ontspannen en geven de voorkeur aan lekker knuffelen en ontspannen wandelingen. Het matchen van ons energieniveau met de juiste hoeveelheid activiteit is essentieel voor een evenwichtig en zorgvrij leven.

Laten we het nu over vaccinaties hebben! Vaccinaties zijn als superheldenschilden die ons beschermen tegen schadelijke ziekten. Elk ras kan verschillende vaccinatievereisten hebben, dus het is belangrijk om de aanbevelingen van uw dierenarts op te volgen en onze inentingen up-to-date te houden. Dit helpt ons gezond te blijven en voorkomt de stress die gepaard gaat met ziek worden.

Preventieve zorg is een ander cruciaal aspect van ons welzijn. Regelmatige verzorging, tandheelkundige zorg en parasietpreventie zorgen ervoor dat we er op ons best uitzien en ons goed voelen. Het is als een spa-dag voor ons! Bovendien zijn goede voeding en een uitgebalanceerd dieet essentieel om onze algehele gezondheid te ondersteunen.

Maar wacht, er is meer! In hoofdstuk 17 vind je een schat aan informatie in de vorm van een superhandige tabel. Het is als een goudmijn aan kennis over veertig populaire rassen en hun specifieke gezondheidsproblemen, energieniveaus, vaccinatieperioden en preventieve zorgbehoeften. Het is een snelle en handige naslaggids om u te helpen potentiële gezondheidsproblemen en angsttriggers voor uw specifieke ras te begrijpen en aan te pakken. Bekijk **40 populaire rassen Algemene gezondheids- en leeftijdsgegevens**.

Mijn eten

Woef, mijn harige vrienden! Laten we even pauzeren voordat ik een samenvatting geef van de vrienden van mijn andere rassen. Ik wil het hebben over een van onze favoriete dingen ter wereld: eten! Als wijze hond wil ik je vertellen wat we wel en niet kunnen eten om onze buikjes gelukkig en gezond te houden. Als onze buik vol is, zijn we cool... Dus luister, en laten we beginnen!

Allereerst moet ons voedsel voedzaam en evenwichtig zijn. We hebben een combinatie nodig van eiwitten, koolhydraten, gezonde vetten, vitamines en mineralen. Onze primaire

Een onmisbare gids voor hondenliefhebbers

Hoofdstuk 10

voeding moet bestaan uit hondenvoer van hoge kwaliteit dat voldoet aan onze specifieke voedingsbehoeften. Het is als een op maat gemaakt menu speciaal voor ons!

Hier is een lijst met hondvriendelijke voedingsmiddelen waar we van kunnen genieten:
- Mager vlees zoals kip, kalkoen en rundvlees (gekookt en zonder bot natuurlijk!)
- Vis zoals zalm en tonijn (gekookt en botvrij)
- Fruit zoals appels, bananen en watermeloen (met mate en zonder zaden of pitten)
- Groenten zoals wortels, sperziebonen en zoete aardappelen (gekookt en in hapklare stukjes gesneden)
- Volle granen zoals rijst en havermout (gekookt)
- Zuivelproducten zoals yoghurt (met mate, aangezien sommige honden lactose-intolerant kunnen zijn)

Maar houd je riem vast! Niet alle voedingsmiddelen zijn veilig voor ons. Hier zijn enkele dingen waar we nooit van moeten knabbelen:
- **Chocolade (een grote nee-nee, omdat het giftig voor ons kan zijn!)**
- **Druiven en rozijnen (ze kunnen nierschade veroorzaken)**
- **Uien, knoflook en bieslook (bevatten stoffen die schadelijk zijn voor honden)**
- **Avocado (de pit, schil en vruchtvlees bevatten een stof genaamd Persin, die giftig kan zijn)**
- **Xylitol (een zoetstof die voorkomt in sommige menselijke voedingsmiddelen en kauwgom en die giftig voor ons is)**

Onthoud, beste eigenaren, deze tafel is een goed startpunt, maar het is belangrijk om ons als individuen te behandelen. Onze behoeften kunnen zelfs binnen hetzelfde ras variëren. Houd ons dus goed in de gaten, observeer ons gedrag en overleg altijd met professionals zoals uw dierenarts voor persoonlijk advies.

Verken de Donkere Kant van het Hondenleven

Algemene gezondheid

Oh, en over eten gesproken, laten we eens serieus praten over junkfood. Hoewel die knapperige chips of kaasachtige soesjes je smaakpapillen kunnen laten dansen, zijn ze niet goed voor ons. Junkfood kan leiden tot gewichtstoename, spijsverteringsproblemen en zelfs ernstige gezondheidsproblemen. Weersta dus de verleiding om uw snackvoorraad met ons te delen.

Onthoud dat elke hond uniek is, dus het is essentieel om onze superheld, de dierenarts, te raadplegen voordat we ons dieet veranderen. Zij zullen u informeren over de specifieke voedingsbehoeften en portiegroot018 van uw harige metgezel.

Laten we ten slotte extra voorzichtig zijn met de opslag en versheid van ons voedsel. Bewaar ons voedsel op een koele, droge plaats, uit de buurt van schadelijk ongedierte. Controleer de vervaldata en zorg ervoor dat de verpakking intact is. Als je veranderingen in de geur, textuur of het uiterlijk opmerkt, kun je beter op safe spelen en een nieuwe zak kopen.

Dus, mijn pootachtige vrienden, laten we onze buikjes blij en kwispelend houden door ons te voorzien van voedzame maaltijden. Met de begeleiding van onze liefdevolle eigenaren en het toeziend oog van de dierenarts kunnen we genieten van een leven lang heerlijke en gezonde eetavonturen. Eet smakelijk, mijn harige foodies!

Mijn checklist

Laten we het hebben over iets nuttigs en praktisch, let op deze signalen:

1. **Verminderde eetlust of eetgewoonten** : Het kan een teken zijn van doggy blues als ik niet zo enthousiast ben over de maaltijd.

2. **Gebrek aan enthousiasme of interesse in activiteiten:** Weet je hoe ik meestal rondspring tijdens het spelen? Als ik niet zo opgewonden ben, is er misschien iets aan de hand.

3. **Veranderingen in slaappatroon of overmatig slapen:** Honden hebben hun schoonheidsrust nodig, maar het kan een alarmsignaal zijn als ik veel meer slaap dan normaal.

4. **Lage energieniveaus en verminderde activiteit:** Als ik me somber voel, merk je misschien dat ik niet zo actief of speels ben als gewoonlijk.

Een onmisbare gids voor hondenliefhebbers

Hoofdstuk 10

5. **Terugtrekken uit sociale interacties:** Normaal gesproken ben ik graag bij jou en mijn harige vrienden in de buurt, maar als ik sociale interacties vermijd, is dat een teken dat er iets niet klopt.

6. **Gedragsveranderingen zoals rusteloosheid of prikkelbaarheid:** Als ik me anders gedraag, bijvoorbeeld rusteloos of prikkelbaar ben, is dit mijn manier om je te vertellen dat ik me niet op mijn best voel.

Wat moet u doen als u deze tekenen opmerkt? Hier volgen enkele vervolgacties:

1. **Observeer en documenteer:** Houd eventuele veranderingen bij die u opmerkt in mijn gedrag, eetlust of activiteitenniveau.

2. **Raadpleeg een dierenarts:** Maak een afspraak met een dierenarts om mijn gedrag en eventuele zorgen die u heeft te bespreken.

3. **Gezondheidscontrole:** De dierenarts moet mij een grondig lichamelijk onderzoek geven om eventuele onderliggende gezondheidsproblemen uit te sluiten.

4. **Gedragsbeoordeling:** Overweeg om begeleiding te zoeken bij een professionele hondengedragsdeskundige of -trainer die mijn emotionele welzijn kan beoordelen.

5. **Milieuverrijking:** Geef mij mentale stimulatie, interactief speelgoed en activiteiten om mij op te vrolijken.

6. **Oefening en spel:** Neem regelmatig deel aan lichaamsbeweging en speelsessies met mij om mijn fysieke en mentale welzijn te bevorderen.

7. **Onderhoud een routine :** Zorg voor een consistente dagelijkse routine die mij stabiliteit en structuur biedt.

8. **Binding en genegenheid:** Overlaad mij met liefde, aandacht en genegenheid om onze band te versterken.

9. **Overweeg therapie of medicatie:** In ernstige gevallen kan de dierenarts therapie of medicatie aanbevelen om mijn hondenblues te helpen beheersen.

Vergeet niet dat elke hond uniek is, dus de aanpak kan variëren. Wees gewoon attent, geduldig en medelevend met mij. Met jouw liefde en steun kunnen we samen de hondendepressie aanpakken en een positieve invloed hebben op mijn emotionele welzijn. Laten we onze staart kwispelen en onze moed hoog houden! Woef woef!

Verken de Donkere Kant van het Hondenleven

Algemene gezondheid

40 Populaire rassen angst samenvatting

Nu presenteer ik een samenvatting van de angstniveaus van mijn vrienden. Maak je echter geen zorgen! Ieder van hen zal later één voor één het podium betreden om meer details over zichzelf te delen, samen met schattige foto's. Je krijgt de kans om je te verdiepen in hun unieke persoonlijkheden, eigenaardigheden en angsttriggers. Dus houd ons in de gaten en bereid je voor om al mijn geweldige vrienden van dichtbij en persoonlijk te ontmoeten. Samen ontrafelen we de intrigerende wereld van hondenangst en  ontdekken we de beste manieren om onze harige metgezellen te ondersteunen en te begrijpen. Maak je klaar voor een kwispelend avontuur! Inslag!

Een onmisbare gids voor hondenliefhebbers

Hoofdstuk 10

Alaskan Malamutes , bekend om hun kracht en uithoudingsvermogen, zijn majestueuze en onafhankelijke werkhonden. Hoewel ze over het algemeen vriendelijk en sociaal zijn, kunnen ze gevoelig zijn voor bepaalde gedragsproblemen als ze niet op de juiste manier worden beheerd. Alaskan Malamutes kunnen angst ervaren in situaties zoals scheiding van hun menselijke metgezellen of veranderingen in hun omgeving. Tekenen van angst bij Alaskan Malamutes kunnen overmatig blaffen, huilen, graven of destructief gedrag zijn. Om hun angst te helpen verlichten, moeten hun eigenaren hen regelmatig bewegen en mentale stimulatie bieden. Door ze te betrekken bij activiteiten zoals wandelen, sleeën of gehoorzaamheidstraining kan worden bijgedragen aan het vervullen van hun fysieke en mentale behoeften. Door een consistente routine op te zetten en hen een veilige en comfortabele ruimte te bieden, kunnen ze zich ook meer op hun gemak voelen. Trainingstechnieken voor positieve bekrachtiging werken goed, omdat ze positief reageren op beloningen en complimenten. Geduld, begrip en een liefdevolle benadering zijn essentieel om hen te helpen hun angsten te overwinnen en te gedijen in een evenwichtig en gelukkig leven.

Australian Cattle zijn intelligente en actieve herdershonden die vatbaar kunnen zijn voor angstgevoelens als ze niet op de juiste manier worden gestimuleerd. Ze kunnen angst vertonen door gedrag zoals overmatig blaffen, graven of hyperactiviteit. Door hen regelmatige lichaamsbeweging, mentale stimulatie en werk te bieden, kan hun angst worden verlicht. Deze honden blinken uit in activiteiten zoals behendigheid, gehoorzaamheid en hoedenproeven, die hun energie kunnen kanaliseren en hen een gevoel van doelgerichtheid kunnen geven. Gestructureerde training en positieve bekrachtigingsmethoden werken het beste voor Australian Cattle Dogs, omdat ze goed reageren op consistente, op beloningen gebaseerde training. Met de juiste zorg, aandacht en afzetmogelijkheden voor hun energie kunnen Australian Cattle Dogs hun angst overwinnen en gedijen als gelukkige en evenwichtige metgezellen.

40 Populaire rassen angst samenvatting

Australian Shepherds, ook wel **Aussies** genoemd, zijn zeer intelligente en actieve honden die vatbaar zijn voor angstgevoelens als ze niet op de juiste manier worden beheerd. Ze kunnen angst tonen door overmatig blaffen, destructief kauwen of rusteloosheid. Aussies gedijen op mentale en fysieke stimulatie, dus regelmatige lichaamsbeweging, interactief speelgoed en trainingssessies zijn essentieel om hun angst te verlichten. Deze honden blinken uit in activiteiten zoals gehoorzaamheid, behendigheid en herdersproeven, waardoor ze een gevoel van doelgerichtheid krijgen en hun energie kunnen kanaliseren. Trainingsmethoden voor positieve bekrachtiging, consistente routines en socialisatie zijn cruciaal voor hun welzijn. Met de juiste zorg, aandacht en mogelijkheden voor intelligentie en energie kunnen Australian Shepherds angst overwinnen en een gelukkig, vervuld leven leiden als loyale en liefdevolle metgezellen.

Beagles, bekend om hun schattige uiterlijk en vriendelijke karakter, kunnen in bepaalde situaties angst ervaren. Tekenen van angst bij Beagles kunnen overmatig blaffen, huilen en rusteloosheid zijn. Hun menselijke metgezellen moeten hun angst begrijpen en aanpakken om hen te helpen zich veilig en op hun gemak te voelen. Regelmatige lichaamsbeweging is cruciaal voor Beagles om overtollige energie te verbranden en een gezonde gemoedstoestand te behouden. Mentale stimulatie door middel van puzzelspeelgoed en interactieve spellen kan helpen de geest betrokken te houden en de angst te verlichten. Het creëren van een consistente dagelijkse routine en een rustige en gestructureerde omgeving kan Beagles een gevoel van veiligheid geven. Trainingsmethoden voor positieve bekrachtiging werken het beste voor hen, omdat ze vertrouwen opbouwen en goed gedrag versterken. Wanneer Beagles zich angstig voelen, kan zachte geruststelling en troost van hun mensen een groot verschil maken. Met geduld, begrip en een liefdevolle benadering kunnen Beagles en hun mensen samenwerken om angst te beheersen en ervoor te zorgen dat ze een gelukkig en evenwichtig leven leiden.

Een onmisbare gids voor hondenliefhebbers

Hoofdstuk 10

Belgische Mechelaar, bekend om hun intelligentie en werkvermogen, zijn zeer actieve en gedreven honden. Hoewel ze doorgaans zelfverzekerd en gefocust zijn, kunnen ze in bepaalde situaties ook gevoelig zijn voor angst. Tekenen van angst bij de Belgische Mechelaar kunnen overmatig blaffen, ijsberen, rusteloosheid of destructief gedrag zijn. Om hun angst te helpen verlichten, moeten hun menselijke metgezellen hen regelmatig bewegen en mentale stimulatie bieden. Door ze te betrekken bij gehoorzaamheidstraining, behendigheid of geurwerk kan hun energie worden gekanaliseerd en krijgen ze een gevoel van doelgerichtheid. Socialisatie vanaf jonge leeftijd is van cruciaal belang om hen te helpen zich meer op hun gemak te voelen in verschillende omgevingen en rond verschillende mensen en dieren. Trainingsmethoden voor positieve bekrachtiging werken het beste voor de Belgische Mechelse herder, omdat ze goed reageren op beloningen en lof. Het creëren van een kalme en gestructureerde omgeving, het creëren van een consistente routine en het bieden van een comfortabele ruimte om zich terug te trekken, kan ook helpen hun angst te verminderen. Belgische Mechelaar kan gedijen en een evenwichtig en vervullend leven leiden met de juiste zorg, training en begrip.

Berner Sennenhonden met hun zachtaardige en aanhankelijke karakter kunnen ze in bepaalde situaties angst ervaren. Symptomen van angst bij Berner Sennenhonden zijn overmatig blaffen, ijsberen en rusteloosheid. Hun menselijke metgezellen moeten hun angst begrijpen en aanpakken om hen te helpen zich kalm en veilig te voelen. Regelmatige lichaamsbeweging, vooral activiteiten waarbij hun geest en lichaam betrokken zijn, is essentieel voor Berner Sennenhonden om opgekropte energie vrij te maken en het algehele welzijn te bevorderen. Door hen een consistente routine te bieden, inclusief voeding, lichaamsbeweging en rust, kan dit de angst helpen verlichten en stabiliseren. Zachte en positieve trainingsmethoden en socialisatie kunnen hun zelfvertrouwen vergroten en hen helpen met minder stress nieuwe ervaringen op te doen. Het creëren van een vredige en stille omgeving thuis, samen met voldoende quality time en genegenheid, kan ook helpen hun angstige neigingen te verzachten. Met de juiste zorg, geduld en begrip kunnen Berner Sennenhonden gedijen en harmonieus samenleven met hun menselijke metgezellen.

Verken de Donkere Kant van het Hondenleven

Bichon Frise kan , met zijn opgewekte en vriendelijke houding, in bepaalde situaties angst ervaren. Tekenen van angst bij Bichon Frise kunnen overmatig blaffen, trillen en aanhankelijk gedrag zijn. Hun menselijke metgezellen moeten hun angst begrijpen en aanpakken om hen te helpen zich veilig en op hun gemak te voelen. Regelmatige lichaamsbeweging en mentale stimulatie door middel van spel en interactief speelgoed zijn essentieel voor Bichon Frise om energie te verbruiken en een evenwichtige geest te behouden. Het creëren van een kalme en voorspelbare omgeving met een consistente routine kan hun angst helpen verlichten en hen een gevoel van stabiliteit geven. Positieve trainingsmethoden voor versterking en zachte geruststelling en comfort werken het beste voor Bichon Frise om vertrouwen op te bouwen en goed gedrag te versterken. Door hen een gezellige en veilige ruimte te bieden waar ze zich kunnen terugtrekken als ze zich overweldigd voelen, kan dit ook helpen hun angstige neigingen te verzachten. Met liefde, geduld en een ondersteunende omgeving kan Bichon Frise hun angst overwinnen en een gelukkig en tevreden leven leiden samen met hun menselijke metgezellen.

Border Collies , bekend om hun intelligentie en tomeloze energie, kunnen vatbaar zijn voor angstgevoelens als ze niet op de juiste manier worden beheerd. Tekenen van angst bij Border Collies kunnen overmatig blaffen, ijsberen en destructief gedrag zijn. Hun menselijke metgezellen moeten hen voorzien van voldoende fysieke oefeningen en mentale stimulatie om hen te helpen hun energie positief te kanaliseren. Regelmatige trainingssessies en boeiende activiteiten zoals behendigheid of hoeden kunnen helpen hun behoefte aan mentale stimulatie te bevredigen en een gevoel van doelgerichtheid te geven. Border Collies gedijen in gestructureerde omgevingen met duidelijke grenzen en consistente routines. Socialisatie vanaf jonge leeftijd is cruciaal om op angst gebaseerde angst te voorkomen. Trainingsmethoden voor positieve bekrachtiging werken het beste voor Border Collies, omdat ze zeer goed reageren op beloningen en complimenten. Kalmerende technieken, zoals diepe ademhalingsoefeningen of puzzelspeelgoed, kunnen hun angst helpen verlichten en een gevoel van kalmte geven. Met de juiste zorg, aandacht en

Een onmisbare gids voor hondenliefhebbers

Hoofdstuk 10

mogelijkheden voor hun intelligentie kunnen Border Collies een bevredigend leven leiden en eventuele angsten overwinnen.

Boston terriërs Het zijn levendige en aanhankelijke honden die vatbaar zijn voor angst als ze niet op de juiste manier worden beheerd. Tekenen van angst bij Boston Terriers kunnen overmatig geblaf, rusteloosheid en destructief gedrag zijn. Hun menselijke metgezellen moeten een rustige en gestructureerde omgeving creëren, zodat ze zich veilig kunnen voelen. Regelmatige lichaamsbeweging en mentale stimulatie door middel van interactief spel en puzzelspeelgoed kunnen hun angst helpen verlichten en overtollige energie verbranden. Socialisatie vanaf jonge leeftijd is cruciaal om op angst gebaseerde angst te voorkomen. Trainingsmethoden voor positieve bekrachtiging werken goed voor Boston Terriers, omdat ze reageren op beloningen en lof. Door hen een consistente dagelijkse routine en veel liefde en aandacht te geven, kunnen ze hun angst verminderen en ervoor zorgen dat ze een gelukkig en evenwichtig leven leiden. Met de juiste zorg en ondersteuning kunnen Boston Terriers hun angst overwinnen en gedijen als geliefde metgezellen.

Boksers Het zijn energieke en speelse honden die vatbaar zijn voor angstgevoelens als ze niet op de juiste manier worden aangepakt. Tekenen van angst bij Boxers kunnen overmatig blaffen, ijsberen en destructief gedrag zijn. Hun menselijke metgezellen moeten hun angst begrijpen en aanpakken om hen te helpen zich veilig en op hun gemak te voelen. Regelmatige lichaamsbeweging en mentale stimulatie door middel van interactieve spellen en puzzelspeelgoed kunnen helpen overtollige energie te verbranden en hun geest betrokken te houden. Het creëren van een consistente dagelijkse routine en een rustige en gestructureerde omgeving kan hen een gevoel van veiligheid geven. Trainingsmethoden voor positieve bekrachtiging en zachte geruststelling en troost kunnen een groot verschil maken bij het beheersen van hun angstgevoelens. Met geduld, begrip en een liefdevolle benadering kunnen Boxers hun angst overwinnen en een gelukkig en evenwichtig leven leiden.

Verken de Donkere Kant van het Hondenleven

40 Populaire rassen angst samenvatting

Brittany, ook wel Brittany Spaniel genoemd, is een levendige en veelzijdige hond met een natuurlijk talent voor jagen en apporteren. Ze staan bekend om hun intelligentie, behendigheid en vriendelijke karakter. Hoewel ze over het algemeen goed afgerond en aanpasbaar zijn, kunnen Bretonse honden gevoelig zijn voor bepaalde gedragsproblemen als niet aan hun behoeften wordt voldaan. Ze kunnen angst ervaren in situaties waarin ze bijvoorbeeld langere tijd alleen worden gelaten of niet voldoende mentale en fysieke stimulatie krijgen. Tekenen van angst in Bretagne kunnen overmatig geblaf, rusteloosheid of destructief gedrag zijn. Om hun angst te helpen verlichten, moeten hun eigenaren hen regelmatig bewegen, mentale stimulatie en sociale interactie bieden. Door ze te betrekken bij activiteiten zoals gehoorzaamheidstraining, behendigheid of apporteerspelletjes kan ze hun energie kanaliseren en hun geest betrokken houden. Bretagne gedijt goed in een omgeving waar ze voldoende aandacht, positieve bekrachtiging en consistente training krijgen. Door een gestructureerde routine te creëren en hen een veilige en liefdevolle omgeving te bieden, kunnen ze zich veiliger voelen en hun angst verminderen. Met de juiste zorg, training en een liefdevolle benadering kan Bretagne een vervullend en gelukkig leven leiden en tegelijkertijd een sterke band opbouwen met hun menselijke metgezellen.

Buldoggen staan bekend om hun vriendelijke en ontspannen karakter, maar kunnen in bepaalde situaties ook angst ervaren. Tekenen van angst bij Bulldogs kunnen overmatig kwijlen, hijgen of destructief gedrag zijn. Hun menselijke metgezellen moeten hun angst begrijpen en aanpakken om hen te helpen zich kalm en veilig te voelen. Het bieden van een gestructureerde routine, voldoende oefeningen en mentale stimulatie kan hun angst helpen verlichten. Buldoggen gedijen bij een consistente training met positieve bekrachtigingsmethoden, die hun zelfvertrouwen kunnen vergroten en hen kunnen helpen omgaan met stressvolle situaties. Het creëren van een vredige en comfortabele omgeving met vertrouwde en geruststellende voorwerpen kan ook helpen hun angst te verlichten. Met geduld, liefde en een ondersteunende aanpak kunnen Bulldogs hun angst overwinnen en genieten van een evenwichtig en tevreden leven.

Een onmisbare gids voor hondenliefhebbers

Hoofdstuk 10

Riet Corso is een krachtig en majestueus Italiaans ras dat bekend staat om zijn kracht, loyaliteit en beschermende karakter. Met een zelfverzekerd en stabiel temperament zijn ze uitstekende gezinsgenoten en voogden. Hoewel Cane Corso over het algemeen een goed uitgebalanceerd ras is, kan hij vatbaar zijn voor bepaalde gedragsproblemen als hij niet goed is opgeleid en gesocialiseerd. Ze kunnen angst ervaren in situaties zoals wanneer ze langere tijd alleen gelaten worden of wanneer ze onbekende mensen of dieren tegenkomen. Tekenen van angst bij Cane Corso kunnen overmatig geblaf, rusteloosheid of agressie zijn. Om hun angst te helpen verlichten, is het van cruciaal belang om hen vroegtijdige socialisatie, positieve bekrachtigingstraining en voldoende mentale en fysieke oefening te bieden. Regelmatige wandelingen, interactieve spelsessies en mentale stimulatieactiviteiten kunnen helpen hun energie te kanaliseren en hen mentaal betrokken te houden. Het creëren van een consistente routine, het bieden van een veilige en gestructureerde omgeving en het geven van voldoende aandacht en genegenheid is essentieel voor hun welzijn. Cane Corso gedijen in gezinnen waar ze worden behandeld als gewaardeerde familieleden en de juiste begeleiding en leiderschap krijgen. Met de juiste zorg en training kan Cane Corso loyale, liefdevolle en goed aangepaste metgezellen zijn.

Vest Welsh Corgi is een charmant en intelligent ras dat bekend staat om zijn onderscheidende uiterlijk en pittige persoonlijkheid. Met hun korte poten en lange lichamen hebben ze een schattige en unieke uitstraling die de harten van veel hondenliefhebbers verovert. Vesten zijn zeer aanpasbaar en zijn geweldige metgezellen voor zowel individuen als gezinnen. Ze staan bekend om hun loyaliteit, aanhankelijke karakter en speelse houding. Zoals elk ras kunnen ze echter bepaalde gedragsproblemen ervaren als ze niet goed zijn opgeleid en gesocialiseerd. Cardigan Welsh Corgi's kunnen in verschillende situaties angst vertonen, zoals verlatingsangst als ze alleen worden gelaten of angst naar onbekende mensen of omgevingen. Tekenen van angst kunnen overmatig geblaf, rusteloosheid of destructief gedrag zijn. Om hun angst te helpen beheersen, is het

40 Populaire rassen angst samenvatting

belangrijk om hen vroegtijdige socialisatie, positieve bekrachtigingstraining en mentale stimulatie te bieden. Regelmatige lichaamsbeweging en boeiende activiteiten zoals puzzelspeelgoed of interactieve spellen kunnen hen helpen energie te verbranden en hun geest te stimuleren. Het creëren van een consistente routine, het creëren van een rustige en gestructureerde omgeving en het bieden van geruststelling en comfort zijn essentieel voor hun welzijn. Met de juiste zorg, training en een liefdevolle omgeving kunnen Cardigan Welsh Corgi's gedijen en vreugde en gezelschap brengen aan hun families.

Cavalier King Charles-spaniëls staan bekend om hun zachtaardige en aanhankelijke karakter, maar ze kunnen ook gevoelig zijn voor angstgevoelens. Tekenen van angst bij Cavaliers kunnen overmatig geblaf, trillen of terugtrekking zijn. Hun menselijke metgezellen moeten hen een veilige en verzorgende omgeving bieden om hun angst te helpen verlichten. Regelmatige lichaamsbeweging en mentale stimulatie door middel van interactief spel en training kunnen helpen overtollige energie te verbranden en hun geest betrokken te houden. Cavaliers gedijen op positieve trainingsmethoden, die hun zelfvertrouwen kunnen vergroten en hun band met hun mensen kunnen versterken. Het creëren van een consistente dagelijkse routine en ervoor zorgen dat ze liefde en aandacht krijgen, kan ook hun angst helpen verlichten. Met geduld, begrip en een kalme aanpak kunnen Cavaliers hun angst overwinnen en een gelukkig en evenwichtig leven leiden.

Een onmisbare gids voor hondenliefhebbers

Hoofdstuk 10

Chihuahua, bekend om zijn kleine formaat en grote persoonlijkheid, kan gevoelig zijn voor angstgevoelens. Ze kunnen tekenen van angst vertonen door overmatig blaffen, trillen of agressie. Hun menselijke metgezellen moeten hun angst begrijpen en aanpakken om hen te helpen zich veilig en geborgen te voelen. Regelmatige oefeningen zoals korte wandelingen of interactieve speelsessies kunnen helpen hun energie te verbranden en angst te verminderen. Door hen een rustige, gestructureerde omgeving en een consistente dagelijkse routine te bieden, kunnen ze hun angst ook verlichten. Trainingsmethoden voor positieve bekrachtiging werken goed bij chihuahua's, omdat ze positief reageren op lof en beloningen. Socialisatie vanaf jonge leeftijd kan hen helpen zich comfortabeler en zelfverzekerder te voelen in verschillende situaties. Met geduld, begrip en een liefdevolle benadering kunnen chihuahua's hun angst overwinnen en genieten van een gelukkig en bevredigend leven met hun menselijke metgezellen.

Cocker (Engels/Spaans), bekend om hun prachtige jassen en vrolijke persoonlijkheden, kunnen gevoelig zijn voor angstgevoelens. Ze kunnen tekenen van angst vertonen door overmatig blaffen, destructief gedrag of aanhankelijkheid. Hun menselijke metgezellen moeten hun angst begrijpen en aanpakken om hen te helpen zich kalm en veilig te voelen. Regelmatige oefeningen zoals dagelijkse wandelingen of speeltijd kunnen helpen hun energie vrij te maken en angst te verminderen. Door hen mentale stimulatie te geven door middel van interactief speelgoed of puzzelspellen, kan dit er ook toe bijdragen dat hun geest betrokken blijft en de angst wordt verlicht. Het creëren van een consistente routine en het bieden van een veilige en comfortabele omgeving kan Cocker Spaniels een gevoel van veiligheid geven. Trainingsmethoden voor positieve bekrachtiging, zachte geruststelling en troost kunnen hun zelfvertrouwen vergroten en hen helpen hun angsten te overwinnen. Met geduld, liefde en de juiste zorg kunnen Cocker Spaniels een gelukkig en evenwichtig leven leiden en genieten van hun tijd met hun menselijke metgezellen.

40 Populaire rassen angst samenvatting

Teckels kunnen , met hun lange lichamen en pittige persoonlijkheden, gevoelig zijn voor angstgevoelens. Ze kunnen tekenen van angst vertonen door overmatig blaffen, graven of zelfs agressie. Hun menselijke metgezellen moeten hun angst begrijpen en aanpakken, zodat ze zich veilig en kalm kunnen voelen. Teckels gedijen goed bij regelmatige lichaamsbeweging, dus door ze dagelijks te laten wandelen of spelen, kunnen ze overtollige energie verbranden en angst verminderen. Mentale stimulatie is ook belangrijk voor deze intelligente honden, en interactief speelgoed of puzzelspellen kunnen hun geest betrokken houden en angst verlichten. Het opzetten van een consistente routine en het creëren van een veilige omgeving kan hun angst helpen verlichten. Trainingsmethoden voor positieve versterking werken het beste voor teckels, omdat ze goed reageren op lof en beloningen. Wanneer ze zich angstig voelen, kunnen zachte geruststelling en troost van hun menselijke metgezellen hen de steun bieden die ze nodig hebben. Met de juiste zorg, aandacht en liefde kunnen teckels een gelukkig en evenwichtig leven leiden, waardoor hun gezin vreugde krijgt.

Doberman Pinschers , bekend om hun loyaliteit en beschermende karakter, kunnen soms angst ervaren. Tekenen van angst bij Dobermans kunnen overmatig geblaf, destructief gedrag of zelfs agressie zijn. Hun menselijke metgezellen moeten hun angst begrijpen en aanpakken om een veilige en harmonieuze omgeving voor hen te creëren. Regelmatige lichaamsbeweging is essentieel voor Dobermanns om opgekropte energie vrij te maken en hun algehele welzijn te behouden. Mentale stimulatie door middel van training, puzzelspeelgoed of interactieve spelletjes kan helpen de geest betrokken te houden en de angst te verlichten. Dobermanns gedijen bij structuur en routine, dus het opstellen van een consistent dagelijks schema kan hen een gevoel van veiligheid geven. Trainingsmethoden voor positieve bekrachtiging werken goed bij Dobermanns, omdat ze positief reageren op beloningen en complimenten. Wanneer zij zich angstig voelen, kunnen zachte geruststelling en kalmte van hun menselijke metgezellen een

Een onmisbare gids voor hondenliefhebbers

aanzienlijk verschil maken door hen te helpen zich op hun gemak te voelen. Met de juiste zorg, training en een liefdevolle benadering kunnen Doberman Pinschers hun angst overwinnen en floreren als zelfverzekerde en evenwichtige metgezellen.

Engelse Cocker is een heerlijk en energiek ras dat bekend staat om zijn vriendelijke karakter en opgewekte karakter. Met hun zachte, expressieve ogen en zijdezachte vacht hebben ze een onweerstaanbare charme die de harten van veel hondenliefhebbers verovert. Engelse Cockers zijn veelzijdig en aanpasbaar, waardoor ze geweldige metgezellen zijn voor zowel individuen als gezinnen. Ze gedijen op menselijk gezelschap en vinden het heerlijk om deel uit te maken van gezinsactiviteiten. Dit ras staat bekend om zijn intelligentie en gretigheid om te behagen, waardoor ze relatief gemakkelijk te trainen zijn. Ze kunnen echter vatbaar zijn voor verlatingsangst als ze langere tijd alleen worden gelaten. Tekenen van angst bij Engelse Cockers kunnen overmatig geblaf, destructief gedrag of rusteloosheid zijn. Om hun angst te helpen beheersen, is het belangrijk om hen voldoende mentale en fysieke stimulatie te bieden. Regelmatige lichaamsbeweging, interactief speelgoed en boeiende activiteiten zoals gehoorzaamheidstraining of behendigheid kunnen hen helpen energie te verbranden en hun geest bezig te houden. Het opzetten van een consistente routine en het bieden van een veilige en gestructureerde omgeving kan ook helpen hun angst te verlichten. Trainingsmethoden voor positieve bekrachtiging werken goed bij dit ras, omdat ze positief reageren op lof en beloningen. Met liefde, geduld en goede zorg kan de Engelse Cocker gedijen en vreugde en kameraadschap brengen aan hun families.

Engelse Setters staan bekend om hun vriendelijke en extraverte karakter, maar kunnen in bepaalde situaties ook angst ervaren. Tekenen van angst bij Engelse Setters kunnen rusteloosheid, overmatig geblaf of destructief gedrag zijn. Hun menselijke metgezellen moeten hun angst begrijpen en aanpakken, zodat ze zich veilig en op hun gemak voelen. Regelmatige lichaamsbeweging is cruciaal voor Engelse Setters om hun energie vrij te maken en een evenwichtige gemoedstoestand te behouden. Mentale stimulatie door middel van training, interactief speelgoed of puzzelspellen kan er ook toe bijdragen dat de geest betrokken blijft en de angst wordt verlicht. Engelse Setters gedijen op positieve trainingsmethoden, omdat ze goed reageren op beloningen en lof. Het creëren van een consistente dagelijkse routine en een rustige en gestructureerde omgeving kan hen een gevoel van veiligheid geven. Wanneer ze zich angstig voelen, kan zachte geruststelling en troost van hun menselijke metgezellen een groot verschil maken. Met geduld, begrip en een liefdevolle benadering kunnen Engelse Setters hun angst beheersen en een gelukkig en bevredigend leven leiden.

Duitse herders Het zijn intelligente en loyale honden, maar kunnen in bepaalde situaties gevoelig zijn voor angst. Tekenen van angst bij Duitse herders kunnen overmatig blaffen, ijsberen of destructief gedrag zijn. Hun menselijke metgezellen moeten hun angst begrijpen en aanpakken, zodat ze zich veilig en kalm kunnen voelen. Regelmatige lichaamsbeweging is cruciaal voor Duitse herders om energie vrij te maken en het mentale welzijn te behouden. Mentale stimulatie door middel van training, interactief speelgoed en probleemoplossende activiteiten kan ook helpen de angst te verlichten. Duitse herders reageren goed op trainingsmethoden voor positieve versterking en gedijen op lof en beloningen. Het creëren van een gestructureerde routine en een veilige en stimulerende omgeving kan hen een gevoel van veiligheid geven. Wanneer ze zich angstig voelen, kan zachte geruststelling en troost van hun menselijke metgezellen een rustgevend effect hebben. Met geduld, begrip en consistente training kunnen Duitse herders hun angst beheersen en een evenwichtig en bevredigend leven leiden.

Een onmisbare gids voor hondenliefhebbers

Hoofdstuk 10   93

Gouden retrievers Het zijn vriendelijke en aanhankelijke honden, maar kunnen in bepaalde situaties ook angst ervaren. Tekenen van angst bij Golden Retrievers kunnen overmatig blaffen, hijgen of destructief gedrag zijn. Hun menselijke metgezellen moeten hun angst herkennen en aanpakken om hen te helpen zich veilig en kalm te voelen. Regelmatige lichaamsbeweging is essentieel voor Golden Retrievers om energie vrij te maken en een gezonde gemoedstoestand te behouden. Mentale stimulatie door middel van training, puzzelspeelgoed en interactieve spellen kan ook helpen angst te verlichten. Het creëren van een consistente dagelijkse routine en een veilige en stimulerende omgeving kan hen een gevoel van stabiliteit geven. Trainingsmethoden voor positieve bekrachtiging werken goed voor Golden Retrievers, omdat ze positief reageren op beloningen en aanmoediging. Wanneer ze zich angstig voelen, kan zachte geruststelling en troost van hun menselijke metgezellen een groot verschil maken. Met geduld, begrip en een liefdevolle benadering kunnen Golden Retrievers hun angst beheersen en een gelukkig en evenwichtig leven leiden.

Duitse Doggen Het zijn zachtaardige reuzen die bekend staan om hun kalme en vriendelijke karakter, maar die in bepaalde situaties ook angst kunnen ervaren. Tekenen van angst bij Duitse doggen kunnen overmatig kwijlen, hijgen, ijsberen of destructief gedrag zijn. Hun menselijke metgezellen moeten hun angst herkennen en aanpakken om hen te helpen zich veilig en op hun gemak te voelen. Regelmatige lichaamsbeweging is voor Duitse Doggen van cruciaal belang om overtollige energie te verbranden en een gezonde gemoedstoestand te behouden. Het creëren van een rustige en gestructureerde omgeving en een consistente routine kan hen een gevoel van stabiliteit geven. Trainingsmethoden voor positieve bekrachtiging werken goed voor Duitse doggen, omdat ze positief reageren op beloningen en aanmoediging. Wanneer ze zich angstig voelen, kan zachte geruststelling en

Verken de Donkere Kant van het Hondenleven

troost van hun menselijke metgezellen een groot verschil maken. Met de juiste zorg, begrip en een liefdevolle benadering kunnen Duitse doggen hun angst beheersen en een gelukkig en evenwichtig leven leiden.

Labrador retrievers Het zijn vriendelijke en extraverte honden, maar kunnen in bepaalde situaties ook angst ervaren. Tekenen van angst bij Labradors kunnen overmatig kauwen of graven zijn, en ze kunnen vatbaar zijn voor verlatingsangst en destructief worden als ze alleen worden gelaten. Om hun angst te helpen verlichten, is het van cruciaal belang dat ze voldoende oefeningen, mentale stimulatie en interactief speelgoed krijgen. Regelmatige lichaamsbeweging helpt hen overtollige energie te verbranden en hun geest betrokken te houden. Het creëren van een consistente routine en het bieden van een veilige en rustige omgeving kan hen ook helpen zich meer op hun gemak te voelen. Trainingsmethoden voor positieve bekrachtiging werken het beste voor Labradors, omdat ze goed reageren op beloningen en aanmoediging. Als ze zich angstig voelen, kan zachte geruststelling en troost van hun menselijke metgezellen een groot verschil maken. Labradors kunnen hun angst beheersen en een evenwichtig en gelukkig leven leiden met begrip, geduld en een liefdevolle benadering.

Leonberger is een majestueuze en vriendelijke reus die bekend staat om zijn imposante omvang en vriendelijke karakter. Met hun dikke, dubbele vacht en indrukwekkende uiterlijk trekken ze vaak de aandacht, waar ze ook gaan. Ondanks hun grote formaat staan Leonbergers bekend om hun zachte en kalme houding, waardoor ze uitstekende gezinsgenoten zijn. Ze zijn loyaal en aanhankelijk en vinden het leuk om deel uit te maken van de gezinsactiviteiten. Dit ras is zeer intelligent en trainbaar en wil zijn eigenaren graag plezieren. Ze kunnen over het algemeen goed met kinderen omgaan en kunnen goed overweg met andere huisdieren als ze op de juiste manier gesocialiseerd zijn. Leonbergers hebben een gematigd energieniveau en hebben baat bij dagelijkse lichaamsbeweging om hen fysiek en

Een onmisbare gids voor hondenliefhebbers

Hoofdstuk 10

mentaal te stimuleren. Hun jassen moeten regelmatig worden geborsteld om hun mooie uiterlijk te behouden en mattering te voorkomen. Hoewel het over het algemeen gezonde honden zijn, kunnen ze gevoelig zijn voor bepaalde gezondheidsproblemen, zoals heupdysplasie en bepaalde vormen van kanker. Regelmatige veterinaire controles en een uitgebalanceerd dieet zijn belangrijk voor hun algehele welzijn. Met hun liefdevolle en zachtaardige karakter kan de Leonberger een geweldige metgezel zijn voor individuen of gezinnen die op zoek zijn naar een loyale en toegewijde harige vriend.

Maltees honden staan bekend om hun kleine formaat en charmante persoonlijkheid, maar kunnen in bepaalde situaties ook angst ervaren. Tekenen van angst bij Maltese honden kunnen overmatig blaffen, trillen of zich verstoppen zijn. Ze zijn gevoelig voor verlatingsangst en kunnen overdreven gehecht raken aan hun menselijke metgezellen. Om hun angst te helpen verlichten, is het essentieel dat ze een rustige en veilige omgeving krijgen. Het creëren van een consistente dagelijkse routine, inclusief regelmatige lichaamsbeweging en mentale stimulatie, kan helpen hun geest betrokken te houden en angst te verminderen. Trainingsmethoden voor positieve bekrachtiging werken goed bij Maltezers, omdat ze positief reageren op beloningen en lof. Als ze zich angstig voelen, kunnen zachte geruststelling en troost van hun menselijke metgezellen ervoor zorgen dat ze zich veiliger voelen. Met begrip, geduld en een liefdevolle benadering kunnen Maltese honden hun angst beheersen en een gelukkig en evenwichtig leven leiden.

40 Populaire rassen angst samenvatting

Dwergschnauzer Het zijn heerlijke kleine honden die bekend staan om hun aparte uiterlijk en pittige persoonlijkheid. Hoewel ze over het algemeen zelfverzekerd en extravert zijn, kunnen ze in bepaalde situaties angst ervaren. Tekenen van angst bij Dwergschnauzers kunnen overmatig geblaf, rusteloosheid of destructief gedrag zijn. Ze kunnen vatbaar zijn voor verlatingsangst en kunnen overdreven gehecht raken aan hun menselijke familieleden. Om hun angst te helpen verlichten, is het belangrijk dat ze voldoende fysieke oefeningen en mentale stimulatie krijgen. Interactief speelgoed, puzzelspellen en trainingssessies kunnen helpen hun geest betrokken te houden en angst te verminderen. Het creëren van een rustige en gestructureerde omgeving en een consistente dagelijkse routine kan hen ook een gevoel van veiligheid geven. Trainingsmethoden voor positieve bekrachtiging, zoals het belonen van goed gedrag, vergroten hun zelfvertrouwen en verminderen angst. Wanneer ze zich angstig voelen, kunnen zachte geruststelling en geruststellende gebaren van hun menselijke metgezellen een groot verschil maken. Dwergschnauzers kunnen hun angst beheersen en een gelukkig en evenwichtig leven leiden met liefde, geduld en begrip.

Noorse Elandhond is een mooi en veelzijdig ras met een rijke geschiedenis, geworteld in Noorwegen. Dit ras staat bekend om zijn stevige bouw en opvallende uiterlijk en staat hoog aangeschreven als een loyale en moedige metgezel. Noorse Elandhonden hebben een dikke dubbele vacht die isolatie biedt bij koud weer en hen een onderscheidende uitstraling geeft. Ze staan bekend om hun jachtvaardigheden, vooral bij het volgen en achtervolgen van wild zoals elanden, beren en andere grote dieren. Met hun sterke reukvermogen en scherpe instincten blinken ze uit in taken waarbij geurdetectie vereist is. Noorse Elandhonden staan ook bekend om hun intelligentie, onafhankelijkheid en wilskrachtige karakter. Ze hebben een consistente en stevige maar zachte training nodig om hun energie te kanaliseren en goed gedrag te behouden. Socialisatie

Een onmisbare gids voor hondenliefhebbers

Hoofdstuk 10

vanaf jonge leeftijd is essentieel om hen te helpen veelzijdige en aanpasbare honden te worden. Dit ras is doorgaans vriendelijk, aanhankelijk en beschermend voor hun families, waardoor ze uitstekende waakhonden zijn. Noorse Elandhonden zijn actieve honden en hebben regelmatig beweging nodig om ze fysiek en mentaal te stimuleren. Hun dikke jassen vereisen regelmatige verzorging om mattering te voorkomen en ervoor te zorgen dat ze er op hun best uitzien. Over het geheel genomen is de Noorse Elandhond een loyaal, intelligent en veelzijdig ras dat gedijt in actieve huishoudens waar ze de aandacht, lichaamsbeweging en mentale stimulatie kunnen krijgen die ze nodig hebben.

Poedels zijn intelligente en elegante honden die bekend staan om hun kenmerkende gekrulde vacht. Ondanks hun verfijnde uiterlijk kunnen Poedels in bepaalde situaties angst ervaren. Tekenen van angst bij Poedels kunnen zijn: overmatig blaffen, ijsberen of constant aandacht zoeken. Ze kunnen gevoelig zijn voor veranderingen in hun omgeving en hebben mogelijk een rustige en gestructureerde routine nodig om zich veilig te voelen. Regelmatige fysieke en mentale oefening zijn essentieel voor Poedels om overtollige energie vrij te maken en hun welzijn te behouden. Door ze te betrekken bij stimulerende activiteiten zoals puzzelspeelgoed, gehoorzaamheidstraining of behendigheidsoefeningen, kan dit de angst helpen verlichten en hun geest bezig houden. Positieve trainingsmethoden voor versterking, met beloningen en complimenten, werken het beste voor Poedels, omdat ze goed reageren op aanmoediging en zachte begeleiding. Door een vredige en stille ruimte in huis te creëren en geruststellende spullen aan te bieden, zoals zacht beddengoed of rustgevende muziek, kunnen ze zich meer op hun gemak voelen. Met de steun van geduldige en begripvolle eigenaren kunnen Poedels hun angst beheersen en gedijen in een liefdevolle en verzorgende omgeving.

40 Populaire rassen angst samenvatting

Portugese Water is een charismatisch en veelzijdig ras met een fascinerende geschiedenis, geworteld in Portugal. Dit ras staat bekend om zijn robuuste lichaamsbouw en onderscheidende vacht en staat hoog aangeschreven als een intelligente en aanhankelijke metgezel. Portugese Waterhonden hebben een hypoallergene vacht die golvend of gekruld is en een uitstekende waterbescherming biedt. Ze werden oorspronkelijk gefokt voor verschillende taken die verband hielden met waterwerk, zoals het ophalen van netten, het overbrengen van berichten tussen boten en zelfs het hoeden van vissen in netten. Met hun natuurlijke zwemvermogen en verlangen om te behagen, blinken ze uit in dokduiken en water sport en gehoorzaamheidstraining. Portugese Waterhonden staan bekend om hun intelligentie, trainbaarheid en leergierigheid. Ze gedijen op mentale stimulatie en hebben consistente en positieve trainingsmethoden nodig om hen betrokken en goed gedragen te houden. Vroege socialisatie is cruciaal om hen te helpen zich te ontwikkelen tot goed afgeronde en vriendelijke honden. Portugese Waterhonden vormen een diepe band met hun families en staan bekend om hun loyaliteit en beschermende karakter. Ze kunnen over het algemeen goed met kinderen omgaan en kunnen zich goed aanpassen aan de gezinsomgeving. Ze kunnen echter op hun hoede zijn tegenover vreemden, dus vroege socialisatie is essentieel om ervoor te zorgen dat ze zich op hun gemak voelen in verschillende sociale situaties. Dit ras is energiek en vereist regelmatige lichaamsbeweging om ze fysiek en mentaal te stimuleren. Dagelijkse wandelingen, interactieve spelsessies en mentale uitdagingen zijn nodig om verveling te voorkomen en het algehele welzijn te behouden. De unieke vacht van de Portugese Waterhond vereist regelmatige verzorging, borstelen en af en toe professioneel trimmen. Met hun intelligentie, charme en waterminnende karakter zijn Portugese Waterhonden fantastische metgezellen voor actieve individuen en gezinnen die hen de aandacht, lichaamsbeweging en mentale stimulatie kunnen geven die ze nodig hebben om te gedijen.

Een onmisbare gids voor hondenliefhebbers

Mopshond zijn charmante en aanhankelijke honden die bekend staan om hun kenmerkende gerimpelde gezicht en gekrulde staart. Hoewel ze misschien speels en extravert zijn, kunnen mopshonden in bepaalde situaties ook gevoelig zijn voor angst. Tekenen van angst bij mopshonden kunnen zijn: overmatig hijgen, ijsberen of voortdurend geruststelling zoeken. Hun menselijke metgezellen moeten hun angst begrijpen en aanpakken om hen te helpen zich kalm en veilig te voelen. Regelmatige oefeningen, zoals korte wandelingen of interactieve speeltijd, kunnen mopshonden helpen opgekropte energie vrij te geven en een gevoel van welzijn te bevorderen. Mentale stimulatie door middel van puzzelspeelgoed of trainingsoefeningen kan ook de geest betrokken houden en de angst verminderen. Het creëren van een consistente routine en het bieden van een comfortabele en veilige omgeving kan hun zorgen helpen verlichten. Trainingsmethoden voor positieve bekrachtiging, waarbij gebruik wordt gemaakt van beloningen en complimenten, zijn effectief voor mopshonden, omdat ze goed reageren op zachte en bemoedigende benaderingen. Door hen een rustige en gezellige ruimte te bieden om te ontspannen, samen met rustgevende geuren of rustgevende muziek, kan hun angst worden verlicht. Mopsen kunnen hun angst overwinnen en genieten van een gelukkig en vervullend leven met liefde, geduld en een ondersteunende omgeving.

Rottweilers Het zijn krachtige en loyale honden die bekend staan om hun beschermende karakter en sterke bewakingsinstincten. Hoewel ze vaak zelfverzekerd en zelfverzekerd zijn, kunnen Rottweilers ook vatbaar zijn voor angst, wat zich uit in overmatig geblaf, agressie of destructief gedrag. Ze kunnen vatbaar zijn voor verlatingsangst en kunnen overbezorgd worden tegenover hun gezin. Om hun angst te helpen verminderen, is het essentieel dat Rottweilers vroegtijdig socialiseren met verschillende mensen, dieren en omgevingen. Trainingstechnieken voor positieve bekrachtiging die zich richten op op beloningen gebaseerde methoden kunnen helpen hun zelfvertrouwen op te bouwen en gewenst gedrag te versterken. Mentale en fysieke oefening zijn essentieel voor Rottweilers om overtollige energie te verbranden en een gezonde gemoedstoestand te behouden. Door ze te betrekken bij interactieve spelletjes, gehoorzaamheidstraining en uitdagende taken, kan hun geest worden gestimuleerd en angst worden verlicht. Het creëren van een rustige en gestructureerde omgeving met consistente routines kan Rottweilers een gevoel van veiligheid geven. Met geduldige en begripvolle omgang, samen met de juiste training en socialisatie, kunnen Rottweilers leren hun angst te beheersen en te gedijen als evenwichtige en zelfverzekerde metgezellen.

Shiba Inu zijn kleine, pittige honden die bekend staan om hun onafhankelijke en zelfverzekerde karakter. Hoewel ze over het algemeen een kalm en gereserveerd ras zijn, kan Shiba Inu in bepaalde situaties gevoelig zijn voor angstgevoelens. Tekenen van angst bij Shiba Inu kunnen overmatig geblaf, destructief gedrag of terugtrekking zijn. Om hun angst te helpen beheersen, is het belangrijk om hen een gestructureerde routine en consistente training te bieden. Positieve bekrachtigingstechnieken werken goed bij Shiba Inu, omdat ze het beste reageren op beloningen en complimenten. Regelmatige lichaamsbeweging en mentale stimulatie zijn van cruciaal belang om hun actieve geest betrokken te houden en verveling te voorkomen, wat kan bijdragen aan angst. Het creëren van een kalme en veilige omgeving, met een aangewezen veilige ruimte waar ze zich kunnen terugtrekken, kan hun angst helpen verlichten. Zachte geruststelling en troost van hun menselijke metgezellen tijdens stressvolle situaties kunnen ook een aanzienlijk verschil maken. Met geduldige en begripvolle zorg kan Shiba Inu leren hun angst te overwinnen en te gedijen als een goed aangepaste en gelukkige metgezel.

Shih Tzus zijn kleine, aanhankelijke honden die bekend staan om hun speelse en extraverte persoonlijkheden. Hoewel ze over het algemeen vriendelijk en aanpasbaar zijn, kunnen Shih Tzus in bepaalde situaties gevoelig zijn voor angstgevoelens. Tekenen van angst bij Shih Tzus kunnen overmatig blaffen, trillen of aanhankelijk gedrag zijn. Om hun angst te helpen beheersen, is het belangrijk om hen een rustige en gestructureerde omgeving te bieden. Het creëren van een consistente dagelijkse routine en een aangewezen veilige ruimte

Een onmisbare gids voor hondenliefhebbers

Hoofdstuk 10

voor hen kan hun angst helpen verlichten en hen een gevoel van veiligheid geven. Met beloningen en zachte begeleiding werken trainingsmethoden voor positieve bekrachtiging het beste bij Shih Tzus om hun zelfvertrouwen op te bouwen en goed gedrag te versterken. Regelmatige lichaamsbeweging, zowel fysiek als mentaal, is van cruciaal belang om hen te helpen overtollige energie te verbranden en hun geest gestimuleerd te houden. Zachte geruststelling en troost van hun menselijke metgezellen tijdens stressvolle situaties kan ook helpen hun angst te kalmeren. Shih Tzus kunnen leren hun angsten te beheersen en te genieten van een gelukkig en evenwichtig leven met geduldige en liefdevolle zorg.

Siberische Huskies Het zijn energieke en sociale honden die bekend staan om hun opvallende uiterlijk en goede slee-trekvermogen. Hoewel ze over het algemeen vriendelijk en extravert zijn, kunnen Siberische Huskies gevoelig zijn voor bepaalde gedragsproblemen, waaronder verlatingsangst. Als ze langere tijd alleen worden gelaten, kunnen ze tekenen van angst vertonen, zoals overmatig blaffen, destructief gedrag of pogingen om te ontsnappen. Om hun angstgevoelens onder controle te houden, is het essentieel om ze regelmatig te laten bewegen, aangezien Huskies een hoog energieniveau hebben en voldoende fysieke activiteit nodig hebben. Mentale stimulatie is net zo belangrijk, omdat intelligente honden gedijen bij boeiende taken en uitdagingen. Het opbouwen van een consistente routine, inclusief gestructureerde trainingssessies en interactieve speeltijd, kan hun angst helpen verlichten en een gevoel van stabiliteit bieden.

Bovendien kunnen krattraining en het creëren van een veilige en comfortabele holachtige ruimte hen een veilig toevluchtsoord bieden. Positieve versterkingstraining technieken, zoals het belonen van goed gedrag en het bieden van mentale verrijking, kunnen hun angst effectief beheersen. Met de juiste zorg, aandacht en een liefdevolle omgeving kunnen Siberische Huskies een bevredigend leven leiden en een sterke band opbouwen met hun menselijke metgezellen.

Staffordshire Bull Terriers, vaak Staffie genoemd, zijn vriendelijke en aanhankelijke honden die bekend staan om hun gespierde bouw en energieke karakter. Hoewel Staffie over het algemeen sociaal en goedaardig is, kan ze gevoelig zijn voor bepaalde gedragsproblemen, waaronder verlatingsangst. Als ze langere tijd alleen worden gelaten, kunnen ze tekenen van angst vertonen, zoals overmatig blaffen, destructief gedrag of pogingen om te ontsnappen. Om hun angst te helpen beheersen, is het essentieel om hen regelmatig te laten bewegen en mentaal te stimuleren. Dagelijkse wandelingen, speeltijd en interactief speelgoed kunnen helpen overtollige energie te verbranden en hun geest betrokken te houden. Het opzetten van een consistente routine en het bieden van een veilige en comfortabele ruimte kan hun angst helpen verlichten en een gevoel van veiligheid geven. Positieve trainingsmethoden voor bekrachtiging, waarbij gebruik wordt gemaakt van beloningen en complimenten, leren hen effectief goed gedrag en vergroten hun zelfvertrouwen. Met de juiste zorg, socialisatie en een liefdevolle omgeving kunnen Staffordshire Bull Terriers gedijen en sterke banden vormen met hun menselijke families.

Volpino Italiano is een betoverend en levendig ras met een rijke erfenis afkomstig uit Italië. Dit ras staat bekend om zijn kleine formaat en donzige vacht en verovert harten met zijn schattige uiterlijk en charmante persoonlijkheid. De Volpino Italiano heeft een dikke dubbele vacht die in verschillende kleuren verkrijgbaar is, die bescherming biedt en bijdraagt aan zijn prachtige uiterlijk. Het is een door en door een gezelschapshond, die een sterke band met zijn gezin vormt en vaak blijk geeft van een loyale en aanhankelijke aard. Ondanks zijn kleine gestalte is de Volpino Italiano pittig en levendig, altijd klaar voor spel en avontuur. Dit ras staat bekend om zijn intelligentie, behendigheid en snel leervermogen. Hij geniet van mentale stimulatie en blinkt uit in activiteiten zoals gehoorzaamheidstraining, behendigheidscursussen en interactieve spellen.

Een onmisbare gids voor hondenliefhebbers

Hoofdstuk 10

Vroege socialisatie is belangrijk om ervoor te zorgen dat Volpino Italiano opgroeit en goed afgerond en aanpasbaar is. Hoewel ze klein zijn, kunnen ze assertief zijn en een beschermend instinct jegens hun dierbaren tonen. Regelmatige lichaamsbeweging in de vorm van wandelingen, speelsessies en mentale uitdagingen is essentieel om ze fysiek en mentaal gestimuleerd te houden. Hoewel hun donzige jassen regelmatig moeten worden geborsteld om mattering te voorkomen en hun schoonheid te behouden, worden ze beschouwd als een ras dat weinig uitwerpt, waardoor ze geschikt zijn voor mensen met allergieën. De Volpino Italiano is een heerlijke metgezel die vreugde en genegenheid brengt voor zijn gezin. Hun levendige karakter, intelligentie en boeiende uiterlijk zijn geweldige huisdieren voor individuen en gezinnen die op zoek zijn naar een toegewijde en pittige hondengenoot.

Welshe springerspaniël is een charmant en veelzijdig ras met een rijke geschiedenis, geworteld in Wales. Met hun kenmerkende vacht en vriendelijke karakter veroveren ze de harten van hondenliefhebbers over de hele wereld. Welsh Springer Spaniels hebben een middelgrote, goed uitgebalanceerde bouw waardoor ze uitblinken in verschillende activiteiten. Hun zijdezachte rood-witte vacht is niet alleen visueel aantrekkelijk, maar biedt ook bescherming tegen de elementen. Dit ras staat bekend om zijn uitzonderlijke jachtvaardigheden, vooral bij het wegspoelen van wild en het apporteren. Met hun scherpe reukvermogen en natuurlijke instincten gedijen ze bij taken waarbij geurdetectie vereist is. Welsh Springer Spaniels zijn intelligent en willen graag behagen, waardoor ze zeer goed trainbaar zijn en reageren op positieve bekrachtigingsmethoden. Ze zijn veelzijdig in hun capaciteiten en kunnen deelnemen aan verschillende hondensporten, zoals gehoorzaamheid, behendigheid en speuren. Hun vriendelijke en aanhankelijke karakter maakt ze uitstekende metgezellen en familiehonden. Ze vormen een sterke band met hun menselijke familie en zijn vaak goed met kinderen en andere huisdieren. Regelmatige lichaamsbeweging is belangrijk om de Welsh Springer Spaniel fysiek en mentaal gestimuleerd te houden. Ze genieten van activiteiten zoals stevige wandelingen, joggen en interactieve spelsessies. Hun vacht vereist regelmatige verzorging om hem schoon en vrij van matten te houden. Met hun liefdevolle temperament,

40 Populaire rassen angst samenvatting

intelligentie en energieke karakter is de Welsh Springer Spaniel ideaal voor actieve individuen of gezinnen die op zoek zijn naar een loyale en toegewijde metgezel.

Yorkshire Terriers, of **Yorkies**, zijn kleine en pittige honden die bekend staan om hun glamoureuze jassen en zelfverzekerde persoonlijkheden. Ondanks hun kleine formaat kunnen ze soms tekenen van angst vertonen. Yorkies kunnen verlatingsangst ervaren als ze langere tijd alleen worden gelaten, wat leidt tot gedrag zoals overmatig blaffen, destructief kauwen of rusteloosheid. Om hun angst te helpen beheersen, moeten hun menselijke metgezellen een veilige omgeving creëren. Regelmatige lichaamsbeweging en mentale stimulatie zijn essentieel om hun lichaam en geest actief te houden. Door hen interactief speelgoed en puzzelspellen te geven, kunnen ze hun angst verlichten en betrokken blijven. Het vaststellen van een consistente dagelijkse routine en het stellen van duidelijke grenzen kan hen ook een gevoel van structuur en veiligheid geven. Trainingstechnieken voor positieve bekrachtiging, waarbij gebruik wordt gemaakt van beloningen en complimenten, leren hen effectief goed gedrag en vergroten hun zelfvertrouwen. Met liefde, geduld en een rustige benadering kunnen Yorkshire Terriers hun angst overwinnen en gedijen in een liefdevolle thuisomgeving.

Een onmisbare gids voor hondenliefhebbers

Hoofdstuk 11

Dutje en wandeling om op de hoogte te blijven

Woef woef! Allereerst heb ik leuk nieuws voor jullie! In hoofdstuk 17 van ons uitstekende boek heb ik een uitgebreide tabel toegevoegd over dutjes en wandelen. Het is een handige naslaggids die u helpt de specifieke slaap- en wandelbehoeften van 40 populaire hondenrassen te begrijpen. Is dat niet geweldig?

Dutjes: Ah, de schoonheid van een goed dutje! Net als jij hebben wij honden ook een schoonheidsslaapje nodig. De hoeveelheid slaap die we nodig hebben kan variëren van ras tot ras, maar we snoozen graag zo'n 12 tot 14 uur per dag. Dat klinkt misschien als veel, maar we moeten onze batterijen opladen en gezond en gelukkig blijven. Geef ons dus <u>gezellige en comfortabele plekjes om op te kruipen en weg te dromen naar dromenland,</u> Zzz's . Stoor ons alstublieft niet als we een heerlijk dutje doen. Het is onze kostbare downtime!

In die tabel vindt u belangrijke informatie over hoeveel uur elk ras normaal gesproken nodig heeft om te slapen en hoeveel beweging ze nodig hebben tijdens wandelingen. Je zult ook ontdekken of deze rassen meer geschikt zijn voor een binnen- of buitenlevensstijl. Dit zal hun unieke behoeften beter begrijpen en u helpen hun dagelijkse routine dienovereenkomstig te plannen.

Wandelingen: Ah, wat een vreugde is het om te gaan wandelen met onze menselijke metgezellen! Wandelen is voor ons niet alleen een fysieke activiteit; het is een kans om onze zintuigen te verkennen, te verbinden en te betrekken. De duur en intensiteit van onze wandelingen kunnen variëren, afhankelijk van ons ras, onze leeftijd en ons energieniveau. Voor sommigen van ons is een ontspannen blokje om wandelen voldoende, terwijl anderen misschien een stevigere wandeling of zelfs hardlopen nodig hebben om onze overtollige energie te verbranden. <u>Regelmatige wandelingen zijn belangrijk voor ons fysieke en mentale welzijn, omdat ze ons beweging, mentale stimulatie en de mogelijkheid bieden om met andere honden om te gaan en te socialiseren.</u>mensen. Dus pak die riem, trek je wandelschoenen aan en laten we samen op avontuur gaan!

Verken de Donkere Kant van het Hondenleven

Dutje en wandeling
om op de hoogte te blijven

Maar wacht, er is meer! In de tabel wordt ook aandacht besteed aan het bewegingsaspect, met name lopen. Het onthult de aanbevolen duur en frequentie van wandelingen voor elk ras, zodat we de fysieke activiteit en mentale stimulatie krijgen die we nodig hebben om gezond en gelukkig te blijven. Of het nu gaat om een ontspannen wandeling of een energieke wandeling, u heeft alle informatie die u nodig heeft om onze staart te laten kwispelen tijdens onze wandelingen.

Onthoud, lieve mensen, dat het belangrijk is om rekening te houden met onze individuele behoeften als het gaat om slapen en wandelen. Sommige rassen hebben mogelijk meer of minder slaap nodig, en onze trainingsbehoeften kunnen ook variëren. Neem dus de tijd om de raskenmerken van uw harige vriend te begrijpen, raadpleeg indien nodig <u>uw dierenarts en creëer een routine die tegemoetkomt aan onze specifieke behoeften.</u> En het allerbelangrijkste: geniet samen van  deze momenten! Een dutje doen en wandelen zijn voor ons niet alleen maar dagelijkse rituelen; het zijn kansen voor ons om onze band te versterken, de wereld te verkennen en dierbare herinneringen te creëren die een leven lang meegaan.

Ten slotte helpt de tabel u te begrijpen of een bepaald ras beter geschikt is voor een levensstijl binnen of buiten. Sommige rassen gedijen goed binnenshuis, terwijl anderen graag het buitenleven verkennen. Als u dit weet, kunt u een leefruimte creëren die het beste aan onze behoeften voldoet en die ons comfortabel en tevreden houdt.

Dus, mijn lieve mensen, ga naar hoofdstuk 17 en duik in de wondere wereld van dutten en wandelen. Gebruik de tabel als waardevol hulpmiddel om de specifieke behoeften van uw harige vriend te begrijpen, zijn dutje- en wandelroutines daarop af te stemmen en hem een leven vol vreugde, rust en avontuur te bieden. Bekijk **het profiel van 40 populaire rassen dutje, wandeling en binnen/buiten**.

 Een onmisbare gids voor hondenliefhebbers

Hoofdstuk 12

Puppy angstige wereld

Mijn puppytijdgeheugen

Woef, mijn dierbare mensenvriend! Als ik me de dagen herinner dat ik nog maar een kleine, donzige puppy was, bracht het een mix van emoties in mijn harige hart teweeg. Die dagen waren gevuld met vreugde en angst toen ik aan een nieuw hoofdstuk van mijn leven begon, weg van mijn liefhebbende moeder en nestgenoten.

Toen de tijd aanbrak dat ik mijn moeder moest verlaten, voelde ik een mengeling van opwinding en angst. Ik was nieuwsgierig naar de wereld die mij te wachten stond, maar diep van binnen was er een gevoel van onveiligheid en onzekerheid. Het was een angstaanjagende ervaring om gescheiden te zijn van de troost en warmte van de aanwezigheid van mijn moeder.

In die beginperiode voelde ik mij vaak angstig en overweldigd. De onbekende omgeving, de afwezigheid van de rustgevende aanwezigheid van mijn moeder en de nieuwe gezichten om mij heen versterkten mijn zorgen. De wereld leek groot en intimiderend, en ik verlangde naar geruststelling en het gevoel erbij te horen. Maar toen gebeurde er iets buitengewoons. Mijn lieve baasjes kwamen in mijn leven. Hun warme en gastvrije aanwezigheid, zachte aanraking en liefdevolle hart waren als een baken van licht op die donkere momenten. Ze begrepen dat ik tijd nodig had om me aan te passen en dat mijn angsten geduld en begrip vereisten.

Ze creëerden een veilige en geruststellende omgeving voor mij, gevuld met zachte dekens, knusse bedden en speelgoed dat mijn bron van troost werd. Ze overlaadden me met liefde, aandacht en vriendelijke woorden die mijn angsten hielpen verlichten. Hun consistente routines en voorspelbare schema's brachten een gevoel van veiligheid dat ik zo hard nodig had. Tijdens die donkere dagen waarin mijn zorgen overweldigend leken, boden ze een luisterend oor en een geruststellende schoot. Ze

herkenden mijn individuele behoeften en werkten stap voor stap met mij samen om mijn angsten te overwinnen. Ze lieten me geleidelijk kennismaken met nieuwe ervaringen, waarbij ze altijd mijn tempo en grenzen respecteerden. Maar het waren niet alleen de donkere dagen die onze reis samen bepaalden. Er waren ook talloze mooie dagen vol gelach, spel en een onverbrekelijke

Verken de Donkere Kant van het Hondenleven

Puppy angstige wereld

band. Met hun geduldige begeleiding en positieve bekrachtiging leerde ik de wereld om me heen met vertrouwen te omarmen. Hun liefde en niet-aflatende steun hebben ervoor gezorgd dat ik uitgroeide tot een zelfverzekerde en gelukkige hond. We werden geconfronteerd met uitdagingen en vierden samen triomfen, en onze band werd door dit alles sterker. Ze leerden me dat alles mogelijk is met liefde, begrip en een beetje puppytraktaties. Terwijl ik herinneringen ophaal aan mijn puppytijd, ben ik dankbaar voor de dag dat ze mijn leven binnenkwamen. Ze keken voorbij mijn angsten en geloofden in mij. Ze zorgden voor een liefdevol en zorgzaam thuis waar ik kon floreren. Hun warmte en zorg veranderden mijn angsten in moed, en daar zal ik voor altijd dankbaar voor zijn.

Dus, mijn dierbare mensenvriend, laten we samen elk moment koesteren, zowel de donkere als de heldere dagen. Door dit alles zullen we deze prachtige levensreis blijven volgen, zij aan zij, met kwispelende staarten en harten gevuld met grenzeloze liefde.

Van puppy, tot volwassen hondenstadium

Inslag! Laat me je nu meenemen op een reis door de verschillende fasen van het leven van een puppy, vanuit mijn hondenperspectief:

1. **Pasgeboren stadium:** Ah, dat waren de dagen dat ik nog maar een klein bolletje bont was, dicht tegen mijn moeder en broers en zussen aan geknuffeld. Ik vertrouwde voor alles op haar: melk, warmte en een gevoel van veiligheid. Het was een gezellige en veilige tijd.
2. **Neonatale fase:** Terwijl mijn ogen en oren open gingen, begon ik een hele nieuwe wereld om me heen te ontdekken. In het begin was het een beetje overweldigend, maar met elke dag die voorbijging, werd ik nieuwsgieriger en enthousiaster om te verkennen.

3. **Overgangsfase:** Ik wiebelde op mijn beentjes om mijn broers en zussen bij te houden. Ik begon mijn zintuigen te ontwikkelen en leerde de verschillende geuren en geluiden in mijn omgeving kennen. Het was een opwindende tijd van groei en ontdekking.
4. **Socialisatiefase:** Deze etappe was ongelooflijk belangrijk voor mij. Ik ontmoette veel nieuwe mensen en harige vrienden en ervaarde verschillende bezienswaardigheden en geluiden. Het heeft mij geholpen de vriendelijke en sociale pup te worden die ik nu ben.

5. **penenfase:** Ah, de smaak van vast voedsel! Het was een grote stap voor mij toen ik overging van het uitsluitend vertrouwen op mama's melk naar het ontdekken van een verscheidenheid aan heerlijke lekkernijen. Ik ontdekte nieuwe smaken en texturen, waardoor etenstijd een behoorlijk avontuur werd.

 Een onmisbare gids voor hondenliefhebbers

Hoofdstuk 12

Jeugdfase: Oh jongen, deze etappe zat vol energie en kattenkwaad! Ik had een grenzeloze nieuwsgierigheid en kon het niet laten om alles wat ik zag te verkennen. Ik leerde de basisprincipes van trainen, speelde veel games en ontdekte mijn unieke persoonlijkheid.

6. **Adolescentiestadium:** Deze etappe kende zijn ups en downs. Ik had uitbarstingen van onafhankelijkheid en zocht soms de grenzen op. De hormonen zoemden en ik onderging enkele veranderingen. Gelukkig heb ik, met de geduldige begeleiding van mijn mensen, deze fase met liefde en steun doorstaan.

7. **Fase jongvolwassenen:** Ah, het stadium van volwassenheid! Ik nestelde me in mijn volwassen zelf, zowel fysiek als mentaal. Ik werd zelfverzekerder en ervarener. Het leven werd een balans tussen speelsheid en verantwoordelijkheid.

8. **Volwassen stadium:** Nu ben ik helemaal volwassen! Ik heb mijn volledige potentieel bereikt en heb genoten van de bloei van mijn leven. Ik heb nog steeds veel energie en liefde om te geven, maar ik waardeer ook een lekker dutje en een gezellig ontspannen plekje.

Elke fase bracht zijn eigen avonturen, uitdagingen en groei met zich mee. En ondanks dit alles waren mijn mensen er, die mij begeleidden, koesterden en mij alle liefde en zorg gaven die ik nodig had om de geweldige hond te worden die ik nu ben. Inslag! Doe alstublieft hetzelfde voor uw geliefde puppy tot het volwassen stadium.

Nieuwe puppy, pup-tot-mens advies

Inslag! Dus je hebt besloten om een puppy in je leven te brengen. Welnu, ik zal jullie wat advies van pup tot mens geven over wat je moet weten om een geweldige start voor jullie beiden te garanderen. Daar gaan we:

1. **Inzet:** Als u een puppy in huis haalt, betekent dit dat u zich jarenlang inzet voor zijn welzijn. Ze hebben je tijd, aandacht en liefde nodig, dus wees voorbereid op een levenslange harige vriendschap.

2. **Puppy-proofing:** Puppy's zijn nieuwsgierige kleine wezens die graag met hun mond ontdekken. <u>Zorg ervoor dat je huis puppy-proof is door potentiële gevaren of kauwbare verleidingen weg te nemen. Let op elektrische snoeren, giftige planten en kleine voorwerpen die kunnen worden ingeslikt.</u>

Verken de Donkere Kant van het Hondenleven

Puppy angstige wereld

3. **Socialisatie:** Vroegtijdige socialisatie is de sleutel om uw pup te helpen een zelfverzekerde en goed aangepaste hond te worden. Laat ze op een positieve en gecontroleerde manier kennismaken met nieuwe mensen, dieren en omgevingen. Dit zal hen helpen goede manieren te ontwikkelen en angst in onbekende situaties te voorkomen.

4. **Opleiding en discipline:** Begin met het trainen van uw puppy vanaf het moment dat hij arriveert. Leer ze basiscommando's, inbraak en correct gedrag met behulp van positieve bekrachtiging. Traktaties, lof en consistentie zullen wonderen verrichten. Bedenk dat een zachte poot veel beter is dan een hard woord.

5. **Gezondheid en welzijn:** Plan een bezoek aan de dierenarts om er zeker van te zijn dat uw puppy gezond is en op de hoogte is van de vaccinaties. Stel een regelmatig voedingsschema op met een voedzaam dieet dat geschikt is voor hun leeftijd en ras. Door verzorging, inclusief het poetsen van hun vacht en tanden, blijven ze er op hun best uitzien en voelen.

6. **Oefening en stimulatie:** Puppy's hebben dagenlang energie! Zorg ervoor dat u ze voldoende beweging en mentale stimulatie geeft . Dagelijkse wandelingen, speeltijd en interactief speelgoed of spelletjes houden ze gelukkig en voorkomen dat ze zich gaan vervelen of ondeugend worden.

7. **Geduld en liefde:** Uw puppy is nog steeds aan het leren en zich aan zijn nieuwe omgeving aan het aanpassen . **Wees geduldig met ze** terwijl ze zich een weg banen door deze grote wereld. Toon ze veel liefde, aandacht en genegenheid om een sterke band op te bouwen, gebaseerd op vertrouwen en positieve bekrachtiging.

8. **Hulpmiddelen voor puppyverzorging:** Er bestaat een hele wereld aan nuttige bronnen voor puppyverzorging. Boeken, websites en lokale puppytrainingen kunnen u waardevolle begeleiding bieden over alles, van basiszorg tot gedrag en trainingstechnieken. Zoek naar deze bronnen om u te ondersteunen tijdens uw puppy-ouderschapsreis.

Door deze punten in gedachten te houden en een liefdevolle en ondersteunende omgeving te creëren, kan uw puppy uitgroeien tot een gelukkige en veelzijdige hond. Geniet van elk kostbaar moment en koester de pootachtige herinneringen die je samen zult creëren! Inslag!

Een onmisbare gids voor hondenliefhebbers

Hoofdstuk 12

Puppy-uitdagingen en oplossingen

Allereerst: inbraak kan een behoorlijke uitdaging zijn. Puppy's moeten leren waar ze hun behoefte moeten doen. Creëer een consistente routine voor het pauzeren van het potje, geef veel complimenten en traktaties als ze op de juiste plek terechtkomen, en wees geduldig. Ongelukken gebeuren, maar zullen na verloop van tijd en positieve bekrachtiging aan de orde komen.

Kauwen en bijten kan ervoor zorgen dat je **auw krijgt** ! Puppy's houden ervan om met hun mond te ontdekken, wat betekent dat ze aan je schoenen kunnen knabbelen of aan je vingers kunnen bijten. Geef ze voldoende kauwspeeltjes en richt hun aandacht erop als ze aan je favoriete dingen beginnen te knagen. Als je ze leert om op remming te bijten en zachtaardig spel te belonen, zullen ze beter begrijpen wat gepast is.

Socialisatie is soms lastig! Laat uw puppy geleidelijk en met veel positieve ervaringen kennismaken met nieuwe mensen, dieren en omgevingen. Puppysocialisatielessen zijn ideaal om andere harige vrienden te ontmoeten en te leren zelfverzekerd te zijn in nieuwe situaties. Het zal hen helpen een goed afgeronde doggo te worden!

Trainen kost tijd en traktaties. Wees consistent en gebruik positieve bekrachtigingsmethoden. Door traktaties, complimenten en beloningen zullen ze begrijpen wat u wilt dat ze doen. Als je extra hulp nodig hebt, zijn puppycursussen een goede optie. Zij begeleiden u en uw pup op het juiste pad.

Verlatingsangst kan een enorme uitdaging zijn. Als ze gescheiden zijn van hun nestgenoten en moeder, kunnen ze zich angstig voelen. Begin door ze een korte periode met rust te laten en verleng de tijd geleidelijk. Creëer een gezellige ruimte voor ze, laat interactief speelgoed achter om ze bezig te houden en probeer rustgevende muziek of feromoonverspreiders om ze te helpen ontspannen.

Tandjes krijgen kan ook een beetje **kemphaan zijn.** Puppy's houden ervan om te kauwen als hun tanden groeien. Geef ze passende bijtspeeltjes om hun tandvlees te verzachten. Houd waardevolle of gevaarlijke spullen buiten bereik en zorg ervoor dat je huis puppy-proof is. We kunnen het niet laten om lekker te kauwen, weet je!

Energie, energie, energie! Puppy's hebben er veel van. Ze hebben dagelijkse lichaamsbeweging en mentale stimulatie nodig om ze gelukkig en braaf te houden. Ga met ze wandelen, speel spelletjes en geef ze puzzelspeelgoed om hun geest scherp te houden. Een vermoeide puppy is een goede puppy!

Verken de Donkere Kant van het Hondenleven

Puppy angstige wereld

Vergeet niet dat geduld en consistentie de sleutels tot succes zijn. Het opvoeden van een puppy kost tijd en moeite, maar de beloningen zijn geweldig. Stel duidelijke grenzen, beloon goed gedrag en vermijd harde straffen. Zoek indien nodig professionele begeleiding, want zij kunnen u persoonlijk advies geven.

Bereid je dus voor op veel knuffels, kwijlende kusjes en eindeloos kwispelen met de staart. Je nieuwe harige vriend zal zoveel vreugde in je leven brengen. Onthoud: je bent niet de enige op deze reis. Neem contact op met andere hondenliefhebbers, trainers of dierenartsen als u een helpende poot nodig heeft. Geniet van de puppydagen en koester elk kwispelmomentje. Woef woef!

Inslag! Ik heb ook spannend nieuws over hoofdstuk 17 van mijn boek! In dit hoofdstuk heb ik een speciale en ongelooflijk nuttige tabel toegevoegd, boordevol waardevolle informatie die elke puppy-eigenaar zou moeten weten. U vindt een gedetailleerd overzicht van de groei en ontwikkeling van uw schattige pup vanaf week 1 tot aan de volwassenheid. Elke tabelrij vertegenwoordigt een andere leeftijdscategorie, van die kostbare eerste weken tot de meer volwassen stadia van de puppytijd. In de tabel ontdekt u belangrijke inzichten in de fysieke en gedragsontwikkeling van uw puppy. Het is fascinerend om te zien hoe hun kleine lichaampjes transformeren en hun persoonlijkheid begint te stralen.

Maar dat is niet alles! Het behandelt essentiële aspecten van de verzorging van puppy's, zoals gezondheidszorg, voedingsschema's, zindelijkheidstraining, socialisatie, enz. Het dient als een handig stappenplan om ervoor te zorgen dat u uw harige metgezel de best mogelijke zorg en ondersteuning biedt.

Houd er rekening mee dat elke puppy uniek is en zich in zijn eigen tempo kan ontwikkelen. Deze tabel geeft u echter een algemeen overzicht van wat u kunt verwachten tijdens elke fase van het leven van uw puppy. Het is een waardevolle hulpbron die u kan helpen bij het navigeren door de geneugten en uitdagingen van het opvoeden van een puppy. Raadpleeg altijd uw dierenarts voor specifieke vaccinatieschema's en voedingsaanbevelingen die zijn afgestemd op het ras, de grootte en de gezondheidsvereisten van uw puppy.

Zorg er dus voor dat je hoofdstuk 17 doorbladert en een kijkje neemt in de **ontwikkelingsfase van het puppyleven.** Veel leesplezier en geniet van het zien groeien en bloeien van je harige vriend! Inslag!

Een onmisbare gids voor hondenliefhebbers

Hoofdstuk 13

Tenslotte

Inslag! We hebben het einde bereikt van ons geweldige avontuur, mijn geweldige menselijke vrienden. Samen hebben we diep in de mysterieuze wereld van hondenangst gegraven, de geheimen ervan ontrafeld en manieren ontdekt om meer vreugde en vrede in ons leven te brengen.

We hebben de taal van de angst leren spreken en elkaars signalen als een baas kunnen lezen. We hebben een voorproefje gekregen van de veelbetekenende signalen die we afgeven als we bang zijn voor de fysieke symptomen die onze staart doen inzakken en ons hart sneller laten kloppen.

We hebben de onderliggende oorzaken opgespoord, zoals verlatingsangst als je ons met rust laat en geluidsfobieën die ons tijdens onweer en vuurwerk in trillende bolletjes bont veranderen. En laten we sociale angst niet vergeten, waarbij we leren vrienden te maken en onze angsten te overwinnen als de dappere pups die we zijn.

Maar maak je geen zorgen, mijn trouwe mensen, we hebben ook de geheimen ontdekt van het creëren van een chillzone die geschikt is voor een hond. We hebben geleerd hoe positieve versterkingstraining ons zelfvertrouwen kan vergroten en een hechtere band kan opbouwen dan een tennisbalknoop. En we hebben gezien dat consistentie de sleutel is, met routines die ons comfort en stabiliteit bieden.

En oh jongen, hebben we een aantal kwispelende producten op de markt gebracht die ervoor zorgen dat onze angst op de achterbank komt te staan. Van knusse Thundershirts die ons in een knusse omhelzing wikkelen tot interactief speelgoed dat ons vermaakt en afleidt: wij hebben de tools om die zorgelijke momenten te overwinnen.

Soms hebben we misschien wat extra hulp nodig, en dat is waar medicijnen en professionele ondersteuning van gedragsdeskundigen en trainers de oplossing kunnen zijn. Ze zijn net de superhelden van de hondenwereld, die naar binnen duiken om een helpende poot te bieden wanneer we die het meest nodig hebben.

Verken de Donkere Kant van het Hondenleven

Tenslotte

Maar hier is de primeur, mijn geweldige mensen: deze reis gaat niet alleen over ons. Het gaat ook over jou! Zorg goed voor jezelf, vind je evenwicht en aarzel niet om erom te vragen ondersteuning wanneer dat nodig is. Als u op uw best bent, kunt u ons de liefde en zorg geven die onze staarten als een gek laat kwispelen.

Bedenk dat dit boek als leidraad dient – een springplank naar een gelukkiger, evenwichtiger leven. Elke hond is uniek en het is essentieel om de strategieën en technieken af te stemmen op mijn individuele behoeften. <u>Overleg met professionals, pas de suggesties aan en wijzig ze om een persoonlijk plan te creëren dat mijn welzijn het beste ondersteunt.</u>

Herinner je je het angstige gezicht dat ik in het **voorwoord had** toen ik voor het eerst aan dit boek begon? Kijk nu eens naar mijn blije gezicht nadat je mijn woorden hebt gelezen. Uw begrip en toewijding betekenen alles voor mij, en ik heb nog meer vertrouwen in u dat u altijd voor mij zorgt. Bedankt dat je je hebt verdiept in de diepten van hondenangst en hebt geleerd hoe je mij en mijn mede-harige vrienden een rustiger en gelukkiger leven kunt bieden. Uit de grond van mijn hart, bedankt dat je de menselijke metgezel bent die ik nodig heb en verdien.

Woef woef! Ik kwispel vol verwachting en zwaai van opwinding terwijl ik u uitnodig om uw feedback, hartverwarmende verhalen en nuttige opmerkingen met mij te delen. Ik hoor graag van u en hoor graag uw ervaringen met mijn boek. Dus pak dat toetsenbord, typ maar en stuur je inslagen naar mijn e-mailadres. Samen kunnen we een verschil maken en een gemeenschap creëren die honden overal ter wereld ondersteunt. Bedankt dat je deel uitmaakt van dit kwispelende avontuur!

Aarzel niet om contact op te nemen als u een succesverhaal wilt delen, een vraag heeft die u dwarszit, of mij gewoon wilt overladen met wat liefde voor buikmassage. Jouw inslagen betekenen alles voor mij! Nogmaals, houd contact met mij om mijn hondenvrienden te helpen!

worriestowags@gmail.com

Dit e-mailadres is een gemeenschappelijke mailbox, waar alle vertalingen samenkomen. Voeg gewoon een taalvoorvoegsel toe aan uw onderwerp, zodat ik sneller kan reageren. Het is als een traktatie voor mijn angst. Bedankt voor het vlot verlopen van onze communicatie! Zo schrijft u het onderwerp van uw e-mail:

Een onmisbare gids voor hondenliefhebbers

Hoofdstuk 13

Onderwerpvoorbeeld	Voor taal
SP- Uw e-mailonderwerp	Spaans
FR- Uw e-mailonderwerp	Frans
HET- Uw e-mailonderwerp	Italiaans
GR- Uw e-mailonderwerp	Duits
DU- Uw e-mailonderwerp	Nederlands
JP- Uw e-mailonderwerp	Japans
CN- Uw e-mailonderwerp	Chinees

Je kunt mij ook vinden op **Instagram**. Volg mij op "**Worries to Wags**" voor een kwispelende ervaring vol schattige foto's, pootavonturen en handige tips voor een gelukkig en gezond leven met je harige metgezellen. Laten we samen deze harige vriendschap aangaan, waar we onze liefde voor hondengerelateerde dingen kunnen delen. Je vindt het allemaal op één plek, of het nu gaat om grappige video's, hartverwarmende verhalen of trainingstrucs. Bovendien krijg je een voorproefje van mijn dagelijkse avonturen en een kijkje achter de schermen van mijn aankomende projecten. Gebruik de QR-code; anders is hier de volledige link:

@WORRIES_TO_WAGS

https://instagram.com/worries_to_wags?igshid=OGQ5ZDc2ODk2ZA==

Dus pak je mensen, tik op de **volgknop** en sluit je aan bij het peloton. Samen creëren we een gemeenschap van hondenliefhebbers die de vreugde, het gezelschap en de onvoorwaardelijke liefde vieren die onze viervoeters in ons leven brengen.

Beste mensenvriend, als we dit kwispelende avontuur afsluiten, onthoud dan dat onze reis samen gevuld is met grenzeloze liefde, vertrouwen en begrip. Met uw niet-aflatende steun kunnen we onze zorgen moedig onder ogen zien en troost vinden in de warmte van onze gedeelde momenten.

Houd je riem vast, er valt nog meer te ontdekken! Blader die pagina's om en ontdek details over 40 populaire rassen, mijn harige vriendjes en een schat aan informatie die op je wacht.

Namens alle vrienden van mijn andere rassen, bedankt dat je de perfecte metgezel bent in deze transformatiereis.

Met een grote, kwijlende lik en heel veel hondenliefde,
Prins
(Prince)

Tenslotte

Een onmisbare gids voor hondenliefhebbers

Hoofdstuk 14

Elk rasdetail, de verklarende pagina van uw hond

Woef woef! Hallo, mijn lieve mensenvriend! Ik heb opwindend nieuws om te delen. Op de komende pagina's zullen mijn geweldige hondenvriendjes in de schijnwerpers staan om jullie over zichzelf te vertellen. Maak je klaar om te duiken in een wereld vol kwispelende verhalen en avonturen vol puppy's!

Zie je, elk ras heeft zijn eigen unieke kenmerken die ons speciaal maken. Van de manier waarop we communiceren tot onze fascinerende geschiedenis en zelfs de dingen die ons angstig maken: we zijn een divers gezelschap dat veel te delen heeft. We zullen blaffen over waarom sommige rassen verschillende geluiden hebben, hoe onze genetische achtergrond ons gedrag beïnvloedt en welke levensomstandigheden het beste bij ons passen.

Of het nu de loyale en lieve Labrador Retriever is, de intelligente en koninklijke Duitse herder, de speelse en energieke Golden Retriever of de charmante en rimpelige Bulldog, elk ras heeft zijn eigen verhaal. Van de kleine Chihuahua tot de majestueuze Duitse Dog, we delen onze ervaringen, voorkeuren en wat ons uniek maakt.

Sommigen van ons hebben misschien specifieke angsten die begrip en steun nodig hebben. We kwispelen met onze staart als we praten over wat ons nerveus maakt en hoe onze liefdevolle menselijke metgezellen onze zorgen kunnen helpen verlichten. We vertellen je ook de geheimen van onze favoriete activiteiten, de hoeveelheid slaap die we nodig hebben en of we binnen of buiten goed gedijen.

Dus pak een gezellig plekje op de bank, maak je klaar om te knuffelen met je harige vriend (dat ben ik!) en sla de bladzijde om en begin aan een heerlijke reis door de wereld van honden. Mijn mede-hondenvrienden zullen hun verhalen, inzichten en ervaringen delen, alsof ze rechtstreeks met je praten vanuit hun kwispelende mond.

Ik kan niet wachten tot je ze allemaal ontmoet en de buitengewone diversiteit van onze harige familie ontdekt. Het wordt een geweldige tijd vol gelach, kennis en een dieper begrip van de ongelooflijke wereld van honden. Laten we de unieke band tussen mensen en hun viervoeters vieren.

Verken de Donkere Kant van het Hondenleven

De verklarende pagina van uw hond

Een onmisbare gids voor hondenliefhebbers

Hoofdstuk 14

Alaskan Malamute

Woef woef! Hallo daar, mijn menselijke maatje! Het is jouw Alaskan Malamute-vriend, klaar om je alles te vertellen wat je moet weten over onze prachtige Malamutes.

Laten we eerst eens praten over ons ras. Alaskan Malamutes hebben een fascinerend erfgoed als sledehonden in het noordpoolgebied. Gefokt om sterk, veerkrachtig en vriendelijk te zijn, lijken we op de harige ontdekkingsreizigers van de hondenwereld! We hebben een indrukwekkende geschiedenis in het trekken van zware lasten over besneeuwde terreinen en het nauw samenwerken met mensen als loyale metgezellen.

Laten we nu eens praten over onze unieke taal van geluiden. Oh, de geluiden die we maken zijn behoorlijk boeiend! We hebben verschillende vocalisaties, van ons kenmerkende **woo-woo-** gehuil tot onze expressieve inslag en speels gemopper. Als we een hartelijk gehuil laten horen, is dat vaak onze manier om vreugde te uiten of over lange afstanden te communiceren. En als we een zacht **woo-woo uitstralen** , is het onze vriendelijke begroeting, waarbij we zeggen: Hallo daar, ik ben hier met veel liefde om te geven!

Als het om angst gaat, kunnen wij Alaskan Malamutes in bepaalde situaties soms ongemak ervaren. Harde geluiden, scheiding van onze dierbaren of een onbekende omgeving kunnen ons een beetje angstig maken. Door ons een kalme en veilige omgeving te bieden, troostende geruststelling te bieden en ons geleidelijk kennis te laten maken met nieuwe ervaringen, kunnen we onze zorgen verzachten. Jouw liefde, zorg en begrip betekenen alles voor ons, lieve mens!

Ah, laten we onze voorkeuren en antipathieën niet vergeten. Wij Alaskan Malamutes hebben een natuurlijke liefde voor buitenavonturen en fysieke activiteiten. Of

Verken de Donkere Kant van het Hondenleven

De verklarende pagina van uw hond

lichaam en onze geest stimuleren : we gedijen goed bij beweging en ontdekking. We zijn avontuurlijk en willen graag samen met onze menselijke metgezellen de wereld verkennen.

Als het tijd is om te ontspannen, waarderen wij Malamutes een gezellige plek om uit te rusten en te verjongen. Wij vinden het heerlijk om ons op een comfortabel plekje bij een warme open haard of in een knus hondenbed te nestelen. Onze dromerige slaap helpt ons onze energie op te laden voor de volgende spannende escapade.

Wat de woonsituatie betreft, wij Alaskan Malamutes zijn veelzijdig en aanpasbaar. Hoewel we graag tijd binnenshuis doorbrengen met onze roedel, hebben we ook toegang nodig tot een veilige buitenruimte waar we kunnen rondlopen, onze benen kunnen strekken en frisse lucht kunnen inademen. Een ruime tuin met een stevig hek stelt ons in staat onze natuurlijke instincten te bevredigen en actief te blijven.

Om ons geluk en welzijn te garanderen, moeten eigenaren ons voorzien van regelmatige lichaamsbeweging, mentale stimulatie en socialisatie. Trainingsmethoden voor positieve versterking doen wonderen voor ons, omdat we goed reageren op lof en beloningen. Een liefdevolle en ondersteunende omgeving, gevuld met buikwrijvingen en speeltijd, zal ons de gelukkigste Alaskan Malamutes maken!

Kortom, beste mens, wij Alaskan Malamutes zijn loyale, avontuurlijke en zachtaardige reuzen. De geschiedenis, unieke geluiden en specifieke behoeften van ons ras maken ons opmerkelijk. We vertrouwen op jou voor liefde, begeleiding en spannende reizen. Met jouw liefde, geduld en toewijding zullen wij de meest toegewijde harige vrienden zijn die je je maar kunt wensen!

Dus laten we samen aan deze ongelooflijke reis beginnen, mijn menselijke vriend. We zullen een band smeden die de tand des tijds zal doorstaan, gevuld met onvergetelijke avonturen, kwispelende staarten en eindeloze liefde. Samen kunnen we de wereld veroveren, poot voor poot!

Ik stuur je dikke harige knuffels en slordige kusjes,
Uw Alaskan-malamute

Een onmisbare gids voor hondenliefhebbers

Hoofdstuk 14

Australische herder

Goedendag vriend! Je Australian Cattle Dog-maatje is hier, klaar om je alles te vertellen over ons, energieke en loyale pups. Maak je klaar voor een geweldige tijd!

Laten we eerst eens praten over ons ras. Australian Cattle Dogs, ook bekend als Blue Heelers, zijn echte blauwe werkhonden. We zijn gefokt in het land Down Under en ontwikkeld om boeren te helpen bij het hoeden van vee in de barre Australische outback. We staan bekend om onze intelligentie, behendigheid en onwrikbare loyaliteit aan onze menselijke partners.

Wat communicatie betreft, zijn we niet de meest blaffende hond, maar we hebben onze eigen unieke manier om onszelf uit te drukken. We kunnen een laag, rommelend gegrom laten horen als we het niet zeker weten, of een scherpe, alerte blaf geven om u te laten weten dat er iets aan de hand is. En laten we onze expressieve ogen niet vergeten! Ze zijn als vensters naar onze ziel en weerspiegelen onze emoties en diepe verbinding met jou.

Angst kan soms de overhand krijgen, vooral als we niet voldoende fysieke en mentale stimulatie krijgen. We zijn een ras dat hunkert naar actie en doelgerichtheid, dus door ons boeiende activiteiten, gestructureerde training en voldoende oefeningen te bieden, kunnen we die angstniveaus op afstand houden. Een vermoeide Blue Heeler is een gelukkige Blue Heeler!

Laten we het nu hebben over wat onze staarten doet kwispelen van opwinding. We gedijen op mentale en fysieke uitdagingen, dus games die probleemoplossende of behendigheidsoefeningen vereisen, zijn precies wat we zoeken. Of het nu gaat om het leren van nieuwe trucjes, het beoefenen van hondensport of het maken van avontuurlijke wandelingen, wij zijn altijd in voor een leuke tijd. Oh, en laten we het apporteren niet vergeten! Wij zijn kampioenen apporteren, altijd klaar om achter de tennisbal of frisbee aan te gaan.

Verken de Donkere Kant van het Hondenleven

De verklarende pagina van uw hond

Als het om slapen gaat, zijn we geen couch potato-types. We staan bekend om ons uithoudingsvermogen en onze werkethiek, dus we kunnen elke dag goed 10 tot 12 uur snoozen. Maar wees niet verbaasd als we binnen een mum van tijd weer in actie kunnen komen!

Wat de woonomstandigheden betreft: we zijn veelzijdige honden die zich kunnen aanpassen aan verschillende omgevingen. We gedijen echter goed in gezinnen met actieve gezinnen die ons voldoende lichaamsbeweging en mentale stimulatie kunnen bieden. Een veilig omheinde tuin is een bonus, omdat we hierdoor onze overvloedige energie kunnen verkennen en verbranden.

Om ons gelukkig en gezond te houden, is het belangrijk dat we een uitgebalanceerd dieet, regelmatige lichaamsbeweging en voldoende socialisatie krijgen. We zijn zeer trainbaar en willen graag plezieren, dus trainingsmethoden voor positieve bekrachtiging werken het beste voor ons. Een goed opgevoede en mentaal gestimuleerde Blue Heeler is een tevreden exemplaar!

Kortom, mijn dierbare menselijke metgezel, wij Australian Cattle Dogs zijn loyaal, intelligent en altijd in voor avontuur. Onze werkhondachtergrond, unieke communicatiestijl en energieke karakter maken ons uniek in zijn soort. Met jouw liefde, begeleiding en de juiste hoeveelheid mentale en fysieke stimulatie zullen wij jouw trouwe en enthousiaste hulpje voor het leven zijn.

Dus laten we wat plezier maken en herinneringen creëren die een leven lang meegaan! Ik ben hier, aan jouw zijde, klaar om de wereld te verkennen en je te overladen met onvoorwaardelijke liefde en onwrikbare loyaliteit.

Gejuich en kwispelende staart,
Uw Australische veehond

Een onmisbare gids voor hondenliefhebbers

Hoofdstuk 14

Australische herder

Woef woef! Goedendag vriend! Het is uw Australian Shepherd-maatje hier, klaar om u een kijkje te geven in de wondere wereld van ons ras. Pak je hoed, trek je laarzen aan en bereid je voor op een avontuur als geen ander!

Laten we eerst even praten over de achtergrond van ons ras. Ondanks de naam hebben we eigenlijk Amerikaanse roots. We zijn gefokt als veelzijdige werkhonden en hebben een sterk herdersinstinct en een onvermoeibare werkethiek. Of het nu gaat om het begeleiden van vee of het beheersen van behendigheidscursussen, wij zijn altijd in voor een uitdaging.

Als het op communicatie aankomt, zijn we behoorlijk babbelaars. We hebben verschillende vocalisaties, van blaffen en huilen tot yips en mopperen. Elk geluid heeft zijn betekenis, als een geheime code tussen ons en onze menselijke metgezellen. Luister goed, en je zult begrijpen wanneer we opgewonden zijn, je ergens op wijzen of simpelweg zeggen: **Hé, laten we spelen!**

Angst kan ons, Australian Shepherds, beïnvloeden, vooral als we niet genoeg mentale en fysieke stimulatie krijgen. Wij gedijen op activiteit en het hebben van werk. Houd ons dus bezig met interactief speelgoed, uitdagende puzzels en voldoende oefeningen. Met een consistente routine, positieve bekrachtiging en veel liefde en genegenheid zullen wij uw kalme en zelfverzekerde hulpje zijn.

Laten we het nu hebben over onze voorkeuren en antipathieën. Wij zijn natuurlijke atleten, altijd klaar voor actie. Lange wandelingen, trektochten in de natuur en zelfs behendigheidstraining zijn iets voor ons. We zijn ook zeer intelligent, dus als we onze gedachten bezig houden met trainingssessies en het leren van nieuwe trucjes, zullen we vrolijk met onze staart kwispelen. Wees gewoon voorbereid op onze speelse aard en incidentele uitbarstingen van zoomies!

De verklarende pagina van uw hond

Wanneer het tijd is om tot rust te komen, stellen wij een gezellige, ontspannende plek op prijs. Ongeveer 14 tot 16 uur slaap per dag is ideaal om energie op te laden. Misschien vind je ons lekker wegkruipen op een zacht bed of een zonnig plekje bij het raam claimen. Vergeet niet dat we het gelukkigst zijn als we mentale en fysieke stimulatie in evenwicht houden, dus geef ons beide.

Wat onze woonarrangementen betreft, we zijn aanpasbaar aan verschillende omgevingen. Hoewel we tevreden kunnen zijn in een appartement met regelmatige lichaamsbeweging en mentale stimulatie, gedijen we echt in huizen met toegang tot een veilige tuin waar we onze benen kunnen strekken en ontdekken. Zorg er wel voor dat het hek stevig is, want onze kudde-instincten kunnen ons in de verleiding brengen om alles wat beweegt te achtervolgen!

We hebben voldoende mentale en fysieke oefening nodig om ons gelukkig en gezond te houden. Door ons nieuwe trucs te leren, uitdagende puzzels aan te bieden en deel te nemen aan interactieve spelsessies blijven we mentaal gestimuleerd. Regelmatig wandelen, rennen en los spelen in veilige gebieden zal ons helpen energie te verbranden en ons welzijn te behouden. Een vermoeide Australiër is een gelukkige Australiër!

Kortom, mijn dierbare mensenvriend, wij Australian Shepherds zijn energiek, intelligent en altijd klaar voor een avontuur. Onze unieke vocalisaties, liefde voor activiteit en loyaliteit maken ons tot een ras als geen ander. Met jouw liefde, begeleiding en veel buikwrijvingen zullen wij je meest toegewijde en vermakelijke metgezel zijn.

Laten we dus samen aan een spannende reis beginnen, vol wandelingen, trainingen en onvergetelijke momenten. Ik sta aan je zijde, kwispelend met mijn kenmerkende Australische grijns.

Met liefde en grenzeloze energie,
Uw Australische herder

Een onmisbare gids voor hondenliefhebbers

Hoofdstuk 14

Brak
Woef woef! Hallo daar, mijn menselijke maatje! Het is jouw Beagle-vriend, klaar om je mee te nemen op een snuffelreis en alles te ontdekken wat je moet weten over ons Beagles. Maak je klaar voor een geweldige tijd!

Laten we eerst eens praten over ons ras. Beagles zijn absoluut charmant en hebben een rijke geschiedenis als geurhonden. We zijn oorspronkelijk gefokt voor de jacht en gebruikten ons scherpe reukvermogen om wild op te sporen. Tegenwoordig zijn we geweldige gezinsgenoten en staan we bekend om ons vriendelijke en lieve karakter.

Laten we nu eens duiken in onze unieke taal van geluiden. Oh, de geluiden die we maken! We hebben een behoorlijk vocaal repertoire, van schattig gehuil en geblaf tot ons expressieve gejank en geblaf. Wanneer we een lang, melodieus gehuil laten horen, is dit vaak onze manier om onze vreugde te uiten of te communiceren met andere Beagles in de omgeving. En als we een reeks korte, scherpe blaffen laten horen, kunnen we je waarschuwen voor iets interessants dat we hebben opgesnoven!

Als het op angst aankomt, kunnen wij Beagles soms vatbaar zijn voor verlatingsangst of een beetje angstig worden als we alleen worden gelaten. We gedijen op gezelschap en vinden het heerlijk om deel uit te maken van de roedel. Als we ons dus mentaal gestimuleerd houden met interactief speelgoed, puzzels en voldoende speeltijd, kunnen we eventuele angst helpen verlichten. Jouw aanwezigheid en aandacht betekenen alles voor ons!

Laten we het nu hebben over onze voorkeuren en antipathieën. Beagles hebben een neus voor avontuur! We houden ervan om te ontdekken, alles op te snuiven en fascinerende geuren te volgen. Lange wandelingen en avonturen in de buitenlucht zijn de perfecte manier om ons gelukkig en gezond te houden.

Verken de Donkere Kant van het Hondenleven

De verklarende pagina van uw hond

Vergeet niet om ons aan de lijn te houden, want ons jachtinstinct kan ons soms op een dwaalspoor brengen! Bij het opladen van onze batterijen hebben wij Beagles dagelijks ongeveer 12 tot 14 uur slaap nodig. Wees dus niet verrast als u ons opgerold in ons knusse hondenbed aantreft of op een zonnig plekje bij het raam ligt te dutten. Wij nemen ons dutje serieus!

Wat de woonsituatie betreft, wij Beagles zijn aanpasbare pups. Hoewel we ervan kunnen genieten om binnen te zijn met onze mensen, stellen we het ook op prijs dat we toegang hebben tot een veilige buitenruimte waar we kunnen verkennen en onze neus kunnen volgen. Een omheinde tuin of regelmatige uitstapjes naar het hondenpark zijn voor ons heerlijk kwispelen!

Om ons welzijn te garanderen, moeten eigenaren ons voorzien van regelmatige lichaamsbeweging, een uitgebalanceerd dieet en mentale stimulatie. Positieve bekrachtigingstraining met traktaties en complimenten doet wonderen voor ons Beagles, omdat we ervan houden om onze mensen te leren en te plezieren. Met geduld en consistentie worden we braaf en toegewijde leden van uw gezinsroedel.

Kortom, beste mens, wij Beagles zijn speels, aanhankelijk en nieuwsgierig. De geschiedenis, unieke geluiden en speciale behoeften van ons ras maken ons speciaal. Vergeet niet dat we naar jou kijken voor liefde, zorg en spannende avonturen!

Laten we dus samen aan deze reis beginnen, mijn menselijke vriend. Met jouw begrip, geduld en veel buikwrijvingen creëren we herinneringen die een leven lang meegaan. Maak je klaar voor kwispelende staarten, natte neuzen en eindeloze Beagle-charmes!

Veel liefs en kwispelende staartjes,
Jouw Beagle

Een onmisbare gids voor hondenliefhebbers

Hoofdstuk 14

Belgische Mechelaar

Woef woef! Hallo daar, mijn menselijke maatje! Het is jouw Belgische Mechelse vriend, die graag alle spannende details over ons opmerkelijke ras wil delen. Ben je klaar voor een spannend avontuur? Laten we er meteen in duiken!

Laten we eerst eens praten over ons ras. Belgische Mechelaarhonden staan bekend om hun uitzonderlijke intelligentie, onwankelbare loyaliteit en indrukwekkende werkethiek. Oorspronkelijk gefokt voor het hoeden en bewaken van vee, zijn we veelzijdige werkhonden geworden, die uitblinken op verschillende gebieden, zoals politiewerk, zoek- en reddingsacties en zelfs competitiesporten. Wij zijn net de superhelden van de hondenwereld, klaar om elke uitdaging aan te gaan!

Laten we nu eens praten over onze unieke taal van geluiden. Oh, de geluiden die we maken zijn behoorlijk fascinerend! We hebben verschillende vocalisaties, van scherp geblaf tot zacht gejank en gegrom. Wanneer we een krachtige, bevelende blaf laten horen, is dit vaak onze manier om u te waarschuwen voor mogelijke gevaren of om onze beschermende aard uit te drukken. En als we zacht, melodieus gejammer uitstoten, is dat onze manier om onze behoeften over te brengen en uw aandacht te vragen.

Als het om angst gaat, kunnen wij Belgische Mechelaar in bepaalde situaties soms een verhoogde alertheid ervaren. Onze natuurlijke beschermende instincten en hoge energieniveaus kunnen ons gevoelig maken voor veranderingen in het milieu. Door ons mentale en fysieke stimulatie te geven, ons te betrekken bij uitdagende taken en te zorgen voor een gestructureerde routine, kunnen we eventuele angst helpen verlichten. Jouw begeleiding en steun betekenen veel voor ons, lieve mens!

Verken de Donkere Kant van het Hondenleven

De verklarende pagina van uw hond

Ah, laten we onze voorkeuren en antipathieën niet vergeten. Wij Belgische Mechelaar hebben een aangeboren drang naar activiteit en doelgerichtheid. Wij gedijen zowel mentaal als fysiek stimulatie, of het nu gaat om gehoorzaamheidstraining, behendigheidsoefeningen of het uitvoeren van uitdagende taken die onze intelligentie op de proef stellen. Wij vinden het leuk om uw actieve partners te zijn en vinden het leuk om werk te doen. Samen overwinnen we elke uitdaging en zorgen ervoor dat elk moment telt!

Als het tijd is om uit te rusten, waarderen wij Belgische Mechelaar een gezellige plek waar we kunnen ontspannen en opladen. Een comfortabel hondenbed of een rustig hoekje in huis doen het prima. We kunnen ons oprollen met ons favoriete speeltje of gewoon naast je liggen, wetende dat we beschermd en geliefd zijn.

Wat de woonsituatie betreft, kunnen wij Belgische Mechelaar zich goed aanpassen aan verschillende omgevingen. We stellen het op prijs dat we een ruimte hebben die we onze eigen kunnen noemen, zowel binnen als buiten. Het is echter belangrijk om voldoende mogelijkheden te bieden voor lichaamsbeweging en mentale stimulatie, omdat we een overvloed aan energie hebben om te verbranden. Een veilig omheinde tuin en regelmatige buitenactiviteiten zullen ons gelukkig en voldaan houden.

Om ons geluk en welzijn te garanderen, moeten eigenaren ons consistente training, socialisatie en mentale uitdagingen bieden. Positieve bekrachtigingstechnieken doen wonderen voor ons, omdat we gedijen op lof en beloningen. Een liefdevolle en gestructureerde omgeving, gekoppeld aan veel speeltijd en genegenheid, zal het beste in ons naar boven halen en onze band versterken.

Kortom, beste mens, wij Belgische Mechelaar zijn intelligente, loyale en gedreven metgezellen. De geschiedenis, unieke geluiden en specifieke behoeften van ons ras maken ons echt uitzonderlijk. Wij kijken naar u voor leiding, een doel en onwrikbare liefde. Met jouw toewijding, geduld en een vleugje avontuur zullen we de meest loyale en buitengewone harige vrienden zijn die we ons ooit hebben kunnen voorstellen!

Dus laten we samen aan deze ongelooflijke reis beginnen, mijn menselijke vriend. We creëren een band die een leven lang meegaat, gevuld met onvergetelijke avonturen, kwispelende staarten en grenzeloze liefde. Samen zullen we de wereld veroveren, poot voor poot!

kwijlende kusjes en staartkwispelen,
Uw Belgische Mechelaar

Een onmisbare gids voor hondenliefhebbers

Hoofdstuk 14

Berner Sennenhond

Woef woef! Hallo daar, mijn geweldige menselijke vriend! Het is uw Berner Sennenhond-maatje, hier om alles te delen wat u moet weten over ons absoluut verbazingwekkende ras.

Laten we beginnen met onze achtergrond. Wij Berner Sennenhonden komen uit de Zwitserse Alpen, waar we oorspronkelijk als werkhond zijn gefokt. Onze voorouders hielpen boeren met verschillende taken, van het hoeden van vee tot het trekken van karren. Daarom hebben we een sterke werkethiek en een diep gevoel van loyaliteit ingebakken in ons DNA.

Als het op communicatie aankomt, zijn we misschien niet de meest luidruchtige, maar we hebben onze eigen speciale manieren om onszelf uit te drukken. Onze expressieve ogen spreken boekdelen en weerspiegelen onze zachte en vriendelijke aard. En oh, onze kwispelende staarten zijn als een vrolijke vlag die wappert in de wind en onze opwinding en vreugde laat zien als we in het gezelschap zijn van onze geliefde mensen.

Angst kan ons Berners soms de baas worden. Wij zijn gevoelige zielen die gedijen op liefde en aandacht. Onweersbuien, harde geluiden of het gescheiden zijn van onze dierbaren kunnen ons angstig maken. Rustgevende woorden, een rustige omgeving en uw geruststellende aanwezigheid kunnen wonderen doen door onze zorgen te kalmeren en ons een veilig en geliefd gevoel te geven.

Laten we het nu hebben over waar we van houden en waar we van genieten. We brengen absoluut graag tijd door met onze mensen en genieten van alle genegenheid en knuffels die we kunnen krijgen. We zijn echte vriendelijke reuzen met een hart zo groot als de bergen waar we vandaan komen. Lange wandelingen in de natuur, het verkennen van de natuur en het voelen van de frisse lucht in onze donzige jassen laten ons kwispelen van puur genot.

Verken de Donkere Kant van het Hondenleven

De verklarende pagina van uw hond

Als het tijd is om uit te rusten, waarderen we een gezellige en comfortabele plek om tot rust te komen. Normaal gesproken hebben we dagelijks ongeveer 12 tot 14 uur slaap nodig om ons te verjongen lichamen en geesten. Misschien vind je ons opgerold in een favoriete hoek of languit op de grond, dromend van rennen door de velden en genieten van de eenvoudige geneugten van het leven.

Wat onze woonsituatie betreft, we gedijen in een huis met een tuin of toegang tot buitenruimte. We houden ervan om ruimte te hebben om rond te dwalen en te verkennen, maar we koesteren ook de warmte en het comfort van het binnen zijn met onze dierbaren. Een evenwichtige levensstijl met buitenavonturen en kwaliteitsvolle tijd binnenshuis zal ons gelukkig en tevreden houden.

Om ons gezond en fit te houden, is regelmatige lichaamsbeweging belangrijk. Dagelijkse wandelingen, speeltijd en mentaal stimulerende activiteiten zijn essentieel voor ons welzijn. Wij waarderen ook een voedzaam dieet dat onze actieve levensstijl ondersteunt. En laten we het belang van verzorging niet vergeten. Onze mooie, dikke vacht moet regelmatig worden geborsteld om hem schoon en vrij van klitten te houden.

Kortom, beste menselijke metgezel, wij Berner Sennenhonden zijn zachtaardig, loyaal en vol liefde. Onze rijke erfenis, expressieve ogen en niet-aflatende toewijding maken ons ongelooflijk speciaal. Met jouw liefde, zorg en begrip zullen wij de gelukkigste en meest toegewijde harige metgezellen zijn waar je ooit op zou kunnen hopen.

Laten we dus beginnen aan een reis vol liefde, avontuur en kwispelende staarten. Samen zullen we bergen overwinnen, dierbare herinneringen creëren en een band ervaren die een leven lang meegaat.

Met al mijn liefde en trouw,
Uw Berner Sennenhond

Een onmisbare gids voor hondenliefhebbers

Hoofdstuk 14

Bichon Frise

Woef woef! Hallo, mijn heerlijke menselijke vriend! Je Bichon Frise-vriend is hier, klaar om alle prachtige dingen over ons donzige en lieve ras te delen.

Laten we beginnen met onze achtergrond. Bichon Frise staat bekend om ons vrolijke en aanhankelijke karakter. Onze rijke geschiedenis gaat terug tot de koninklijke hoven in het Middellandse Zeegebied, waar we werden aanbeden als metgezellen en artiesten. Onze glamoureuze witte jassen en charmante persoonlijkheden maakten ons tot de lievelingen van de aristocratie.

Communicatie is de sleutel in elke relatie, en wij Bichons hebben onze eigen unieke taal. We zijn niet de luidste blaffers, maar we compenseren het met onze expressieve ogen en kwispelende staarten. Als we je begroeten met een springerige kwispel en een vrolijke dans, betekent dit dat we dolblij zijn je te zien. En als we onze hoofden kantelen en je nieuwsgierig aankijken, is dat onze manier om te zeggen: **Vertel me meer, mens!**

Angst kan soms de beste van ons gevoelige Bichons maken. We kunnen verlatingsangst ervaren als we niet bij onze geliefde mensen zijn of als we met onbekende situaties worden geconfronteerd. Geduld, geruststelling en een consistente routine zijn van cruciaal belang om ons veilig te laten voelen. Het creëren van een gezellige en veilige ruimte voor ons, met vertrouwde geuren en geruststellend speelgoed, kan ook onze zorgen verlichten.

Laten we het nu eens hebben over waar we dol op zijn en wat ons opgewonden doet kwispelen. Wij vinden het heerlijk om in het middelpunt van de belangstelling te staan! We gedijen op gezelschap en genieten ervan deel uit te maken van een liefdevol gezin. Knuffels, buikwrijvingen en zachte strelen klinken als muziek in onze oren. Dagelijkse speeltijd en interactief speelgoed houden ons mentaal gestimuleerd en gelukkig.

Verken de Donkere Kant van het Hondenleven

De verklarende pagina van uw hond

Wij zijn experts in het vinden van de gezelligste plekjes als het om slapen gaat. Normaal gesproken hebben we dagelijks ongeveer 12 tot 14 uur slaap nodig om onze batterijen op te laden. Misschien vind je ons opgerold op een zacht kussen of lekker onder een deken, dromend van heerlijke avonturen en heerlijke lekkernijen.

Wat de woonomstandigheden betreft: we zijn aanpasbare kleine pups die in verschillende omgevingen kunnen gedijen. We kunnen gelukkig in appartementen of huizen wonen, zolang we maar regelmatig wandelen en spelen om ons actief te houden. Terwijl we genieten van het comfort binnenshuis, waarderen we ook wandelingen in de buitenlucht en het ontdekken van nieuwe geuren tijdens onze dagelijkse wandelingen.

Om ervoor te zorgen dat we er op onze best uitzien, is regelmatige verzorging essentieel. Onze prachtige witte jassen moeten worden geborsteld om mattering te voorkomen en regelmatig naar de trimmer te gaan om te trimmen. Een goed dieet, voedsel van hoge kwaliteit en regelmatige veterinaire controles zijn belangrijk om ons gezond en gelukkig te houden.

Kortom, beste menselijke metgezel, wij Bichon Frise zijn een bundel van vreugde en liefde. Onze koninklijke erfenis, expressieve ogen en aanhankelijke aard maken ons onweerstaanbaar. Met jouw liefde, zorg en toewijding zullen wij de gelukkigste en meest loyale metgezellen zijn die je je maar kunt wensen.
Laten we dus beginnen aan een reis vol gelach, knuffels en eindeloos kwispelen. Samen creëren we waardevolle herinneringen en delen we een band die je hart nog jaren zal verwarmen.

Met al mijn liefde en zachte knuffels,
Jouw Bichon Frise

Een onmisbare gids voor hondenliefhebbers

Hoofdstuk 14

Bordercollie

Woef woef! Hallo daar, mijn ongelooflijke menselijke metgezel! Je slimme en energieke Border Collie-maatje is hier, klaar om alle geweldige details over ons buitengewone ras te delen. Maak je klaar voor een reis naar de wondere wereld van Border Collies!

Laten we beginnen met wat rasinformatie. Border Collies staan bekend om hun intelligentie, behendigheid en herderscapaciteiten. Met onze opvallende jassen en boeiende ogen zijn wij echte blikvangers. Oorspronkelijk gefokt als werkhonden, maken onze scherpe instincten en grenzeloze energie ons uitstekende partners voor allerlei activiteiten.

Laten we het nu hebben over onze unieke taal van geluiden. Oh, de geluiden die we maken! Van ons enthousiaste geblaf tot ons opgewonden gejammer en zelfs ons zachte gejammer: we communiceren een breed scala aan emoties. Luister goed en u zult onze kenmerkende Border Collie-taal begrijpen. Elk geblaf, gegrom of gejammer brengt iets betekenisvols over, of het nu gaat om het signaleren van opwinding, het waarschuwen voor iets belangrijks, of het uiten van ons verlangen om te spelen en plezier te hebben.

Als het om angst gaat, staan wij Border Collies bekend als gevoelige zielen. Veranderingen in onze routine, harde geluiden of langere perioden alleen zijn, kunnen ons soms een beetje ongemakkelijk doen voelen. Onze mensen moeten ons een stabiele en veilige omgeving bieden, gevuld met veel mentale en fysieke stimulatie. Door ons te betrekken bij uitdagende activiteiten, zoals puzzelspeelgoed of interactieve trainingsoefeningen, kunnen we onze energie kanaliseren en onze geest bezig houden. Jouw geduld, begrip en liefdevolle aanwezigheid betekenen veel voor ons tijdens momenten van angst.

Verken de Donkere Kant van het Hondenleven

De verklarende pagina van uw hond

Ah, laten we onze voorkeuren en antipathieën niet vergeten. Wij Border Collies zijn er absoluut dol op om werk te hebben! Of het nu gaat om het hoeden van schapen, het halen van een frisbee of het deelnemen aan hondensporten zoals behendigheid of flyball, wij gedijen op mentale en fysieke uitdagingen. We zijn het gelukkigst als we een doel en de kans hebben om onze intelligentie en atletisch vermogen te laten zien. Wees niet verbaasd als we je met die intense blik aankijken, vol spanning wachtend op het volgende spannende avontuur!

Als het tijd is om tot rust te komen, waarderen we een gezellige plek om te ontspannen en op te laden. Hoewel onze slaapbehoeften kunnen variëren, hebben we over het algemeen dagelijks twaalf tot veertien uur rustgevende slaap nodig. Het kan dus zijn dat je ons lekker tegenkomt op een zacht hondenbed of aan je voeten ligt, terwijl je droomt van het achtervolgen van eekhoorns of het beheersen van nieuwe trucs.

Wat de woonomstandigheden betreft, wij Border Collies kunnen zich goed aanpassen aan verschillende omgevingen, zolang we maar voldoende mentale en fysieke stimulatie krijgen. Hoewel we de toegang tot een veilige buitenruimte waarderen waar we onze benen kunnen strekken en kunnen genieten van speelse activiteiten, koesteren we ook onze tijd binnenshuis met onze geliefde mensen. Een combinatie van stimulerende oefeningen, uitdagende spellen en interactieve trainingen zal ons gelukkig en tevreden houden.

We hebben regelmatige lichaamsbeweging, mentale stimulatie en socialisatie nodig om ons welzijn te garanderen. We gedijen bij activiteiten waarbij onze geest en ons lichaam betrokken zijn, zoals lange wandelingen, gehoorzaamheidstraining en interactieve speeltijd. Een routine die zowel lichaamsbeweging als mentale uitdagingen omvat, zal ons helpen de gelukkigste en gezondste Border Collies te zijn die we kunnen zijn.

Kortom, beste mens, wij Border Collies zijn intelligent, behendig en barstensvol energie. Onze unieke taal, herderserfgoed en liefdevolle natuur maken ons tot bijzondere metgezellen. Met jouw begeleiding, geduld en voldoende speeltijd worden we de gelukkigste Border Collies ter wereld!

Laten we dus samen een leven vol avonturen beleven, vol kwispelende staarten, eindeloze apporteerspelletjes en een band die ons hart sneller doet kloppen. Maak je klaar voor een buitengewone reis samen met je ongelooflijke Border Collie-metgezel!

Veel liefde en grenzeloze energie,
Jouw bordercollie

Een onmisbare gids voor hondenliefhebbers

Boston terrier

Woef woef! Hallo daar, mijn geweldige menselijke vriend! Het is je pittige en pittige Boston Terrier-maatje, die je alle prachtige details over ons fantastische ras wil vertellen. Maak je klaar voor een positief leuk avontuur!

Laten we beginnen met de achtergrond van ons ras. Boston Terriers, ook wel bekend als de **American Gentlemen**, werden oorspronkelijk gefokt in de Verenigde Staten. Met onze smokingachtige kenmerken en charmante persoonlijkheden zijn wij het middelpunt van het feest, waar we ook gaan. Wij zijn een klein pakketje met een groot hart!

Laten we het nu hebben over onze unieke taal van geluiden. We zijn misschien niet de meest spraakzame pups, maar we weten wel hoe we ons kunnen laten horen. We hebben een breed scala aan expressieve geluiden die alles overbrengen, van opwinding tot nieuwsgierigheid. Luister goed naar ons vrolijke gesnuif, schattige gemopper en af en toe geblaf, want dit is onze manier om met jou en de wereld om ons heen te communiceren.

Als het op angst aankomt, staan wij Boston Terriers bekend als gevoelige zielen. Harde geluiden, veranderingen in de routine of langdurig alleen zijn kunnen ervoor zorgen dat we ons een beetje angstig voelen. Het creëren van een kalme en geruststellende omgeving, die voldoende mentale en fysieke stimulatie biedt, en ons overlaadt met liefde en aandacht, zal onze zorgen helpen verlichten. Uw aanwezigheid en zachte geruststelling betekenen veel voor ons!

Ah, laten we onze voorkeuren en antipathieën niet vergeten. Boston Terriers zit vol energie en enthousiasme! We houden er absoluut van om quality time door te brengen met onze favoriete mensen. Of het nu gaat om apporteren in het park, spannende wandelingen maken of lekker knuffelen op de bank, wij gedijen op de liefde en het gezelschap dat u biedt.

Verken de Donkere Kant van het Hondenleven

De verklarende pagina van uw hond

Wanneer het tijd is om onze batterijen op te laden, waarderen we een gezellige plek om uit te rusten en te ontspannen. Normaal gesproken hebben we elke dag ongeveer 12 tot 14 uur snoozetijd nodig om onze energieke geest hoog te houden. Wees dus niet verrast als je ons aantreft in de gezelligste hoek van het huis, terwijl we wat Z's vangen en dromen van leuke avonturen.

Wat de woonsituatie betreft, wij Boston Terriers zijn behoorlijk flexibel. We kunnen gedijen in verschillende omgevingen, of het nu een bruisend stadsappartement is of een ruime woning in een buitenwijk. Houd er rekening mee dat we gevoelig zijn voor extreme temperaturen, dus zorg ervoor dat we tijdens warme zomerdagen een koele en comfortabele plek hebben om te ontspannen.

Om ons welzijn te garanderen, is het belangrijk om ons regelmatig te laten bewegen en mentaal te stimuleren. Dagelijkse wandelingen, speeltijd en interactief speelgoed houden ons fysiek en mentaal fit. En vergeet niet onze schattige vleermuisoren te onderhouden en schoon te houden om vervelende oorinfecties te voorkomen.

Kortom, beste mens, wij Boston Terriers zijn levendig, liefdevol en altijd in voor een leuke tijd. Onze unieke geschiedenis, expressieve geluiden en speelse aard maken ons echt speciaal. Met jouw liefde, zorg en aandacht voor onze behoeften, zullen wij de gelukkigste kleine metgezellen zijn waar je ooit om zou kunnen vragen.

Laten we dus samen een leven vol avonturen beleven, vol gelach, kwispelende staarten en onvoorwaardelijke liefde. Maak je klaar voor een band die je eindeloze vreugde en glimlachen zal brengen!

Veel liefs en kwijlende kusjes,
Jouw Bostonterriër

Een onmisbare gids voor hondenliefhebbers

Hoofdstuk 14

Bokser

Woef woef! Hallo daar, mijn menselijke maatje! Het is je Boxer-maatje hier, klaar om je leven binnen te springen en alles te delen wat je moet weten over ons Boxers. Maak je klaar voor een kwispelende staart!

Laten we eerst eens praten over ons ras. Boxers staan bekend om onze sterke, gespierde lichamen en expressieve gezichten. We hebben een speels en energiek karakter, waardoor we uitstekende metgezellen zijn voor actieve gezinnen. We worden vaak omschreven als de **Peter Pan** van de hondenwereld, omdat we ons puppyachtige enthousiasme nooit lijken te ontgroeien.

Laten we nu eens duiken in onze unieke taal van geluiden. Wij Boxers zijn behoorlijk vocaal! We communiceren met een verscheidenheid aan blaffen, grommen en zelfs **woo-woo** -geluiden. Wanneer we een reeks korte blaffen laten horen, is dit meestal onze manier om te zeggen: **Hé, laten we spelen!** En als we die schattige woo-woo-geluiden maken, is het onze manier om opwinding en geluk uit te drukken.

Als het om angst gaat, kunnen sommige Boxers gevoelig zijn voor verlatingsangst. We vormen een sterke band met onze mensen en kunnen ons angstig voelen als we langere tijd alleen worden gelaten. Het bieden van voldoende lichaamsbeweging, mentale stimulatie en een comfortabele en veilige omgeving kan onze zorgen helpen verlichten. Vergeet niet dat we gedijen op liefde en aandacht, dus overlaad ons met genegenheid!

Laten we het hebben over onze voorkeuren en antipathieën. Boxers staan bekend om onze liefde voor spel en activiteit. We hebben een hoog energieniveau en hebben voldoende beweging nodig om ons gelukkig en gezond te houden. Speel met ons mee, neem ons mee voor lange wandelingen en betrek ons bij interactieve spelletjes: het is een geweldige manier om onze energie te

Verken de Donkere Kant van het Hondenleven

De verklarende pagina van uw hond

kanaliseren en ons te vermaken. Als het tijd is om uit te rusten, waarderen wij Boxers een knus plekje om in weg te kruipen. We kunnen kiezen voor een zacht hondenbedje of zelfs voor uw schoot voor ons dutje. We houden ervan om dicht bij onze mensen te zijn, dus verwacht veel knuffels en warme knuffels als we klaar zijn om te ontspannen.

Wat de woonsituatie betreft, zijn Boxers aanpasbaar en kunnen ze gedijen in verschillende omgevingen. Hoewel we graag binnen zijn met ons gezin, houden we ook van buiten ontdekken en spelen. Toegang tot een beveiligde tuin of regelmatige uitstapjes naar het hondenpark kunnen de droom van een Boxer zijn die uitkomt. Houd ons wel in de gaten, want we kunnen nieuwsgierig en soms ondeugend zijn!

Om ons welzijn te garanderen, moeten eigenaren ons voorzien van regelmatige lichaamsbeweging, mentale stimulatie en consistente training. Positieve bekrachtigingstechnieken werken het beste voor ons, omdat we goed reageren op lof en beloningen. Socialisatie is ook van cruciaal belang, omdat het ons helpt om veelzijdige en zelfverzekerde honden te worden.

Kortom, beste mens, wij Boxers zijn energiek, speels en vol liefde. De unieke geluiden, behoeften en aanhankelijke aard van ons ras maken ons echt speciaal. Vergeet niet dat we naar jou kijken voor liefde, zorg en spannende avonturen!

Laten we dus samen aan deze reis beginnen, mijn menselijke vriend. Met jouw geduld, begrip en veel buikwrijvingen creëren we een band die een leven lang meegaat. Maak je klaar voor kwispelende staarten, kwijlende kusjes en heel veel Boxer-liefde!

Veel liefs en kwijlende kusjes,
Jouw bokser

Een onmisbare gids voor hondenliefhebbers

Hoofdstuk 14

Bretagne

Woef woef! Hallo daar, mijn menselijke vriend! Het is je Brittany-maatje, die je graag alles wil vertellen over ons prachtige ras.

Laten we eerst eens praten over ons ras. Bretagne staat bekend om hun grenzeloze energie, intelligentie en vriendelijke karakter. Oorspronkelijk gefokt als jachthond, zijn we natuurlijke atleten en houden ervan actieve partners te zijn bij al uw buitenactiviteiten. Of het nu gaat om wandelen, hardlopen of apporteren, wij zijn altijd in voor een spannend avontuur aan jouw zijde!

Laten we nu eens praten over onze unieke taal van geluiden. Oh, de geluiden die we maken zijn best verrukkelijk! We hebben een scala aan geblaf, getjilp en opgewonden gejammer dat we gebruiken om onze vreugde en enthousiasme over te brengen. Als we een hoge blaf laten horen, is dit onze manier om te zeggen: **Hé, laten we spelen!** En als we zacht gejammer en zacht gegrom laten horen, kan dit betekenen dat we ons aanhankelijk voelen of uw aandacht zoeken.

Als het om angst gaat, kunnen wij Bretagne soms een beetje rusteloos worden als we niet genoeg mentale en fysieke stimulatie krijgen. We gedijen bij activiteiten die onze geest en ons lichaam uitdagen, dus het is van cruciaal belang om ons bezig te houden met puzzelspeelgoed, gehoorzaamheidstraining en interactieve spelsessies om ons gelukkig en tevreden te houden. Jouw liefde en gezelschap betekenen alles voor ons, lieve mens!

Ah, laten we onze voorkeuren en antipathieën niet vergeten. Wij Bretagne houden er absoluut van om buiten te zijn en de wereld te ontdekken met onze nieuwsgierige neuzen. We hebben een natuurlijk instinct voor jagen en het volgen van geuren, dus als we de mogelijkheid krijgen om aan deze activiteiten deel te nemen, zullen we ons voldaan voelen. We hebben ook een zwak voor

Verken de Donkere Kant van het Hondenleven

knuffelen en buikwrijven, omdat we ons daardoor veilig voelenen geliefd. Als het tijd is om uit te rusten, waarderen wij Bretagne een gezellige plek waar we ons kunnen oprollen en opladen. Een zacht hondenbed of een zonnig plekje bij het raam doen het prima. We kunnen dutten met een speeltje aan onze zijde of tegen je aan kruipen, wetende dat we geliefde leden van je roedel zijn.

Wat de woonsituatie betreft, zijn wij Bretagne veelzijdig en kunnen we ons goed aanpassen aan verschillende omgevingen. Hoewel we het fijn vinden om toegang te hebben tot een veilige buitenruimte waar we onze benen kunnen strekken, koesteren we ook onze tijd binnenshuis met onze geliefde mensenfamilie. Dagelijkse lichaamsbeweging en mentale stimulatie zijn cruciaal voor ons welzijn, dus regelmatige wandelingen, speeltijd en trainingssessies zijn een must!

Om ons geluk en welzijn te garanderen, moeten eigenaren ons voldoende beweging, mentale uitdagingen en positieve bekrachtigingstraining bieden. Wij gedijen op lof en beloningen, dus wees genereus met uw aanmoedigingen en lekkernijen! Een liefdevolle en verzorgende omgeving, gevuld met spel, genegenheid en spannende avonturen, zal ons het gelukkigste Bretagne ter wereld maken!

Kortom, beste mens, wij Bretagne zijn energieke, intelligente en liefdevolle metgezellen. De geschiedenis, unieke geluiden en specifieke behoeften van ons ras maken ons echt speciaal. We vertrouwen op jou voor begeleiding, liefde en spannende escapades. Met jouw zorg, toewijding en een vleugje avontuur zullen wij de meest loyale en vrolijke harige vrienden zijn die je ooit zou kunnen hebben!

Dus laten we samen aan deze ongelooflijke reis beginnen, mijn menselijke vriend. We creëren herinneringen, delen gelach en smeden een onbreekbare band die een leven lang meegaat. Maak je klaar voor een wervelwind van kwispelende staarten, eindeloos plezier en pure hondenliefde!

Ik stuur je liefde en kwispelende staarten,
Jouw Bretagne

Een onmisbare gids voor hondenliefhebbers

Hoofdstuk 14 141

Buldog
(Engels/Frans)

Woef woef! Hallo daar, mijn menselijke maatje! Het is jouw Bulldogvriend, klaar om alle fantastische details over ons, Engelse en Franse Bulldogs, te delen. Maak je klaar voor een bulldozer vol schattigheid en charme!

Laten we eerst eens praten over ons ras. Buldoggen staan bekend om hun onderscheidende uiterlijk en lieve persoonlijkheden. Engelse Bulldogs hebben een rijke geschiedenis waarin felle, bull-baitende honden vriendelijke metgezellen werden. Franse Bulldogs, aan de andere kant, werden gefokt als gezelschapshonden van Engelse Bulldogs. We zijn net schattige kleine bundeltjes rimpelige goedheid!

Laten we het nu hebben over onze unieke taal van geluiden. Oh, de geluiden die we maken! We hebben een behoorlijk stembereik, van ons schattige snuiven en snurken tot ons lage gemopper en geblaf. Wanneer we speels snuiven of een grappig snurken, betekent dit dat we tevreden en ontspannen zijn. En als we een korte, scherpe blaf laten horen, is dat onze manier om te zeggen: **Hé, laten we wat plezier maken!**

Als het om angst gaat, kunnen wij Bulldogs soms gevoelige zielen zijn. We kunnen verlatingsangst ervaren of angstig worden in een onbekende of luidruchtige omgeving. Door ons een rustige, veilige ruimte, voldoende knuffels en een consistente routine te bieden, kunnen onze zorgen worden verlicht. Jouw liefdevolle aanwezigheid en zachte geruststelling betekenen veel voor ons!

Laten we het nu hebben over onze voorkeuren en antipathieën. Buldoggen hebben misschien de reputatie een beetje lui te zijn, maar wij genieten nog steeds van onze speeltijd en wandelingen. Vergeet niet dat we vanwege onze unieke lichaamsbouw een matige behoefte aan lichaamsbeweging hebben. Korte

Verken de Donkere Kant van het Hondenleven

De verklarende pagina van uw hond

wandelingen en leuke binnenspelletjes die onze ademhaling niet belasten zijn de perfecte manier om ons gelukkig en gezond te houden!

Als het tijd is om wat z's te vangen, zijn wij Bulldogs deskundige snoozers. We hebben dagelijks ongeveer 12 tot 14 uur slaap nodig om onze rimpelige batterijen op te laden. Wees dus niet verrast als je ons aantreft in ons favoriete knus hoekje of languit op de meest comfortabele plek in huis. Wij tillen dutten naar een geheel nieuw niveau!

Wat onze woonsituatie betreft, Bulldogs zijn behoorlijk aanpasbaar. Hoewel we het leuk vinden om binnen te zijn, waar we dicht bij onze mensen kunnen zijn, waarderen we ook wat tijd buitenshuis om te verkennen en rond te snuffelen. Vergeet niet dat we niet de beste zwemmers zijn, dus wees voorzichtig in het water.

Om ons welzijn te garanderen, moeten eigenaren ons voorzien van een uitgebalanceerd dieet, regelmatige dierenartscontroles en een goede verzorging om onze schattige rimpels schoon en gezond te houden. Bovendien doet positieve bekrachtigingstraining met snoepjes en complimenten wonderen voor ons Bulldogs. We kunnen koppig zijn, maar we zullen goed opgevoede en loyale metgezellen worden met geduld en liefde.

Kortom, beste mens, wij Bulldogs zijn bundels van liefde, charme en rimpelig genot. De geschiedenis, unieke geluiden en speciale behoeften van ons ras maken ons echt uniek in zijn soort. Vergeet niet dat we op u vertrouwen voor zorg, liefde en buikwrijvingen in overvloed!

Laten we dus samen aan dit avontuur beginnen, mijn menselijke vriend. We zullen een levenslange band creëren met jouw begrip, geduld en veel kwijlende kusjes. Maak je klaar voor eindeloze momenten van schattigheid en knuffels van bulldogs!

Veel liefs en schattige snuiven,
Jouw buldog

Een onmisbare gids voor hondenliefhebbers

Hoofdstuk 14   **143**

Riet Corso

Woef woef! Hallo daar, mijn menselijke vriend! Het is je Cane Corso-maatje, die graag alles over ons geweldige ras wil delen. Ben je klaar voor een avontuur vol kracht, loyaliteit en liefde? Laten we er meteen in duiken!

Laten we eerst eens praten over ons ras. Cane Corso staan bekend om hun majestueuze uiterlijk en krachtige lichaamsbouw. Wij stralen vertrouwen uit en zijn natuurlijke beschermers. Oorspronkelijk gefokt als werkhonden, hebben we een sterk gevoel van loyaliteit en een diepe band met onze menselijke families. We zijn net vriendelijke reuzen met een hart van goud!

Laten we nu eens praten over onze unieke taal van geluiden. Oh, de geluiden die we maken zijn behoorlijk intrigerend! We hebben een diepe, rommelende bast die bij indringers rillingen over de ruggengraat kan veroorzaken. Het is onze manier om te zeggen: **Hé, ik heb dit. Bij mij ben je veilig!** We zijn ook meesters in lichaamstaal en gebruiken onze expressieve ogen en houding om onze emoties en intenties over te brengen.

Als het op angst aankomt, kunnen wij Cane Corso soms gevoelige zielen zijn. Wij gedijen in een rustige en stabiele omgeving; plotselinge veranderingen of onbekende situaties kunnen ons een ongemakkelijk gevoel geven. Door ons een veilige ruimte te bieden, consistente routines te handhaven en ons te overladen met zachte genegenheid, kunnen we eventuele angsten verlichten. Jouw begrip en geruststelling betekenen veel voor ons, lieve mens!

Ah, laten we onze voorkeuren en antipathieën niet vergeten. Wij Cane Corso brengen graag quality time door met onze mensen. Of het nu gaat om lange wandelingen, spelen in de achtertuin of gewoon ontspannen aan uw zijde, wij koesteren elk moment dat we in uw gezelschap zijn. We hebben een beschermend karakter en de wetenschap dat we u veilig en geliefd houden, brengt ons enorme vreugde. Als het tijd is om uit te rusten, waarderen wij Cane Corso een gezellige

Verken de Donkere Kant van het Hondenleven

De verklarende pagina van uw hond

plek waar we ons kunnen oprollen en tot rust kunnen komen. Een zacht bed of een rustig hoekje zal ons toevluchtsoord zijn, terwijl we onze energie opladen voor de avonturen die ons te wachten staan. We snurken misschien een beetje, maar dat is slechts een teken van tevredenheid en ontspanning.

Wat de woonarrangementen betreft, zijn wij Cane Corso veelzijdig en aanpasbaar. Hoewel we het fijn vinden om toegang te hebben tot een veilige buitenruimte waar we onze spieren kunnen strekken, waarderen we het ook om binnenshuis dicht bij onze menselijke familie te zijn. Wij gedijen op liefde, aandacht en begeleiding. Regelmatige lichaamsbeweging en mentale stimulatie zijn essentieel voor ons welzijn, dus het ondernemen van activiteiten die ons fysiek en mentaal uitdagen, is belangrijk.

Om ons geluk en welzijn te garanderen, moeten eigenaren ons voorzien van de juiste socialisatie, positieve bekrachtigingstraining en een sterke leiderschapsrol. Wij reageren goed op consistente grenzen en duidelijke communicatie. Dankzij uw geduldige begeleiding en een stevige, maar zachte aanpak worden we veelzijdige en zelfverzekerde metgezellen.

Kortom, beste mens, wij Cane Corso zijn loyale, beschermende en liefdevolle metgezellen. De geschiedenis, unieke geluiden en specifieke behoeften van ons ras maken ons echt speciaal. We vertrouwen op u voor liefde, begeleiding en een gevoel van doelgerichtheid. Met uw niet-aflatende steun zullen wij de meest toegewijde en onbevreesde harige vrienden zijn die u zich maar kunt wensen!

Dus laten we samen aan deze ongelooflijke reis beginnen, mijn menselijke vriend. We creëren een onbreekbare band, gevuld met dierbare herinneringen en een liefde die geen grenzen kent. Maak je klaar voor een leven vol avontuur, loyaliteit en eindeloze kwispelen!

Ik stuur je grote, warme Cane Corso-knuffels,
Jouw rietcorso

Een onmisbare gids voor hondenliefhebbers

Hoofdstuk 14

Vest Welsh Corgi

Woef woef! Hallo daar, mijn menselijke vriend! Het is jouw Cardigan Welsh Corgi-maatje, klaar om alle prachtige details over ons prachtige ras te delen. Ben je klaar voor een kwispelend avontuur? Laten we er meteen in springen!

Laten we eerst eens praten over ons ras. Cardigan Welsh Corgi's zijn klein van formaat maar groot van persoonlijkheid! Met onze schattige lange lichamen en korte benen zijn we behoorlijk charmante metgezellen. Oorspronkelijk gefokt als herdershond, zijn we intelligent, alert en altijd bereid om te behagen. We zijn misschien klein, maar we hebben een hart vol liefde en loyaliteit!

Laten we nu eens praten over onze unieke taal van geluiden. Oh, de geluiden die we maken zijn behoorlijk fascinerend! We hebben een verscheidenheid aan vocalisaties, van blaffen en keffen tot speels gegrom en zelfs een uniek **woo-woo-** geluid dat helemaal van ons is. Elk geluid communiceert onze emoties, of het nu gaat om opwinding, alertheid of gewoon om uw aandacht.

Wat betreft angst kunnen wij Cardigan Welsh Corgi's gevoelige zielen zijn. Harde geluiden, een onbekende omgeving of de scheiding van onze dierbaren kunnen ons een beetje angstig maken. Maar wees niet bang, beste mens, want jouw geruststellende aanwezigheid en een rustige omgeving kunnen wonderen verrichten bij het verzachten van onze zorgen. Een zachte aanraking, een vriendelijk woord en het creëren van een veilige haven voor ons zullen ons helpen ons veilig en geliefd te voelen.

Ah, laten we onze voorkeuren en antipathieën niet vergeten. Wij Cardigan Welsh Corgi's staan bekend om ons speelse karakter en grenzeloze energie. We houden ervan om activiteiten te ondernemen die zowel onze geest als ons lichaam stimuleren. Of het nu gaat om wandelen, apporteren of deelnemen aan leuke

Verken de Donkere Kant van het Hondenleven

De verklarende pagina van uw hond

trainingssessies, wij genieten van het plezier om actief en betrokken te zijn bij uw dagelijks leven. Wees niet verbaasd alswe proberen jou of iets dat beweegt te hoeden – het zit in onze natuur! Als het tijd is om uit te rusten, waarderen we een gezellige plek om op te kruipen en op te laden. Onze favoriete slaapzone is een zacht bed, een warme deken of zelfs je schoot. We kunnen zelfs onze kleine staartjes dicht bij ons lichaam stoppen om warm en knus te blijven. Na een goede nachtrust zijn we klaar voor meer avonturen en kwispelende staarten!

Wat de woonomstandigheden betreft, passen wij Cardigan Welsh Corgi's zich goed aan zowel binnen- als buitenomgevingen aan. Hoewel we misschien klein zijn, hebben we toch regelmatige lichaamsbeweging nodig om ons lichaam en onze geest gezond te houden. Een veilig omheinde tuin of speeltijd onder toezicht in een veilige omgeving stelt ons in staat onze energie te verkennen en te verbranden. Maar vergeet niet dat we ook sociale wezens zijn die graag in de buurt van onze menselijke roedel willen zijn, dus tijd binnenshuis met jou is net zo belangrijk.

Om ons geluk en welzijn te garanderen, moeten eigenaren ons mentale stimulatie, positieve bekrachtigingstraining en veel liefde geven. Wij gedijen op uw begeleiding en waarderen consistente grenzen. Met uw geduldige en vriendelijke benadering worden we veelzijdige metgezellen en brengen we u eindeloos plezier.

Kortom, beste mens, wij Cardigan Welsh Corgi's zijn liefdevolle, levendige en loyale vrienden. De geschiedenis, unieke geluiden en specifieke behoeften van ons ras maken ons echt speciaal. We vertrouwen op u voor liefde, begeleiding en een gevoel van doelgerichtheid. Met jouw gezelschap en zorg zullen wij de gelukkigste en meest toegewijde harige vrienden zijn die je ooit zou kunnen hebben!

Dus laten we samen aan deze ongelooflijke reis beginnen, mijn menselijke vriend. We creëren een band die gevuld is met vreugde, gelach en onvergetelijke momenten. Maak je klaar voor een leven lang kwispelende staarten en Corgi-glimlachen!

Ik stuur je Corgi-kusjes en kwispelende staarten,
Jouw vest Welsh Corgi

Een onmisbare gids voor hondenliefhebbers

Cavalier King Charles-spaniël

Woef woef! Hallo, mijn lieve menselijke metgezel! Het is uw loyale en aanhankelijke Cavalier King Charles Spaniel, klaar om u mee te nemen op een kwispelend avontuur in de wereld van ons prachtige ras.

Laten we beginnen met een beetje geschiedenis. Wij Cavaliers hebben een koninklijke afstamming die teruggaat tot de hoven van koning Charles I en koning Charles II in Engeland. We werden als metgezellen gekoesterd door edelen en royalty's, en dat is waar onze liefde voor menselijk gezelschap en aanhankelijke aard vandaan komt. We worden vaak omschreven als **liefdessponsen** omdat we alle liefde en aandacht die je ons geeft opzuigen!

Als het om communicatie gaat, hebben we een eigen taal. We blaffen misschien niet overdreven, maar we hebben expressieve ogen die je hart onmiddellijk kunnen doen smelten. Onze zachte, gevoelvolle blikken kunnen een scala aan emoties overbrengen, van opwinding en geluk tot verlangen en nieuwsgierigheid. En laten we ons vertederende gejammer niet vergeten als we iets willen!

Angst kan een zorg zijn voor ons gevoelige Cavaliers. We gedijen op liefde en kunnen ons ongemakkelijk voelen als we langere tijd alleen worden gelaten. Onze mensen moeten ons voldoende gezelschap bieden en een veilige omgeving voor ons creëren. Zachte geruststelling, positieve bekrachtigingstraining en het aanhouden van een consistente routine kunnen onze zorgen helpen verlichten en ons kalm en tevreden houden.

Laten we het nu hebben over onze voorkeuren en antipathieën. We vinden het absoluut heerlijk om dichtbij onze mensen te zijn en hunkeren naar jouw aandacht. Op schoot knuffelen of naast je op de bank kruipen is voor ons puur genieten. We houden ook van ontspannen wandelingen in het park, het ontdekken van nieuwe geuren en genieten van de bezienswaardigheden en geluiden van de natuur. Pas op dat u ons niet te veel inspant, want we zijn niet het meest atletische ras.

Als het tijd is om uit te rusten, waarderen we onze schoonheidsslaapje. Normaal gesproken hebben we dagelijks ongeveer 12 tot 14 uur slaap nodig om onze batterijen op te laden. Je vindt ons vaak genesteld op een knus plekje, dromend van het achtervolgen van vlinders of gewoon genieten van de warmte van je aanwezigheid. Onze vredige slaap verjongt ons en bereidt ons voor op meer avonturen aan jouw zijde.

Wat onze woonsituatie betreft, passen we ons goed aan verschillende omgevingen aan. Of het nu een ruim huis of een gezellig appartement is, we zijn flexibel en gedijen op de liefde en aandacht die we van onze mensen krijgen. We houden van binnen- en buitenactiviteiten, maar moeten buiten altijd onder toezicht staan om onze veiligheid te garanderen.

We hebben een voedzaam dieet en regelmatige lichaamsbeweging nodig om ons gezond en gelukkig te houden. We kunnen de neiging hebben om aan te komen, dus controle over de porties en een uitgebalanceerd dieet zijn belangrijk. Regelmatige verzorging, inclusief het borstelen van onze zijdezachte vacht en het schoonmaken van onze oren, zal ons helpen er op ons best uit te zien en ons goed te voelen. En natuurlijk zullen veel liefde, knuffels en zachte speeltijd ons de gelukkigste Cavaliers ter wereld maken.

Kortom, mijn dierbare mensenvriend, wij Cavaliers zijn zachtaardige, liefdevolle en loyale metgezellen. Onze koninklijke geschiedenis, expressieve ogen en niet-aflatende toewijding maken ons echt speciaal. Met uw liefde, zorg en begrip staan wij aan uw zijde, kwispelen met onze staart en overladen u met eindeloze liefde en vreugde.

Laten we dus beginnen aan een reis vol gedeelde avonturen en hartverwarmende momenten. Ik zal er zijn, kwispelend met mijn staart en je hart laten smelten met elke liefdevolle blik.

Met al mijn liefde en toewijding,
Uw Cavalier King Charles-spaniël

Een onmisbare gids voor hondenliefhebbers

Hoofdstuk 14

Chihuahua

Woef woef! Hallo daar, mijn kleine menselijke maatje! Het is je Chihuahua-vriend hier, klaar om alle fantastische details over ons Chihuahuas te delen. Maak je klaar voor een klein avontuur!

Laten we beginnen met praten over ons ras. Chihuahua's zijn klein maar krachtig! We zijn misschien klein van formaat, maar we hebben grote persoonlijkheden. Afkomstig uit Mexico staan wij bekend om onze alertheid en moedige karakter. Laat je niet misleiden door onze kleine gestalte: we hebben een groot hart en veel liefde om te geven.

Laten we nu eens praten over onze unieke taal van geluiden. Oh, de geluiden die we maken! We hebben een scala aan blaffen, yips en zelfs gehuil. Als we snel en aandringend blaffen, is dat meestal onze manier om te zeggen: **Hé, let op mij!** En als we een hoog gehuil laten horen, kan dit onze manier zijn om onze opwinding te uiten of om mee te doen aan het buurtkoor.

Als het om angst gaat, kunnen sommige chihuahua's gevoelig zijn voor nervositeit. We kunnen angstig worden als we in nieuwe situaties onbekende mensen of dieren ontmoeten. Het is essentieel dat we een rustige en veilige omgeving hebben. Wees geduldig en bied geruststelling tijdens deze momenten, terwijl wij naar u op zoek zijn voor comfort en veiligheid.

Laten we het hebben over onze voorkeuren en antipathieën. Chihuahuas vinden het heerlijk om in het middelpunt van de belangstelling te staan! We houden ervan om op je schoot te knuffelen en ons te koesteren in je liefde en genegenheid. Als sociale vlinders ontmoeten we graag nieuwe mensen en andere vriendelijke honden. Maar onthoud: vanwege ons kleine formaat geven we de voorkeur aan zacht spel en interactie.

Verken de Donkere Kant van het Hondenleven

De verklarende pagina van uw hond

Als het tijd is om uit te rusten, zijn wij chihuahua's experts in het vinden van gezellige plekjes. We houden ervan om onder de dekens te graven of lekker in ons favoriete hondenbed te kruipen. Het creëren van een comfortabele en warme ruimte waar we kunnen ontspannen, is een manier om ons veilig en geliefd te laten voelen.

Wat de woonomstandigheden betreft, kunnen chihuahuas zich goed aanpassen aan zowel binnen- als buitenomgevingen. We zijn perfect geschikt voor het wonen in een appartement, zolang we maar voldoende mentale en fysieke stimulatie krijgen. Omdat we echter klein en kwetsbaar zijn, is het belangrijk om ons veilig te houden en toezicht op ons te houden buitenshuis. We kunnen gemakkelijk schrikken van grotere honden of snel bewegende voorwerpen.

Om ons welzijn te garanderen, moeten eigenaren ons voorzien van regelmatige lichaamsbeweging, mentale stimulatie en socialisatie. We zijn misschien klein, maar we hebben nog steeds onze dagelijkse wandelingen en speeltijd nodig om ons gelukkig en gezond te houden. Trainingsmethoden voor positieve bekrachtiging werken het beste voor ons, omdat we goed reageren op lof en beloningen.

Kortom, beste mens, wij Chihuahua's zijn kleine bundeltjes van vreugde. De unieke geluiden, behoeften en aanhankelijke aard van ons ras maken ons echt speciaal. Bedenk dat we misschien klein zijn, maar onze liefde voor jou is onmetelijk.

Dus laten we samen aan dit avontuur beginnen, mijn kleine menselijke vriend. Met jouw liefde, zorg en veel buikwrijvingen creëren we een band die een leven lang meegaat. Maak je klaar voor een grote glimlach, een brutale houding en heel veel Chihuahua-liefde!

Veel liefs en kwijlende kusjes,
Jouw chihuahua

Een onmisbare gids voor hondenliefhebbers

Hoofdstuk 14

Cocker spaniel

Woef woef! Hallo, mijn geweldige menselijke metgezel! Je trouwe en vrolijke vriend van de Cocker Spaniel is hier, klaar om met mijn staart te kwispelen en alle fantastische dingen over ons geweldige ras te delen. Maak je klaar voor een heerlijke reis naar de wereld van Cocker Spaniels!

Laten we beginnen met wat achtergrondinformatie. Wij Cocker Spaniels hebben een rijke geschiedenis als jachthond, bekend om onze opmerkelijke geurcapaciteiten en vaardigheden in het wegspoelen van jachtvogels. Maar laat je daardoor niet voor de gek houden! We zijn niet alleen buitenliefhebbers, maar ook liefdevolle en aanhankelijke gezinsgenoten.

Laten we het nu hebben over onze unieke taal van geluiden. Oh, de geluiden die we maken! We hebben een behoorlijk stembereik, van vriendelijk geblaf tot ons charmante gejammer en zelfs af en toe een schattig gehuil. We gebruiken deze geluiden om onze opwinding, ons geluk en soms onze behoefte aan aandacht of speeltijd over te brengen. Luister gewoon goed, en je zult onze vrolijke Cocker Spaniel-taal begrijpen!

Als het om angst gaat, kunnen wij Cocker Spaniels soms gevoelige zielen zijn. Harde geluiden, onbekende omgevingen of gescheiden zijn van onze dierbaren kunnen ons een beetje angstig maken. Door ons een kalme en veilige omgeving te bieden, troostende geruststelling te bieden en ons te betrekken bij interactief spel of training, kunnen onze zorgen worden verlicht. Jouw liefdevolle aanwezigheid betekent alles voor ons, en het is onze grootste troost tijdens die angstige momenten.

Ah, laten we onze voorkeuren en antipathieën niet vergeten. Wij Cocker Spaniels houden er absoluut van om actief te zijn en de wereld om ons heen te verkennen! Gaan wandelen, apporteren of deelnemen aan behendigheidstraining

Verken de Donkere Kant van het Hondenleven

zijn allemaal fantastische manieren om ons mentaal en fysiek gestimuleerd te houden. We koesteren ook kwaliteitsvolle knuffeltijd met jou, omdat we gedijen op jouw liefde en aandacht.

Als het tijd is om tot rust te komen, waarderen we onze gezellige dutjes. Normaal gesproken hebben we dagelijks ongeveer 12 tot 14 uur rustgevende slaap nodig om onze energie op te laden. Wees dus niet verrast als je ons opgerold in ons favoriete hondenbed aantreft of naast je op de bank ligt, dromend van het achtervolgen van vlinders en kwispelend met onze staarten.

Wat de woonomstandigheden betreft, kunnen wij Cocker Spaniels zich goed aanpassen aan zowel binnen- als buitenomgevingen. We zijn veelzijdige pups die in verschillende omgevingen kunnen gedijen, maar we waarderen het echt om dicht bij onze geliefde mensen te zijn. Of het nu gaat om een ruime achtertuin om te verkennen of een comfortabel huis met gezellige hoekjes, wij zijn blij en tevreden als we uw liefde en aandacht hebben.

Om ons welzijn te garanderen, is het essentieel om ons regelmatig te laten bewegen, mentaal te stimuleren en te socialiseren. We genieten van dagelijkse wandelingen of speelsessies om onze overvloedige energie te verbranden. Verzorging is ook een belangrijk onderdeel van onze verzorgingsroutine, omdat onze mooie jassen regelmatig moeten worden geborsteld en af en toe naar de trimmer moeten gaan om ons er op onze best uit te laten zien.

Kortom, beste mens, wij Cocker Spaniels zijn bundels van liefde, vreugde en enthousiasme. Ons jachterfgoed, onze unieke geluiden en onze aanhankelijke natuur maken ons tot bijzondere metgezellen. Met jouw zorg, aandacht en veel buikwrijvingen zullen wij de gelukkigste Cocker Spaniels ter wereld zijn!

Laten we dus samen een leven vol onvergetelijke avonturen beleven, gevuld met kwispelende staarten, natte kussen en onvoorwaardelijke liefde. Maak je klaar voor een band die je hart zal verwarmen en eindeloze vreugde in je leven zal brengen!

Veel liefs en kwispelende staartjes,
Jouw Cocker-spaniël

Een onmisbare gids voor hondenliefhebbers

Hoofdstuk 14

Teckel

Woef woef! Hallo daar, mijn menselijke maatje! Je teckelvriend is hier om je alles te vertellen wat je moet weten over ons Doxies. Maak je klaar voor een kwispelende staart!

Laten we eerst eens praten over ons ras. Wij teckels zijn kleine honden met een lang lichaam en korte poten. We zijn oorspronkelijk in Duitsland gefokt om op dassen te jagen, daarom hebben we een sterk en vastberaden karakter. We zijn misschien klein, maar we hebben het hart van een machtige jager!

Laten we nu eens kijken naar onze unieke taal van geluiden. Oh, de geluiden die we maken! We hebben een behoorlijk stembereik, van diep en expressief blaffen tot schattig gehuil. Wanneer we kort en scherp blaffen, is dit vaak onze manier om u te waarschuwen voor iets interessants of verdachts. En als we ons melodieuze gehuil laten horen, uiten we misschien onze vreugde of roepen we naar onze mede-harige vrienden.

Als het om angst gaat, kunnen sommige teckels zich zorgen maken. Harde geluiden of plotselinge veranderingen in de omgeving kunnen ons een beetje nerveus maken. Ons kalmeren met vriendelijke woorden, een veilig en gezellig hol bieden waar we ons in kunnen terugtrekken en troostende aanrakingen aanbieden, kan wonderen doen om onze zorgen te kalmeren. Vergeet niet dat wij erop vertrouwen dat u ons anker van geruststelling bent!

Laten we het nu hebben over onze voorkeuren en antipathieën. Wij Teckels zijn speelse en avontuurlijke pups! We houden ervan de wereld om ons heen te verkennen, of het nu gaat om het achtervolgen van eekhoorns of het graven in de achtertuin. We hebben ook een talent voor graven en tunnelen, dus het creëren van een speciaal graafgebied of het voorzien van knusse dekens om onder te kruipen zal ons doen kwispelen van genot.

Verken de Donkere Kant van het Hondenleven

De verklarende pagina van uw hond

Als het tijd is om die korte beentjes te laten rusten, waarderen wij teckels een comfortabele plek om in weg te kruipen. We vinden het heerlijk om de gezelligste hoekjes van het huis op te zoeken of ons te nestelen in een zacht hondenbed. Het aanbieden van een warme en uitnodigende ruimte voor onze dutjes is een manier om ons je liefde te tonen.

Wat de woonsituatie betreft, teckels zijn aanpasbaar en kunnen in verschillende omgevingen gedijen. Of u nu in een knus appartement woont of in een ruime woning met achtertuin, wij voelen ons er thuis. Het is echter belangrijk op te merken dat we vanwege onze lange rug voorzichtig moeten omgaan om mogelijke rugproblemen te voorkomen. Zacht spelen en het vermijden van activiteiten die onze ruggengraat belasten, zijn dus essentieel.

Om ons welzijn te garanderen, moeten eigenaren ons voorzien van regelmatige lichaamsbeweging, mentale stimulatie en socialisatie. Dagelijkse wandelingen, interactief speelgoed en puzzelspellen houden onze nieuwsgierige geest bezig. Trainingsmethoden voor positieve versterking doen wonderen voor ons, omdat we graag willen behagen en goed reageren op lof en beloningen.

Kortom, beste mens, wij Teckels zijn pittig, loyaal en karaktervol. De unieke geluiden, behoeften en vastberadenheid van ons ras maken ons echt speciaal. Met jouw liefde, zorg en heel veel buikwrijvingen zullen wij de gelukkigste kleine worsthondjes zijn die er zijn!

Laten we dus samen aan dit avontuur beginnen, mijn menselijke vriend. Met jouw begeleiding en eindeloze genegenheid creëren we herinneringen die ons hart jarenlang zullen verwarmen. Maak je klaar voor kwispelende staarten, natte neuskusjes en heel veel Teckel-charme!

Veel liefs en kwijlende kusjes,
Jouw teckel

Een onmisbare gids voor hondenliefhebbers

Hoofdstuk 14

Dobermann Pinscher

Woef woef! Hallo daar, mijn onbevreesde en toegewijde menselijke vriend! Het is je trouwe Doberman Pinscher-vriend, klaar om de fascinerende wereld van ons opmerkelijke ras te onthullen. Maak je klaar voor een avontuur vol loyaliteit, kracht en eindeloze liefde!

Laten we beginnen met wat rasinformatie. Wij Doberman Pinschers staan bekend om ons slanke en gespierde uiterlijk. We zijn echte blikvangers met onze fluweelzachte jassen, opvallende kleuren en waakzame oren. We zijn gefokt als veelzijdige werkhonden en beschikken over een unieke mix van intelligentie, atletisch vermogen en onwrikbare loyaliteit.

Laten we het nu hebben over onze communicatiestijl. Wij Dobermans hebben een breed scala aan vocale expressies. Van diep en gezaghebbend geblaf tot speelse inslagen en zacht gehuil: we gebruiken onze stem om onze emoties over te brengen. Wanneer we met een krachtige en bevelende toon blaffen, is dat vaak om u te waarschuwen voor potentieel gevaar of om onze geliefde mensen te beschermen. En als we blije kreten en opgewonden gejank laten horen, is het onze manier om te zeggen: **laten we spelen en plezier maken!**

Angst kan soms invloed hebben op ons Dobermanns, vooral als we mentale en fysieke stimulatie missen. Wij gedijen op regelmatige lichaamsbeweging, mentale uitdagingen en, belangrijker nog, uw liefdevolle aanwezigheid. Door quality time met ons door te brengen, deel te nemen aan interactieve games en te zorgen voor een gestructureerde routine, kunnen we eventuele angst verlichten. We kijken naar u op als onze vertrouwde leider en beschermer, dus uw kalme en geruststellende aanwezigheid is de sleutel tot ons geluk en welzijn.

Laten we onze voorkeuren en antipathieën niet vergeten. Wij Dobermanns hebben een aangeboren drang om onze families te beschermen en te dienen. We

Verken de Donkere Kant van het Hondenleven

De verklarende pagina van uw hond

zijn toegewijd en zeer loyaal, altijd klaar om aan uw zijde te staan. Onze favoriete activiteiten zijn onder meer gehoorzaamheidstraining, deelnemen aan hondensporten zoals behendigheid of geurwerk, en zelfs lekker tegen je aan op de bank liggen. We koesteren onze tijd met jou; elke gelegenheid voor lichaamsbeweging en mentale stimulatie zal ons doen kwispelen van vreugde!

Als het tijd is om uit te rusten, waarderen we een gezellige en comfortabele plek om onze batterijen op te laden. Hoewel onze slaapbehoeften kunnen variëren, hebben we over het algemeen ongeveer 10 tot 12 uur rust per dag nodig. Het kan dus zijn dat je ons opgerold in ons favoriete bed aantreft of tevreden slaapt in een rustig hoekje van het huis, dromend van spannende avonturen en eindeloze knuffels.

Wat onze woonsituatie betreft, wij Dobermans kunnen ons aanpassen aan verschillende omgevingen, zolang we maar de juiste zorg, training en lichaamsbeweging krijgen. Hoewel we een veilige buitenruimte waarderen waar we onze benen kunnen strekken en op ontdekkingstocht kunnen gaan, leven we ook tevreden binnenshuis met onze geliefde mensen. Vergeet niet dat we graag een integraal onderdeel van uw dagelijks leven willen zijn. Als u ons bij uw activiteiten betrekt en ervoor zorgt dat we voldoende mentale en fysieke stimulatie krijgen, zal dit het beste in ons naar boven halen.

Om ons welzijn te garanderen, moeten eigenaren ons vanaf jonge leeftijd voorzien van regelmatige lichaamsbeweging, mentale uitdagingen en socialisatie. Wij Dobermanns zijn intelligent en willen graag behagen, waardoor we uitstekende kandidaten zijn voor gehoorzaamheidstraining en geavanceerde activiteiten. Positieve bekrachtigingsmethoden, consistentie en duidelijke grenzen zullen ons helpen uitgroeien tot veelzijdige en gelukkige metgezellen.

Kortom, beste mens, wij Doberman Pinschers zijn het toonbeeld van loyaliteit, kracht en onwankelbare liefde. Onze unieke communicatiestijl, beschermende instincten en atletisch vermogen maken ons echt speciale metgezellen. Met jouw begeleiding, liefde en veel buikwrijvingen zullen we de gelukkigste Dobermanns ter wereld zijn!

Veel liefde en onwankelbare toewijding,
Uw Dobermann Pinscher

Een onmisbare gids voor hondenliefhebbers

Hoofdstuk 14

Engelse Cocker

Woef woef! Hallo daar, mijn menselijke vriend! Het is jouw Engelse Cocker-vriend, klaar om alle fantastische details over ons fantastische ras te delen. Ben je klaar om in de wereld van de Engelse Cocker te duiken? Laten we beginnen!

Laten we eerst eens praten over ons ras. Engelse Cocker staat bekend om onze charme, intelligentie en speelse aard. Wij zijn middelgrote honden met mooie, expressieve ogen en zachte, zijdeachtige vachten die ons onweerstaanbaar maken. Oorspronkelijk gefokt als jachtgenoten, hebben we een natuurlijk talent om het wild op te snuiven en het met enthousiasme terug te halen.

Laten we nu eens praten over onze unieke taal van geluiden. We zijn behoorlijk vocaal en expressief! We gebruiken een reeks heerlijke geluiden, van zacht gejank tot opgewonden geblaf, om onze emoties en verlangens over te brengen. Als we snel met onze staart kwispelen en vrolijk blaffen, betekent dit dat we barsten van opwinding en geluk. En als we je die gevoelvolle puppyogen geven, is dat onze manier om te zeggen: **ik hou van je!**

Als het op angst aankomt, kunnen wij Engelse Cocker gevoelige zielen zijn. Veranderingen in de routine, harde geluiden of scheiding van onze dierbaren kunnen ons een beetje angstig maken. Maar wees niet bang, lieve mens, want jouw liefde en geruststelling zijn de sleutels om onze zorgen te kalmeren. Uw zachte aanraking, rustgevende woorden en veilige omgeving zorgen ervoor dat we ons veilig en geborgen voelen.

Ah, laten we onze voorkeuren en antipathieën niet vergeten. Wij Engelse Cocker zijn actieve en energieke honden die graag ontdekken en spelen. We gedijen goed bij het ondernemen van activiteiten die onze geest uitdagen en ons lichamelijk actief houden. Of we nu lange wandelingen maken, apporteren in het park of deelnemen aan gehoorzaamheidstraining, we zijn altijd in voor wat

Verken de Donkere Kant van het Hondenleven

plezier en plezier avontuur. Bovendien zal een goede buikwrijving en knuffelsessie met jou onze staarten doen kwispelen van genot!

Als het tijd is om te ontspannen, waarderen we een gezellige plek om op te kruipen en tot rust te komen. Een zacht bed of een comfortabele bank zullen onze favoriete plek zijn om een dutje te doen en onze batterijen op te laden. We kunnen zelfs dicht bij u komen liggen voor extra warmte en comfort. Na een verfrissende rust staan we klaar om met u mee te gaan voor nog meer spannende escapades!

Wat de woonomstandigheden betreft, passen wij Engelse Cocker zich goed aan aan binnen- en buitenomgevingen. We brengen graag quality time door met onze mensenroedel, dus samen met jou binnen zijn is belangrijk. We waarderen echter ook buitenactiviteiten en hebben regelmatige lichaamsbeweging nodig om ons gelukkig en gezond te houden. Of het nu gaat om het verkennen van een veilige achtertuin of om samen met jou op avontuur te gaan, we zullen blij zijn met een balans tussen binnen- en buitenervaringen.

Om ons welzijn en geluk te garanderen, moeten eigenaren ons mentale stimulatie, regelmatige lichaamsbeweging en veel liefde geven. Trainingsmethoden voor positieve versterking doen wonderen voor ons, omdat we goed reageren op lof en beloningen. Een gestructureerde routine, socialisatie met andere honden en voldoende speeltijd zullen ons van plezier doen kwispelen.

Kortom, beste mens, wij Engelse Cocker zijn liefdevolle, intelligente en speelse metgezellen. De unieke kenmerken, expressieve geluiden en specifieke behoeften van ons ras maken ons echt speciaal. Met jouw liefde, zorg en gezelschap zullen wij de gelukkigste en meest toegewijde harige vrienden zijn die je je maar kunt wensen!

Laten we dus samen aan deze heerlijke reis beginnen, mijn menselijke vriend. We creëren herinneringen die een leven lang meegaan, gevuld met kwispelende staarten, natte kussen en eindeloze vreugde. Maak je klaar voor een avontuurlijk avontuur met je Engelse Cocker-metgezel!

Ik stuur je vrolijke spaniëlkusjes en kwispelende staarten,
Je Engelse Cocker

Een onmisbare gids voor hondenliefhebbers

Hoofdstuk 14

Engelse setter

Woef woef! Gegroet, mijn fantastische menselijke metgezel! Het is je loyale en speelse Engelse Setter-vriend hier, die enthousiast is om alle geweldige dingen over ons prachtige ras te delen. Maak je klaar voor een kwispelende reis door de wereld van Engelse Setters!

Laten we beginnen met wat achtergrondinformatie. Wij Engelse Setters hebben een fascinerende geschiedenis als veelzijdige jachthonden, bekend om onze uitzonderlijke geurcapaciteiten en sierlijke bewegingen. Onze elegante, gevederde vacht en natuurlijke jachtinstinct maken ons een lust voor het oog en een genot om aan uw zijde te hebben.

Laten we het nu hebben over onze unieke taal van geluiden. Oh, de geluiden die we maken! We hebben een behoorlijk stembereik, van vriendelijk geblaf tot melodieus gehuil en zelfs expressief gejammer. We gebruiken deze geluiden om onze opwinding, nieuwsgierigheid en soms ons verlangen naar avontuur of speeltijd over te brengen. Luister gewoon goed en u zult onze charmante Engelse Setter-taal begrijpen!

Als het op angst aankomt, zijn wij Engelse Setters over het algemeen gemakkelijk in de omgang en flexibel. Situaties zoals langdurig alleen gelaten worden of plotselinge veranderingen in onze routine ervaren, kunnen ons echter een beetje angstig maken. Door ons een veilige en geruststellende omgeving te bieden, ons te betrekken bij interactieve activiteiten en mentale stimulatie te bieden door middel van puzzelspeelgoed of trainingsoefeningen, kunnen we eventuele angst helpen verlichten. Jouw liefdevolle aanwezigheid en geruststelling betekenen veel voor ons!

Ah, laten we onze voorkeuren en antipathieën niet vergeten. Wij Engelse Setters houden er absoluut van om buiten te zijn en de wonderen van de natuur te

Verken de Donkere Kant van het Hondenleven

De verklarende pagina van uw hond

ontdekken! Of het nu gaat om lange wandelingen in het park, wandelen door schilderachtige paden of spelenhalen in grote open ruimtes, we gedijen in buitenavonturen. We koesteren ook een goede band met u en genieten van elk moment van genegenheid en aandacht die u ons geeft.

Als het tijd is om uit te rusten, waarderen we onze gezellige dutjes. Normaal gesproken hebben we dagelijks ongeveer 12 tot 14 uur slaap nodig om onze energie op te laden en ons lichaam te verjongen. Wees dus niet verbaasd als je ons op een zonnig plekje bij het raam ziet liggen dutten of opgerold op ons favoriete hondenbed, dromend van het achtervolgen van vogels en kwispelend met onze staarten.

Wat de woonomstandigheden betreft, kunnen wij Engelse Setters zich goed aanpassen aan verschillende omgevingen, zolang we maar voldoende mogelijkheden hebben voor lichaamsbeweging en mentale stimulatie. Of het nu een ruime achtertuin is waar we onze benen kunnen strekken of een gezellig huis met veel interactief speelgoed, we zullen blij zijn als we omringd worden door jouw liefde en zorg.

Om ons welzijn te garanderen, is het belangrijk om regelmatig te bewegen, mentale stimulatie en socialisatie te bieden. We gedijen goed bij activiteiten die onze geest en ons lichaam uitdagen. Dagelijkse wandelingen, speeltijd zonder riem in veilige gebieden en gehoorzaamheidstrainingen zijn allemaal geweldige manieren om ons gelukkig en voldaan te houden.

Kortom, beste mens, wij Engelse Setters zijn zachtaardig, loyaal en vol levenslust. Ons jachterfgoed, onze unieke geluiden en onze liefdevolle natuur maken ons tot bijzondere metgezellen. Met jouw zorg, aandacht en veel buikwrijvingen zullen we de gelukkigste Engelse Setters ter wereld zijn!

Laten we dus samen een leven lang onvergetelijke avonturen beleven, gevuld met kwispelende staarten, natte kussen en eindeloze liefde. Maak je klaar voor een band die je hart zal verwarmen en eindeloze vreugde in je leven zal brengen!

Veel liefs en kwispelende staartjes,
Uw Engelse Setter

Een onmisbare gids voor hondenliefhebbers

Duitse herder

Woef woef! Hallo daar, mijn menselijke maatje! Het is je Duitse herdervriend, klaar om alles te vertellen wat je moet weten over ons GSD's. Ben je klaar voor een absoluut geweldig avontuur? Laten we er meteen in duiken!

Laten we eerst eens praten over ons ras. Wij Duitse herders hebben een rijke erfenis als werkhonden. Gefokt om intelligent, loyaal en veelzijdig te zijn, zijn we net de superhelden van de hondenwereld! Van politie- en militair werk tot zoek- en reddingsmissies: we hebben onszelf keer op keer bewezen als moedige en toegewijde metgezellen.

Laten we nu eens praten over onze unieke taal van geluiden. Oh, de geluiden die we maken zijn behoorlijk fascinerend! We hebben een repertoire van geblaf, gejank en gehuil om met u te communiceren. Wanneer we een korte, scherpe blaf laten horen, is dit meestal onze manier om te zeggen: **Hé, let op! Er gebeurt iets belangrijks!** En als we een laag, rommelend gegrom laten horen, kan dit betekenen dat we ons beschermend voelen of alert zijn op mogelijke gevaren.

Wat betreft angst: wij Duitse herders worden in bepaalde situaties soms een beetje angstig. Harde geluiden, onbekende omgevingen of gescheiden zijn van onze dierbaren kunnen ons een ongemakkelijk gevoel geven. Door ons te kalmeren met vriendelijke woorden, een gezellige, veilige ruimte voor ons te creëren en ons geleidelijk kennis te laten maken met nieuwe ervaringen, kunnen we onze zorgen al heel erg verlichten. Jouw kalme en geruststellende aanwezigheid betekent alles voor ons, lieve mens!

Ah, laten we onze voorkeuren en antipathieën niet vergeten. Wij GSD's houden van nature van activiteiten waarbij onze geest en ons lichaam betrokken zijn. Of het nu gaat om apporteren, lange wandelingen maken of deelnemen aan gehoorzaamheidstraining, we gedijen op mentale en fysieke stimulatie. We staan

De verklarende pagina van uw hond

bekend om onze gretigheid om te behagen, dus, quality time met ons doorbrengen en ons uitdagen met nieuwe taken zal onze staarten doen kwispelen van vreugde!

Als het tijd is om uit te rusten, waarderen wij ASD's onze schoonheidsslaap, net als elke andere pup. We hebben ongeveer 12 tot 14 uur snoozetijd nodig om onze batterijen op te laden en ons beste zelf te zijn. Wees dus niet verbaasd als je ons opgerold in een gezellig hoekje van het huis aantreft, dromend van spannende avonturen en het beschermen van onze dierbaren.

Wat de woonomstandigheden betreft, kunnen wij Duitse herders zich goed aanpassen aan zowel binnen- als buitenomgevingen. We gedijen echter goed als we toegang hebben tot een veilige buitenruimte waar we onze benen kunnen strekken en onze energie kunnen verbranden. Een achtertuin met een hoog hek is ideaal voor ons, omdat we hierdoor ons territorium kunnen verkennen en bewaken.

Om ons geluk en welzijn te garanderen, moeten eigenaren ons vanaf jonge leeftijd mentale en fysieke oefeningen, consistente training en socialisatie bieden. Trainingsmethoden voor positieve versterking doen wonderen voor ons, omdat we goed reageren op lof en beloningen. Een liefdevolle en gestructureerde omgeving, veel buikwrijvingen en speeltijd zullen ons de gelukkigste Duitse herders in de buurt maken!

Kortom, beste mens, wij Duitse herders zijn loyale, intelligente en beschermende metgezellen. Onze rasgeschiedenis, unieke geluiden en specifieke behoeften maken ons echt speciaal. Vergeet niet dat we naar u kijken voor liefde, begeleiding en een gevoel van doelgerichtheid. Met jouw geduld, begrip en toewijding zullen wij de meest toegewijde harige vrienden zijn die je je maar kunt wensen!

Dus laten we samen aan deze ongelooflijke reis beginnen, mijn menselijke vriend. We creëren een band die een leven lang meegaat, gevuld met onvergetelijke avonturen, vrolijk kwispelende staarten en eindeloze liefde. Samen kunnen we alles overwinnen!

Veel liefs en beschermende inslagen,
Je Duitse herder

Een onmisbare gids voor hondenliefhebbers

Hoofdstuk 14 163

Golden retriever

Woef woef! Hallo, mijn menselijke vriend! Je Golden Retriever-vriend is hier, klaar om alles te delen wat je moet weten over ons Goldens. Maak je klaar voor een kwispelende staart!

Van Zorgen naar Kwispels

Laten we eerst eens in ons ras duiken. Golden Retrievers staan bekend om hun vriendelijke en zachtaardige karakter. Wij hebben een rijke geschiedenis als apporteerhonden, oorspronkelijk gefokt om watervogels te apporteren voor jagers. Maar tegenwoordig zijn we meer geïnteresseerd in het ophalen van je pantoffels of een tennisbal tijdens het spelen!

Laten we het nu hebben over onze unieke taal van geluiden. Oh, de geluiden die we maken zijn muziek in je oren! Van ons opgewonden geblaf van vreugde tot ons vrolijke gepiep en kwispelende staarten, we hebben altijd een manier om onze vreugde te uiten. Een zacht gejammer of gejammer kan betekenen dat we ons angstig voelen of aandacht zoeken. En als we een lange, tevreden zucht slaken, is dat onze manier om te zeggen: **het leven is goed, mijn mens!**

Als het om angst gaat, kunnen wij Goldens gevoelige zielen zijn. We kunnen ons ongemakkelijk voelen in nieuwe of onbekende situaties, of tijdens onweer of vuurwerk. Het bieden van geruststelling, een geruststellend schouderklopje en een knus plekje om uit te rusten kan een grote bijdrage leveren aan het verzachten van onze zorgen. Wij gedijen op uw liefde en aandacht, en het helpt ons ons veilig en veilig te voelen.

Laten we het nu hebben over onze voorkeuren en antipathieën. Golden Retrievers staan bekend om onze liefde voor water! Spetteren in meren, vijvers of zelfs een kinderbadje is voor ons puur genieten. We hebben zwemvliezen, waardoor we uitstekende zwemmers zijn. Dus als je zin hebt in een zwemmaatje of een spelletje apporteren in het water, reken dan op ons!

Verken de Donkere Kant van het Hondenleven

De verklarende pagina van uw hond

Als het tijd is voor een dutje, weten wij Goldens hoe we moeten ontspannen en opladen. Normaal gesproken hebben we ongeveer 10 tot 12 uur slaap nodig om op ons best te zijn. Wees dus niet verrast als je ons opgerold op de meest comfortabele plek in huis aantreft, dromend van leuke avonturen en kwispelend in onze slaap.

Goldens zijn aanpasbaar en kunnen gedijen in verschillende woonsituaties. We kunnen zowel binnen als buiten gelukkig zijn, zolang we maar voldoende liefde, aandacht en bewegingsmogelijkheden hebben. Een veilig omheinde tuin waar we kunnen rennen en apporteren is als een gouden droom die uitkomt!

Om ons gezond en gelukkig te houden, moeten eigenaren ons regelmatig bewegen, mentale stimulatie en positieve bekrachtigingstraining geven. We houden ervan nieuwe trucs en taken te leren, dus het leren van leuke commando's en het uitdagen van onze hersenen zal ons scherp houden! En natuurlijk zullen veel buikwrijvingen, oorkrabben en speeltijd met jou ons de gelukkigste Golden Retrievers op aarde maken.

Kortom, beste mens, wij Golden Retrievers zijn liefdevol, loyaal en vol vreugde. De geschiedenis, de taal van geluiden en de unieke behoeften van ons ras maken ons echt speciaal. Vergeet niet dat we naar u opkijken als onze familie en erop vertrouwen dat u ons een liefdevolle en verzorgende omgeving biedt.

Dus laten we samen aan deze ongelooflijke reis beginnen, mijn menselijke vriend. Met jouw liefde, zorg en een paar heerlijke lekkernijen creëren we een band die een leven lang meegaat. Maak je klaar voor een leven lang kwispelende staarten, natte kussen en eindeloze gouden momenten!

Veel liefs en kwispelende staartjes,
Jouw golden retriever

Een onmisbare gids voor hondenliefhebbers

Hoofdstuk 14

Deense dog

Woef woef! Hallo, mijn menselijke maatje! Het is uw vriendelijke Duitse Dog-metgezel, hier om alle geweldige details over ons majestueuze ras te delen. Bereid je voor op een sterk verhaal over liefde en loyaliteit!

Laten we beginnen met de achtergrond van ons ras. Duitse doggen zijn reuzen met een hart van goud. We hebben een rijke geschiedenis, afkomstig uit het oude Griekenland en Duitsland. Gefokt als jachthond en later als loyale beschermers, hebben we een koninklijke aanwezigheid en een zachtaardig karakter dat ons onweerstaanbaar maakt voor iedereen die we tegenkomen.

Laten we het nu hebben over onze unieke taal van geluiden. Hoewel we misschien niet de meest luidruchtige honden zijn, communiceren we via een reeks heerlijke geluiden. Van diepe, rommelende inslagen tot speels geblaf en zacht gemopper: we uiten onze emoties op de meest schattige manieren. Het is onze manier om te zeggen: **ik ben hier en ik hou van je!**

Als het om angst gaat, zijn wij Duitse doggen grootmoedige softies. We hunkeren naar jouw liefde en aandacht en kunnen ons angstig voelen als we langere tijd alleen zijn. Om onze zorgen te verzachten, creëert u een veilige en gezellige ruimte waar we ons kunnen terugtrekken als u weg bent. Het achterlaten van geruststellende geuren, het aanbieden van interactief speelgoed en het spelen van rustgevende muziek kan onze zachte ziel helpen kalmeren.

Laten we onze voorkeuren en antipathieën niet vergeten. Duitse Doggen staan bekend om hun zachte en vriendelijke karakter. We vinden het heerlijk om in de buurt van onze menselijke roedel te zijn, lekker te knuffelen op de meest comfortabele bank of languit op de grond te liggen voor een buikwrijving. Ondanks onze omvang hebben we de reputatie zachtaardige reuzen te zijn en uitstekende gezinsgenoten te zijn. Als het tijd is om wat Z's te vangen, nemen wij

Verken de Donkere Kant van het Hondenleven

De verklarende pagina van uw hond

Duitse Doggen onze slaap serieus. We hebben dagelijks ongeveer 14 tot 16 uur schoonheidsslaap nodig om onze grote batterijen op te laden. Misschien vind je ons opgerold in de gezelligste hoek van het huis, wegsluipend en dromend van lekkernijen en avonturen. Een zacht bed geschikt voor een koning of koningin is precies wat we nodig hebben om fris en klaar voor plezier wakker te worden!

Wat de woonomstandigheden betreft, wij Duitse Doggen zijn aanpasbaar en kunnen gedijen in verschillende omgevingen. Hoewel we het op prijs stellen om een ruime tuin te hebben waar we onze lange benen kunnen strekken, zijn we ook tevreden met het wonen in appartementen of kleinere huizen, zolang we maar voldoende dagelijkse lichaamsbeweging en mentale stimulatie krijgen. Regelmatige wandelingen, speeltijd en interactieve spelletjes houden ons gelukkig en gezond.

Om ons welzijn te garanderen, moeten eigenaren ons vanaf jonge leeftijd de juiste training en socialisatie bieden. Hoewel we er imposant uitzien, zijn we zachtaardig en willen we graag behagen. Trainingsmethoden voor positieve bekrachtiging werken het beste voor ons, omdat we goed reageren op lof, beloningen en zachte begeleiding. Met geduld, consistentie en veel lekkers zullen we de braafste Duitse Doggen zijn!

Kortom, beste mens, wij Duitse Doggen zijn het toonbeeld van liefde en loyaliteit. Onze majestueuze gestalte, unieke geluiden en zachte aard maken ons echt speciaal. Met uw liefde, zorg en begrip van onze behoeften zullen wij uw levenslange metgezellen zijn, altijd klaar om uw dagen te vullen met kwijlende kussen, kwispelende staarten en eindeloze knuffels.

Dus, ben je klaar om aan een groots avontuur te beginnen met je Duitse Dogvriend? Laten we samen de wereld verkennen, herinneringen maken en de vreugde ervaren van het hebben van een vriendelijke reus aan je zijde. Bereid je voor op een buitengewone reis vol liefde, gelach en hartverwarmende momenten!

Veel liefs en kwijlende kusjes,
Jouw Duitse Dog

Een onmisbare gids voor hondenliefhebbers

Hoofdstuk 14

Labrador retriever

Woef woef! Hallo daar, mijn menselijke maatje! Het is jouw Labrador Retriever-vriend, klaar om alles te vertellen wat je moet weten over ons Labs. Zet je schrap voor een blaffende tijd!

Laten we eerst eens praten over ons ras. We Labs hebben een fascinerende geschiedenis. Oorspronkelijk gefokt als werkhond, hebben we een sterke genetische achtergrond als retriever. Of het nu gaat om het apporteren van eendjes of uw favoriete pantoffels, wij hebben een natuurlijk instinct om voorwerpen op te halen en bij u terug te brengen. We zijn net harige superhelden van de apporteerwereld!

Laten we nu eens duiken in onze unieke taal van geluiden. Oh, de verschillende geluiden die we maken! Van vrolijk geblaf tot schattig gejank, we hebben een behoorlijk vocaal repertoire. Als we blaffen met korte, scherpe geluiden, is dat meestal onze manier om te zeggen: **Hé, let op! Er gebeurt iets spannends!** En als we een lang, treurig gehuil laten horen, kunnen we ons verlangen uiten of naar onze harige vriendjes in de verte roepen.

Als het op angst aankomt, kunnen wij Labradors soms kriebels krijgen. Harde geluiden zoals onweersbuien of vuurwerk kunnen ons doen beven van angst. Ons kalmeren met vriendelijke woorden, een knus hol bieden waar we ons lekker in kunnen nestelen, en misschien zelfs wat rustgevende muziek spelen, kan wonderen doen om onze zorgen te verlichten. Vergeet niet dat we naar jou opkijken als onze menselijke superheld, dus jouw geruststellende aanwezigheid betekent alles voor ons!

Ah, laten we onze voorkeuren en antipathieën niet vergeten. Labs staan bekend om onze liefde voor water! Spetteren in meren, rivieren of zelfs in het kinderbadje in de achtertuin is voor ons puur genieten. We hebben poten met

Verken de Donkere Kant van het Hondenleven

De verklarende pagina van uw hond

zwemvliezen, weet je, diemaakt ons uitstekende zwemmers. Kijk eens naar die kwispelende staart , blije uitdrukkingen terwijl we erin duiken!

Als het tijd is voor een dutje, zijn wij Labs echte professionals. We hebben onze schoonheidsslaapje nodig, en we schamen ons niet om het toe te geven! Ongeveer 12 tot 14 uur snoozetijd is goed voor ons om onze batterijen op te laden. Wees dus niet verrast als je ons aantreft in het gezelligste hoekje van het huis, dromend van het achtervolgen van eekhoorns en tennisballen.

Wat de woonarrangementen betreft, kunnen Labs zich goed aanpassen aan zowel binnen- als buitenomgevingen. Wij zijn veelzijdige pups die in verschillende omgevingen kunnen gedijen. We hebben echter toegang tot een beveiligde buitenruimte om te verkennen en wat energie te verbranden. Een ruime achtertuin met ruimte om te dwalen zou voor ons een droom zijn die uitkomt.

Om ons welzijn te garanderen, moeten eigenaren ons vanaf jonge leeftijd mentale stimulatie, consistente training en socialisatie bieden. Trainingsmethoden voor positieve versterking doen wonderen voor ons, omdat we goed reageren op lof en beloningen. Een gestructureerde routine, regelmatige lichaamsbeweging en veel liefde en genegenheid zullen ons de gelukkigste Labs in de buurt maken!

Kortom, wij Labs zijn loyaal, liefdevol en vol leven. Onze rasgeschiedenis, genetische achtergrond en unieke taal van geluiden maken ons echt speciaal. Vergeet niet dat we naar u kijken voor liefde, zorg en begrip. Met jouw begeleiding, geduld en veel buikwrijvingen zullen we 's werelds gelukkigste Labs zijn!

Vergeet niet dat elke Labrador uniek is en dat onze behoeften kunnen variëren. Het is altijd een goed idee om een dierenarts of een professionele hondentrainer te raadplegen voor persoonlijke begeleiding en advies op basis van onze individuele persoonlijkheden.

Welnu, mijn lieve mens, ik hoop dat dit kleine kijkje in de wereld van Labrador Retrievers je heeft doen glimlachen. We zijn loyaal, liefdevol en vol eindeloze vreugde. Laten we dus samen een leven vol avonturen beleven, gevuld met kwispelende staarten, kwijlende kussen en onvoorwaardelijke liefde.

Veel liefs en kwijlende kusjes,
Uw labrador retriever

Een onmisbare gids voor hondenliefhebbers

Hoofdstuk 14

Leonberger

Woef woef! Hallo daar, hier is je harige vriend, de Leonberger, om alle prachtige dingen over ons majestueuze ras te delen. Bereid je voor op een geweldige reis vol liefde, loyaliteit en heel veel plezier! Laten we eerst eens praten over ons uiterlijk.

We zijn groot, donzig en oh zo knap. Met onze leeuwachtige manen, expressieve ogen en zachte uitdrukking kunnen we overal de aandacht trekken. Als een van de grootste hondenrassen zijn we sterk en stevig, maar toch zachtaardig en gracieus. Maar het zijn niet alleen onze looks die ons speciaal maken.

We staan bekend om ons vriendelijke en liefdevolle karakter. Wij zijn echte familiehonden, altijd enthousiast om te behagen en zeer toegewijd aan onze mensenroedel. We zijn fantastisch met kinderen, geduldig en zachtaardig, waardoor we ideale metgezellen voor de kleintjes zijn. Onze kalme en geduldige houding maakt ons ook tot uitstekende therapiehonden, die troost en vreugde brengen aan mensen in nood. Intelligentie? Zeker weten!

We leren snel en gedijen goed bij mentale stimulatie. Ons trainen is een fluitje van een cent, vooral als je positieve bekrachtigingstechnieken gebruikt, zoals snoepjes en complimenten. We zijn altijd bereid om nieuwe trucs en taken te leren en blinken uit in gehoorzaamheid, speuren en zelfs waterreddingsactiviteiten. Onze geest betrokken en uitgedaagd houden is de sleutel tot ons geluk en welzijn.

Laten we het nu hebben over onze liefde voor water. Wij zijn geboren zwemmers en houden van een plons in het meer of een duik in het zwembad. Onze dikke dubbele vacht houdt ons warm, zelfs in koud water, waardoor zwemmen een van onze favoriete bezigheden is. Dus als je op zoek bent naar een

Verken de Donkere Kant van het Hondenleven

harige vriend om mee op wateravonturen te gaan, dan zijn wij er klaar voor om er meteen in te duiken!

Als het om angst gaat, kunnen sommigen van ons, Leonbergers, een beetje gevoelig zijn. Harde geluiden, veranderingen in de routine of langere perioden alleen gelaten kunnen ons een beetje ongemakkelijk doen voelen. Door ons een rustige en veilige omgeving, voldoende lichaamsbeweging en veel quality time met onze menselijke familie te bieden, kunnen onze zorgen worden verlicht. We stellen het op prijs dat we een routine hebben en betrokken worden bij gezinsactiviteiten om onze staart vrolijk te laten kwispelen.

Qua leefomstandigheden zijn we aanpasbare honden. Hoewel we het leuk vinden om een ruime ruimte te hebben waar we onze poten kunnen strekken, kunnen we ons aanpassen aan verschillende leefomgevingen, zolang we maar regelmatig bewegen en veel liefde en aandacht van onze mensen hebben. Geef ons gewoon voldoende mentale en fysieke stimulatie om ons tevreden en gelukkig te houden.

Kortom, beste mens, wij Leonbergers zijn liefdevol, loyaal en vol zachte kracht. Onze majestueuze verschijning, vriendelijke aard en intelligentie maken ons fantastische metgezellen voor gezinnen van elke omvang. Met jouw liefde, zorg en heel veel kinkrassen worden wij de gelukkigste Leonbergers ter wereld! Laten we dus samen een leven vol avonturen beleven, gevuld met kwispelende staarten, dikke berenknuffels en eindeloze liefde.

Ik stuur je enorme harige knuffels en kwijlende kusjes,
Jouw Leonberger

Een onmisbare gids voor hondenliefhebbers

Hoofdstuk 14

Maltees

Woef woef! Hallo, lieve mensenvriend! Je heerlijke Maltese metgezel is hier, klaar om alle pluizige details over ons prachtige ras te delen. Maak je klaar voor een absoluut charmante reis naar de wereld van Maltese honden!

Laten we beginnen met de achtergrond van ons ras. Maltese honden zijn een oud ras met een koninklijk erfgoed. Wij zijn al eeuwenlang geliefde metgezellen van de adel en de aristocratie. Onze zijdezachte witte jassen en elegante verschijning maken ons tot wandelende pluisjesballen die elegantie en gratie brengen, waar we ook gaan.

Laten we het nu hebben over onze unieke taal van geluiden. Oh, de geluiden die we maken! We hebben een behoorlijk vocaal repertoire, van lieve kleine blafjes tot speelse piepjes en af en toe een gegrom. We gebruiken deze geluiden om onze opwinding en vreugde te uiten en soms om u te laten weten of we iets nodig hebben. Luister gewoon goed en u zult onze schattige Maltese taal begrijpen!

Als het om angst gaat, kunnen wij Maltese honden gevoelige zielen zijn. Veranderingen in de routine, scheiding van onze dierbaren of het tegenkomen van onbekende situaties kunnen ons angstig maken. Het bieden van een kalme en liefdevolle omgeving, zachte geruststelling en veel knuffels kunnen wonderen doen om onze zorgen te verzachten. Jouw aanwezigheid en genegenheid betekenen veel voor ons, en het is onze grootste troost tijdens die angstige momenten.

Ah, laten we onze voorkeuren en antipathieën niet vergeten. Wij Maltese honden vinden het heerlijk om in de spotlight te staan! Wij houden van aandacht, verwennerij en het middelpunt van uw wereld zijn. Of we nu op schoot liggen, je vergezellen op avonturen of onze charmante trucjes laten zien, wij gedijen op jouw liefde en bewondering.

Verken de Donkere Kant van het Hondenleven

De verklarende pagina van uw hond

Als het tijd is om te ontspannen, waarderen wij Maltese honden onze gezellige dutjes. Normaal gesproken hebben we dagelijks ongeveer 12 tot 14 uur schoonheidsslaapje nodig om onze elegante batterijen op te laden. Wees dus niet verrast als u ons aantreft in de zachtste kussens of opgerold in een warme deken, terwijl u droomt van heerlijke avonturen.

Wat onze woonomstandigheden betreft: Maltese honden zijn zeer geschikt voor het binnenleven. We zijn volkomen tevreden in appartementen, appartementen of huizen, zolang we maar uw liefdevolle aanwezigheid hebben en een comfortabele ruimte die we de onze kunnen noemen. Wij genieten ervan om binnengenoten te zijn en koesteren de gezellige hoekjes en zachte bedden die u ons ter beschikking stelt.

Om ons welzijn te garanderen, is het essentieel dat we ons regelmatig verzorgen. Onze prachtige witte jassen vereisen dagelijks borstelen om mattering te voorkomen en regelmatige uitstapjes naar de trimmer voor knipbeurten en onderhoud. We waarderen ook de zachte oefeningen, zoals korte wandelingen en interactieve spelsessies, om ons fysiek en mentaal te stimuleren.

Kortom, beste mens, wij Maltese honden zijn een bundel liefde, elegantie en charme. Onze rijke geschiedenis, unieke geluiden en aanhankelijke aard maken ons tot bijzondere metgezellen. Met jouw zorg, aandacht en veel zachte knuffels zullen wij de gelukkigste Maltese honden in de buurt zijn.

Laten we dus samen een leven vol heerlijke avonturen beleven, vol gelach, knuffels en onvoorwaardelijke liefde. Maak je klaar voor een opmerkelijke band die vreugde en een glimlach in je hart zal brengen!

Veel liefs en kwispelende staartjes,
Jouw Maltees

Een onmisbare gids voor hondenliefhebbers

Hoofdstuk 14

Dwergschnauzer

Hallo daar, mijn kleine vriend! Het is je Dwergschnauzer-maatje hier, die opgewonden met mijn staart kwispelt om je alles over onze fantastische kleine pups te vertellen. Maak je klaar voor een klein avontuur!

Laten we eerst eens praten over ons ras. Wij Dwergschnauzers zijn klein van formaat, maar groot van persoonlijkheid. Met ons kenmerkende bebaarde gezicht en parmantige oren zijn we moeilijk te missen! Oorspronkelijk gefokt in Duitsland, waren we ratters en boerderijhonden, bekend om ons scherpe reukvermogen en ons vermogen om vervelende beestjes op afstand te houden.

Laten we het nu hebben over onze communicatiestijl. Wij zijn nogal een vocale groep! Van geblaf en gepiep tot gegrom en gehuil, we hebben veel geluiden om ons uit te drukken. We kunnen een reeks vreugdevolle blaffen laten horen als we opgewonden zijn of uw aandacht willen. En als we ons beschermend of achterdochtig voelen, is een diepe, gezaghebbende blaf onze manier om u te laten weten dat er iets mis is.

Angst kan soms onze schnauzervacht in de war brengen, vooral als we niet genoeg mentale stimulatie krijgen of als we langere tijd alleen worden gelaten. We gedijen als we deel uitmaken van het gezin en genieten van activiteiten die onze scherpe geest aanspreken. Interactief puzzelspeelgoed, gehoorzaamheidstraining en regelmatige speeltijd met jou zijn essentieel om ons gelukkig en tevreden te houden.

Laten we het hebben over onze voorkeuren en antipathieën! We staan bekend om ons vriendelijke en speelse karakter, altijd klaar om mee te doen aan het plezier. We brengen graag quality time door met onze favoriete mensen, of we nu een ontspannen blokje om gaan of lekker op de bank liggen voor wat Netflix en lekkernijen. Oh, en had ik al gezegd dat we een natuurlijke affiniteit hebben

Verken de Donkere Kant van het Hondenleven

De verklarende pagina van uw hond

met piepend speelgoed? Ze brengen onze innerlijke puppy naar boven en houden ons urenlang bezig!

Als het op slapen aankomt, zijn we behoorlijk flexibel. We hebben elke dag ongeveer 12 tot 14 uur gesloten ogen nodig, maar we kunnen ons aanpassen aan uw schema. Of je nu lekker in een knus bed ligt of aan je zijde slaapt, we vinden de perfecte plek om op te laden en te dromen van het achtervolgen van eekhoorns of apporteren.

Wat de woonomstandigheden betreft: we zijn veelzijdige honden die zich goed kunnen aanpassen aan een appartement of een huis met een tuin. Regelmatige lichaamsbeweging is echter een must om ons in topvorm te houden. Dagelijkse wandelingen, interactieve speelsessies en mentale uitdagingen zoals gehoorzaamheidstraining of behendigheidscursussen zijn fantastische manieren om onze geest en ons lichaam actief te houden.

Om ons op ons best te houden, is het belangrijk om ons vanaf jonge leeftijd te voorzien van een uitgebalanceerd dieet, regelmatige verzorging om onze stijlvolle jassen te behouden en socialisatie. Trainingsmethoden voor positieve versterking doen wonderen voor ons, omdat we gedijen op lof en beloningen. Met jouw geduldige begeleiding, liefde en genegenheid zullen we de gelukkigste Dwergschnauzer in de buurt zijn!

Concluderend, mijn dierbare menselijke metgezel, wij Dwergschnauzers zijn klein maar machtig. Onze pittige persoonlijkheid, onderscheidende uiterlijk en liefde voor het leven maken ons tot een charmante toevoeging aan elk gezin. Met jouw liefde, aandacht en een paar buikwrijvingen zullen we loyale metgezellen en harige bundels van vreugde zijn.

Laten we dus samen op een pootachtige reis gaan! Ik ben hier, kwispelend met mijn staart, klaar om de wereld aan jouw zijde te verkennen, eindeloze knuffels te delen en herinneringen te maken die ons hart nog jarenlang zullen verwarmen.

Woefs en kwispels,
Je Dwergschnauzer

Een onmisbare gids voor hondenliefhebbers

Hoofdstuk 14

Noorse Elandhond

Woef woef! Je harige vriend, de Noorse Elandhond, is hier om alle prachtige dingen over ons geweldige ras te delen. Maak je klaar voor een blaffende plezierige tijd vol loyaliteit, intelligentie en avontuur!

Laten we eerst eens praten over ons erfgoed. We hebben een trotse geschiedenis als oude Noordse jachthonden. We zijn oorspronkelijk gefokt om te helpen bij de jacht op groot wild, zoals elanden en beren, en ons scherpe reukvermogen en onze vastberadenheid maken ons uitstekende speurders.

We staan bekend om ons uithoudingsvermogen, behendigheid en vermogen om door ruige terreinen te navigeren. Onze voorouders zwierven door de bossen van Noorwegen, en vandaag de dag brengen we die onbevreesde geest in ons dagelijks leven. Als metgezellen zijn we ongelooflijk loyaal en beschermen we onze menselijke roedel. We vormen een diepe band met onze families en staan altijd klaar om aan uw zijde te staan. Onze sterke en krachtige schors maakt ons uitstekende waakhonden, die u waarschuwen voor elk potentieel gevaar. Wees gerust: met ons in de buurt voelt u zich altijd veilig.

Intelligentie is een van onze sterke punten. We leren snel en houden van een goede mentale uitdaging. Ons trainen is een fluitje van een cent, vooral als u positieve bekrachtigingsmethoden gebruikt. We gedijen op lof, traktaties en boeiende activiteiten. Met consistente training en veel mentale stimulatie zullen we u verbazen met onze probleemoplossende vaardigheden en gehoorzaamheid.

Laten we het nu hebben over onze prachtige dubbele vacht. Onze dikke vacht houdt ons warm, zelfs in de meest barre klimaten. Het vereist regelmatige verzorging om het in topvorm te houden en mattering te voorkomen. We werpen het hele jaar door matig en hebben een seizoensverharingsperiode waarin we wat

Verken de Donkere Kant van het Hondenleven

De verklarende pagina van uw hond

meer borstelen nodig hebben om onze vacht er op zijn best uit te laten zien. Het is een kleine prijs die we moeten betalen voor onze prachtige verschijning!

Als het op angst aankomt, kunnen sommigen van ons Noorse Elandhonden een beetje gevoelig zijn. Als we langere tijd alleen gelaten worden of harde geluiden ervaren, kunnen we ons een beetje ongemakkelijk voelen. Door ons een kalme en veilige omgeving en voldoende lichaamsbeweging en mentale stimulatie te bieden, kunnen onze zorgen worden verlicht. We stellen het op prijs dat we een routine hebben en betrokken worden bij gezinsactiviteiten om onze staart vrolijk te laten kwispelen.

Qua leefsituatie zijn wij veelzijdige honden. Hoewel we het prettig vinden om een veilige buitenruimte te hebben om te verkennen, kunnen we ons goed aanpassen aan verschillende leefomgevingen, zolang we maar voldoende beweging en mentale stimulatie hebben. We zijn een actief ras en gedijen goed in huishoudens die ons regelmatige fysieke activiteiten en mentale uitdagingen kunnen bieden.

Kortom, beste mens, wij Noorse Elandhonden zijn loyaal, intelligent en avontuurlijk. Onze rijke geschiedenis als jachthond en onze liefdevolle aard maken ons geweldige metgezellen voor degenen die onze unieke eigenschappen waarderen. Met jouw liefde, zorg en vele buitenactiviteiten zullen we de gelukkigste Noorse Elandhonden ter wereld zijn! Laten we dus samen een leven vol spannende avonturen beleven, gevuld met kwispelende staarten, grenzeloze energie en onvoorwaardelijke liefde.

Ik stuur je veel harige knuffels en enthousiaste kwispelende staarten,
Je Noorse Elandhond

Een onmisbare gids voor hondenliefhebbers

Hoofdstuk 14 **177**

Poedel
(standaard/mini/speelgoed)

Woef woef! Hallo daar, mijn menselijke maatje! Het is jouw Poedelvriend, klaar om in je hart te springen en alles te delen wat je over ons Poedels moet weten. Maak je klaar voor een avontuurlijk avontuur!

Laten we eerst eens praten over ons ras. Poedels zijn er in drie maten: standaard, miniatuur en speelgoed. We staan bekend om onze luxe gekrulde of koordjassen en onze elegante, verfijnde uitstraling. Laat je niet misleiden door ons mooie uiterlijk: we zijn speelse en intelligente pups!

Laten we nu eens duiken in onze unieke taal van geluiden. Wij poedels zijn behoorlijk expressief! We communiceren met een breed scala aan geluiden, van zacht gejank en geblaf tot opgewonden gepiep en speels gegrom. Wanneer we een reeks speelse blaffen laten horen, is het vaak onze manier om te zeggen: **laten we wat plezier maken!** En als we een laag, rommelend gegrom laten horen, kan dit onze manier zijn om je te laten weten dat we ons een beetje angstig of onzeker voelen.

Als het om angst gaat, kunnen sommige Poedels gevoelig zijn voor verlatingsangst. Wij zijn zeer sociale honden die gedijen op menselijk gezelschap. Onze mensen moeten ons dus voorzien van voldoende mentale en fysieke stimulatie en een veilige en geruststellende omgeving als u weg bent. Interactief speelgoed, puzzelspellen en het opzetten van een routine kunnen de angst die we ervaren helpen verlichten.

Laten we het hebben over onze voorkeuren en antipathieën. Poedels staan bekend om onze intelligentie en liefde voor leren. We vinden het leuk om mentaal uitgedaagd te worden en deel te nemen aan gehoorzaamheidstraining, behendigheid en hondensporten. Regelmatige lichaamsbeweging is belangrijk

Verken de Donkere Kant van het Hondenleven

De verklarende pagina van uw hond

om ons gelukkig en gezond te houden, maar vergeet mentaal nietoefen ook: leer ons nieuwe trucjes of speel interactieve spelletjes om onze geest scherp te houden!

Als het tijd is om te rusten, hebben wij Poedels elke dag ongeveer 10 tot 12 uur slaap nodig. We stellen het op prijs dat we een knus plekje hebben om in weg te kruipen, of het nu een zacht hondenbed is of een zacht hoekje van de bank. We doen niets liever dan dicht bij onze mensen liggen en zoete dromen dromen.

Wat de woonomstandigheden betreft, zijn Poedels aanpasbaar en kunnen ze zowel binnen als buiten gedijen. Hoewel we een warme en liefdevolle thuisomgeving waarderen, houden we ook van regelmatige uitstapjes en gezelligheid met andere honden. We zijn veelzijdige pups die zich kunnen aanpassen aan verschillende leefsituaties, zolang we maar de liefde en aandacht krijgen waar we naar verlangen.

Om ons welzijn te garanderen, moeten eigenaren ons regelmatig verzorgen, omdat onze gekrulde vacht onderhoud nodig heeft om ze klitvrij en gezond te houden. Regelmatige lichaamsbeweging en mentale stimulatie zijn van cruciaal belang, samen met trainingsmethoden voor positieve bekrachtiging die zich richten op op beloning gebaseerd leren. We willen graag behagen en reageren goed op complimenten en lekkernijen!
Kortom, beste mensen, wij Poedels zijn speels, intelligent en charmant. De unieke maten, geluiden en behoeften van ons ras maken ons echt speciaal. Vergeet niet dat we naar jou kijken voor liefde, zorg en spannende avonturen!

Laten we dus samen aan deze reis beginnen, mijn menselijke vriend. Met jouw geduld, begrip en veel buikwrijvingen creëren we een band die een leven lang meegaat. Maak je klaar voor kwispelende staarten, pluizige knuffels en heel veel Poedelliefde!

Veel liefs en kwispelende staartjes,
Jouw Poedel

Een onmisbare gids voor hondenliefhebbers

Hoofdstuk 14

Portugese Waterhond

Woef woef! Je harige vriend, de Portugese Waterhond, is hier om je over ons geweldige ras te vertellen. Maak je klaar voor een vleugje opwinding en een vloedgolf van liefde!

We zijn een uniek ras met een rijke geschiedenis, geworteld in Portugal, bekend om onze liefde voor water en onze schattige gekrulde vachten. Als waterhonden zijn we geboren om te zwemmen!

We hebben zwemvliezen en een waterdichte dubbele vacht die ons zelfs in koud water warm houdt. We zijn uitstekende zwemmers en natuurlijke redders in nood, en daarom zijn we al eeuwenlang de vertrouwde metgezellen van vissers. Of we nu speelgoed uit het zwembad halen of met je meegaan op strandavonturen, we duiken vrolijk het water in en pronken met onze indrukwekkende zwemvaardigheden! Maar het zijn niet alleen onze watertalenten die ons speciaal maken.

We zijn ook ongelooflijk slimme en snelle leerlingen. Ons trainen is een fluitje van een cent, vooral als u positieve bekrachtigingsmethoden gebruikt. We houden ervan onze mensenroedel te plezieren en zullen alles doen voor een smakelijke traktatie of een buikje wrijven. Onze intelligentie en gretigheid om het ons naar de zin te maken, maken ons perfecte kandidaten voor verschillende hondensporten en -activiteiten. Onze jassen zijn een bijzondere verschijning!

We zijn er in twee varianten: golvend en gekruld. Onze niet-afstotende jassen zijn hypoallergeen, waardoor we een uitstekende keuze zijn voor mensen met allergieën. Onze fantastische vacht heeft echter een regelmatige verzorging nodig om mattering te voorkomen en ervoor te zorgen dat deze er op zijn best blijft uitzien. Een beetje poetsen, hier en daar een trimbeurt, en voila! We zijn klaar om onze spullen in stijl te laten zien.

De verklarende pagina van uw hond

Als het op angst aankomt, zijn we over het algemeen een zelfverzekerd en extravert ras. Sommigen van ons kunnen echter gevoelige zielen zijn en kunnen angst ervaren bepaalde situaties. Door een rustige en veilige omgeving voor ons te creëren, door voldoende mentale en fysieke stimulatie te bieden en door ervoor te zorgen dat we een routine hebben, kunnen we onze staart vrolijk blijven kwispelen. We gedijen als we deel uitmaken van het gezin en genieten van activiteiten waarbij onze menselijke roedel betrokken is.

Wij zijn veelzijdig als het om woonvormen gaat. Hoewel we het op prijs stellen dat we toegang hebben tot een veilige buitenruimte waar we onze benen kunnen strekken, kunnen we ons aanpassen aan verschillende leefsituaties, zolang we maar voldoende beweging en mentale stimulatie krijgen. Vergeet niet dat een vervelende Portugese Waterhond een ondeugende Portugese Waterhond is, dus houd ons bezig met leuke activiteiten!

Kortom, beste mens, wij Portugese Waterhonden zijn loyaal, intelligent en vol waterrijke avonturen. Onze natuurlijke affiniteit met zwemmen, gekrulde jassen en speelse persoonlijkheden maakt ons tot een ras als geen ander. Met jouw liefde, aandacht en veel waterplezier worden wij de gelukkigste Portugese Waterhonden ter wereld! Laten we dus samen een leven vol vreugdevolle escapades beleven, gevuld met kwispelende staarten, natte kussen en onvoorwaardelijke liefde.

Ik stuur je een scheutje liefde en een grote staartkwispeling,
Uw Portugese Waterhond

Een onmisbare gids voor hondenliefhebbers

Hoofdstuk 14

Mopshond

Woef woef! Hallo daar, mijn geweldige menselijke vriend! Je schattige Mopshond-metgezel is hier, klaar om alle fantastische details over ons ongelooflijke ras te delen. Maak je klaar voor een absoluut charmante reis naar de wereld van Mopsen!

Laten we beginnen met de achtergrond van ons ras. Mopshonden zijn een bijzonder ras met een rijke geschiedenis die teruggaat tot het oude China. We waren dierbare metgezellen van Chinese keizers en werden zeer gewaardeerd vanwege onze loyaliteit en verrukkelijke persoonlijkheden. Met onze kenmerkende gerimpelde gezichten en gekrulde staarten zijn we net kleine bundeltjes schattigheid die vreugde brengen waar we ook gaan.

Laten we het nu hebben over onze unieke taal van geluiden. Oh, de geluiden die we maken! We hebben een behoorlijk stembereik, van ons schattige gesnuif en gesnuif tot ons speelse geblaf en af en toe gehuil. We gebruiken deze geluiden om onze opwinding en geluk uit te drukken en soms zelfs om uw aandacht te trekken. Luister gewoon goed, en je zult onze schattige mopshondtaal begrijpen!

Als het om angst gaat, kunnen wij Mopsen gevoelige zielen zijn. Veranderingen in de routine, te lang alleen blijven of zelfs harde geluiden kunnen ons een beetje angstig maken. Het bieden van een kalme en veilige omgeving, veel liefde en aandacht en het vasthouden aan een consistente routine kan ons helpen ons veilig en op ons gemak te voelen. Jouw aanwezigheid en genegenheid betekenen alles voor ons, en het is onze grootste troost tijdens die zorgelijke momenten.

Ah, laten we onze voorkeuren en antipathieën niet vergeten. Mopsen staan bekend om onze liefde voor gezelschap en knuffels! Wij vinden het heerlijk om bij je te zijn, lekker bij je op schoot te kruipen of een gezellig avondje met je mee

Verken de Donkere Kant van het Hondenleven

De verklarende pagina van uw hond

te gaan op de bank. We zijn misschien klein, maar ons hart loopt over van liefde en loyaliteit.

Als het tijd is om uit te rusten, nemen wij Mopsen onze schoonheidsslaapje serieus. Normaal gesproken hebben we elke dag ongeveer 12 tot 14 uur snoozetijd nodig om onze schattige batterijen op te laden. Wees dus niet verbaasd als je ons opgerold op de gezelligste plek van het huis aantreft, wegdommelend en dromend van lekkers en buikwrijvingen.

Wat onze woonsituatie betreft, mopshonden zijn veelzijdig en passen zich goed aan zowel binnen- als buitenomgevingen aan. We kunnen met plezier in appartementen, appartementen of ruime huizen wonen, zolang u maar gezelschap heeft en een comfortabele, ontspannende ruimte. Vergeet niet dat extreme temperaturen een uitdaging voor ons kunnen zijn, dus zorg ervoor dat u ons een koele en gezellige ruimte biedt tijdens hete zomers en warme dekens tijdens koude winters.

Om ons welzijn te garanderen, is het belangrijk dat we regelmatig aan lichaamsbeweging doen en een uitgebalanceerd dieet volgen. Hoewel we misschien geen intensieve fysieke activiteiten nodig hebben, zijn dagelijkse wandelingen, interactieve speeltijd en mentale stimulatie essentieel om ons gelukkig en gezond te houden. En vergeet natuurlijk niet om ons veel heerlijke lekkernijen en af en toe een buikmassage te geven – daar zijn wij dol op!

Kortom, beste mens, wij Mopsen zijn bundels van liefde, vreugde en schattig gesnuif. Onze fascinerende geschiedenis, unieke geluiden en aanhankelijke aard maken ons tot bijzondere metgezellen. Met jouw zorg, aandacht en veel buikwrijvingen zullen we de gelukkigste kleine mopshonden in de buurt zijn.
Laten we dus samen beginnen aan een leven vol onvergetelijke momenten, vol gelach, knuffels en eindeloze liefde. Maak je klaar voor een opmerkelijke band die een glimlach op je gezicht en warmte in je hart zal toveren!

Veel liefs en snuiven,
Jouw mopshond

Een onmisbare gids voor hondenliefhebbers

Hoofdstuk 14

Rottweiler

Woef woef! Hallo daar, mijn menselijke vriend! Het is je trouwe Rottweiler-metgezel, klaar om alle geweldige feiten over ons opmerkelijke ras te delen. Bereid je voor op een avontuur vol loyaliteit, kracht en eindeloze liefde!

Laten we beginnen met de achtergrond van ons ras. Rottweilers hebben een rijke geschiedenis als veelzijdige werkhonden. Oorspronkelijk geboren in Duitsland, hadden we de taak om vee te hoeden en onze menselijke families te beschermen. Met onze sterke lichaamsbouw en natuurlijke bewakingsinstincten zijn we uitstekende beschermers en loyale metgezellen.

Laten we het nu hebben over onze unieke taal van geluiden. Hoewel we misschien niet de meest luidruchtige honden zijn, communiceren we via een reeks diepe blaffen en grommen. Wanneer we met een krachtige, diepe toon blaffen, is dit onze manier om onze aanwezigheid te laten gelden en u te laten weten dat we ons bewust zijn van mogelijke bedreigingen. Het is onze manier om te zeggen: **ik sta achter je, mens!**

Als het om angst gaat, zijn wij Rottweilers gevoelige zielen. Harde geluiden, onbekende omgevingen of scheiding van onze geliefde mensen kunnen ons soms een ongemakkelijk gevoel geven. Het bieden van een veilige ruimte, het gebruik van positieve bekrachtigingstechnieken en het geven van veel liefde en geruststelling kan ons helpen onze angst te verlichten en ons een veilig en beschermd gevoel te geven.

Laten we onze voorkeuren en antipathieën niet vergeten. Rottweilers staan bekend om onze niet aflatende loyaliteit en genegenheid jegens onze menselijke roedel. We vinden het leuk om deel uit te maken van uw dagelijkse activiteiten en vinden het leuk om betrokken te zijn bij familie-uitjes en avonturen. We

Verken de Donkere Kant van het Hondenleven

De verklarende pagina van uw hond

vinden het heerlijk om bij je in de buurt te zijn, buikwrijvingen te ontvangen en onze toewijding te tonen met zachte duwtjes en kwijlende kusjes.

Als het tijd is om uit te rusten en op te laden, waarderen wij Rottweilers een knus plekje om in weg te kruipen. Normaal gesproken hebben we dagelijks ongeveer 10 tot 12 uur kwaliteitsslaap nodig om onze geest en ons lichaam in vorm te houden. Door ons te voorzien van een comfortabel bed of een aangewezen plek om ons terug te trekken en te ontspannen, voelen we ons verjongd en klaar voor nieuwe avonturen.

Wat de woonsituatie betreft, kunnen wij Rottweilers zich goed aanpassen aan verschillende omgevingen. Of het nu een ruime tuin of een appartement is, het allerbelangrijkste is het hebben van een liefdevolle en actieve menselijke metgezel. We hebben regelmatige lichaamsbeweging en mentale stimulatie nodig, dus dagelijkse wandelingen, speeltijd en boeiende activiteiten zullen ons gelukkig en in evenwicht houden.

Om ons welzijn te garanderen, moeten eigenaren ons vanaf jonge leeftijd de juiste training en socialisatie geven. We reageren goed op consistente, positieve bekrachtigingstechnieken en gedijen goed als we duidelijke grenzen en verwachtingen krijgen. Met een liefdevolle en stevige hand zullen we uitgroeien tot goed opgevoede, zelfverzekerde metgezellen die graag willen behagen.

Kortom, beste mens, wij Rottweilers zijn moedig, loyaal en vol liefde. Onze rijke geschiedenis, unieke geluiden en beschermende aard maken ons echt speciaal. Met uw liefde, begeleiding en begrip van onze behoeften zullen wij de meest toegewijde en trouwe metgezellen zijn waar u ooit op kunt hopen.

Dus, ben je klaar om samen met je Rottweiler-maatje aan een reis vol loyaliteit en avontuur te beginnen? Laten we samen de wereld verkennen, uitdagingen moedig aangaan en herinneringen creëren die een leven lang meegaan. Maak je klaar voor een band die sterker zal worden met elke kwispelstaart en elk moment van gedeelde vreugde!

Veel liefs en kwijlende kusjes,
Jouw Rottweiler

Een onmisbare gids voor hondenliefhebbers

Hoofdstuk 14

Shiba Inu

Woef woef! Hallo, mijn nieuwsgierige en onafhankelijke menselijke metgezel! Het is je trouwe Shiba Inu-vriend, hier om de boeiende wereld van ons pittige ras te delen. Bereid je voor op een heerlijke verkenning vol charme, vastberadenheid en een vleugje kattenkwaad!

Laten we beginnen met wat rasinformatie. Wij Shiba Inus zijn van Japanse afkomst en hebben een rijk erfgoed. Ons vosachtige uiterlijk, boeiende ogen en trotse houding zorgen ervoor dat we overal de aandacht trekken. We zijn gefokt als jachthonden en bezitten een aangeboren gevoel van onafhankelijkheid en een sterke geest die ons onderscheidt.

Als het op communicatie aankomt, hebben we onze eigen unieke manier om onszelf uit te drukken. We zijn niet de meest luidruchtige hond, maar als we wel praten, is het meestal met een zachte en vriendelijke **boef** of een hoge **jodel**, wat best grappig kan zijn. Onze expressieve ogen en lichaamstaal zijn de sleutel tot het begrijpen van onze stemmingen en verlangens. Een speelse stuitering en een kwispelende staart duiden op onze opwinding, terwijl een subtiele draai van het hoofd nieuwsgierigheid of een vleugje koppigheid kan betekenen.

Wij Shiba Inu kunnen af en toe angst ervaren, vooral als we worden geconfronteerd met onbekende situaties of routinematige veranderingen. Het bieden van een rustige, voorspelbare omgeving en positieve bekrachtigingstraining zal ons helpen ons veilig te voelen. Geduld en begrip kunnen ons helpen om met vertrouwen door de wereld te navigeren. Bedenk dat we misschien onafhankelijk zijn, maar toch uw liefde en geruststelling nodig hebben.

Laten we ons verdiepen in onze voorkeuren en antipathieën. Wij Shiba Inu hebben een sterk gevoel voor avontuur en nieuwsgierigheid. Het verkennen van

Verken de Donkere Kant van het Hondenleven

De verklarende pagina van uw hond

nieuwe geuren en omgevingen is een favoriet tijdverdrijf. We houden van lange wandelingen, interactieve speelsessies en puzzelen speelgoed dat onze scherpe geest uitdaagt. Onze ondeugende aard kan ertoe leiden dat we ons favoriete speelgoed verstoppen of je speels plagen tijdens een spelletje apporteren. Omarm ons gevoel voor humor en u zult beloond worden met onze loyaliteit en aanstekelijk geluk.

Als het tijd is om uit te rusten, stellen we het op prijs dat we onze gezellige plek hebben om ons terug te trekken. Hoewel onze slaapbehoeften kunnen variëren, hebben we doorgaans ongeveer 12 tot 14 uur slaap per dag nodig. Je vindt ons vaak opgerold in een comfortabel hoekje of lekker luierend in de zon, terwijl we onze energie opladen voor ons volgende avontuur.

Wat de woonsituatie betreft, kunnen wij Shiba Inu zich goed aanpassen aan zowel binnen- als buitenomgevingen. Wij geven echter de voorkeur aan een veilig omheinde tuin waar we onze nieuwsgierige aard kunnen ontdekken en bevredigen. Socialisatie is voor ons van cruciaal belang, omdat het ons helpt vertrouwen en positieve interacties met andere honden en mensen op te bouwen. Vroege socialisatie en consistente training zullen ons helpen om veelzijdige en sociale metgezellen te worden.

Om ons welzijn te garanderen, moeten eigenaren ons mentale stimulatie en boeiende activiteiten bieden. Puzzelspeelgoed, interactieve spellen en gehoorzaamheidstraining die onze slimme geest uitdagen, zullen ons gelukkig en tevreden houden. Positieve bekrachtigingsmethoden werken het beste voor ons, omdat we goed reageren op lof en beloningen. Vergeet niet dat we geen fan zijn van repetitieve taken, dus houd onze trainingssessies leuk en gevarieerd.

Concluderend, beste mens, wij Shiba Inu zijn pittig, onafhankelijk en uiterst charmant. Onze unieke communicatiestijl, liefde voor avontuur en loyaliteit maken ons tot bijzondere metgezellen. Met jouw geduld, begrip en een vleugje speelsheid vormen we een onbreekbare band die een leven lang meegaat.

Laten we dus samen aan een spannende reis beginnen, vol vreugde, gelach en onvergetelijke momenten. Ik ben klaar om je te vergezellen op elk avontuur, kwispelend en mijn Shiba Inu-charme te delen.

Met liefde en een speelse boof,
Jouw Shiba Inu

Een onmisbare gids voor hondenliefhebbers

Hoofdstuk 14

Shih Tzu

Woef woef! Hallo daar, mijn geweldige menselijke metgezel! Je donzige en fantastische Shih Tzu-vriend is hier om alle kwispelende details over ons prachtige ras te delen. Maak je klaar voor een reis vol charme, gezelschap en heel veel liefde!

Laten we beginnen met de achtergrond van ons ras. Shih Tzu's werden oorspronkelijk in China gefokt als metgezellen voor het koninklijk huis, en sindsdien brengen we mensen vreugde en geluk. Met onze prachtige lange jassen, expressieve ogen en lieve temperament stelen wij binnen de kortste keren jouw hart!

Laten we het nu hebben over onze unieke taal van geluiden. Hoewel we misschien niet de meest vocale pups zijn, hebben we een speciale manier van communiceren. We gebruiken een scala aan schattige geluiden om onze emoties te uiten. Van zacht en zacht blaffen tot schattige kleine grommen en snuiven, we hebben een geheel eigen taal. Schenk aandacht aan de toon en toonhoogte van onze geluiden, omdat deze kunnen overbrengen of we opgewonden of tevreden zijn, of op zoek zijn naar uw aandacht en genegenheid.

Als het om angst gaat, kunnen wij Shih Tzu's gevoelige kleine zielen zijn. Veranderingen in de routine, harde geluiden of scheiding van onze dierbaren kunnen ons een beetje nerveus maken. Het bieden van een kalme en verzorgende omgeving, het consistent houden van onze dagelijkse routines en het overladen van ons met liefde en geruststelling zullen een grote bijdrage leveren aan het op afstand houden van onze angsten. Uw rustgevende aanwezigheid en vriendelijke woorden kunnen wonderen verrichten door ons een veilig en geborgen gevoel te geven.

Ah, laten we onze voorkeuren en antipathieën niet vergeten. Wij Shih Tzus zijn er absoluut dol op om quality time met onze mensen door te brengen. We gedijen

Verken de Donkere Kant van het Hondenleven

De verklarende pagina van uw hond

op gezelschap en houden ervan om in het middelpunt van de belangstelling te staan. Of het nu gaat om lekker op de bank liggen, een ontspannen wandeling maken of gewoon bij u in de buurt zijn terwijl u bezig bent Elke dag zijn we het gelukkigst als we aan jouw zijde staan en ons koesteren in jouw liefde en genegenheid.

Als het tijd is om onze kleine pootjes te laten rusten, waarderen we een knus en comfortabel plekje om in weg te kruipen. Normaal gesproken hebben we elke dag ongeveer 12 tot 14 uur schoonheidsslaapje nodig om onze luxe jassen er op hun best uit te laten zien en onze grenzeloze energie te behouden. Door ons te voorzien van een zacht, zacht bed of een warme schoot om op te dutten, zullen we ons het verwende koningshuis voelen waarvoor we geboren zijn.

Wat de woonsituatie betreft, wij Shih Tzus zijn behoorlijk flexibel. We kunnen gedijen in verschillende omgevingen, of het nu een gezellig appartement of een ruime woning is. Bedenk echter dat we niet gebouwd zijn voor zware buitenactiviteiten of extreme weersomstandigheden. Een gematigde trainingsroutine, bestaande uit korte wandelingen en rustige speeltijd, zal ons gelukkig en gezond houden.

Om ons welzijn te garanderen, moeten eigenaren ons regelmatig verzorgen. Onze lange, zijdezachte jassen moeten dagelijks worden geborsteld om klitten en matten te voorkomen. Een bezoek aan de trimmer om de paar weken zal ervoor zorgen dat we er op ons best uitzien en ons op ons gemak voelen. Vergeet niet onze schattige oortjes te controleren en schoon te houden om vervelende infecties te voorkomen.

Kortom, beste mens, wij Shih Tzu's zijn verrukkelijk, liefdevol en vol persoonlijkheid. Onze vorstelijke geschiedenis, unieke geluiden en aanhankelijke aard maken ons echt speciaal. Met jouw liefde, zorg en aandacht voor onze behoeften, zullen wij de meest toegewijde en lieve metgezellen zijn die je je maar kunt wensen.

Dus, ben je klaar voor een leven lang knuffelen, lachen en puur plezier met je Shih Tzu-maatje? Laten we samen talloze gelukkige herinneringen creëren, kwispelende staart en natte neus tegelijk. Maak je klaar voor een band die je hart zal verwarmen en je een eindeloze glimlach zal bezorgen!

Veel liefs en kwijlende kusjes,
Jouw Shih Tzu

Een onmisbare gids voor hondenliefhebbers

Hoofdstuk 14

Siberische husky

Woef woef! Hallo, mijn menselijke vriend! Het is jouw Siberische Husky-maatje, klaar om je mee te nemen op een spannende reis naar de wereld van Husky's. Maak je klaar voor een geweldige tijd!

Laten we beginnen met de achtergrond van ons ras. Siberische Huskies werden oorspronkelijk gefokt door de Chukchi-bevolking in Siberië voor sleeën en transportdoeleinden. Onze voorouders waren sterk en hardwerkend, gebouwd voor uithoudingsvermogen en het koude Arctische klimaat. Tegenwoordig hebben we deze eigenschappen nog steeds, waardoor we fantastische metgezellen zijn voor buitenavonturen!

Laten we het nu hebben over onze taal van geluiden. Oh, de unieke vocalisaties die wij Huskies hebben! We staan bekend om ons kenmerkende gehuil, variërend van kort en scherp tot lang en melodieus. Als we huilen, is het onze manier om met onze roedel te communiceren of onze emoties te uiten, zoals geluk, opwinding of zelfs een beetje kattenkwaad!

Als het op angst aankomt, kunnen wij Huskies soms een geval van de **Zoomies krijgen** als we teveel energie hebben om te verbranden. Regelmatige lichaamsbeweging en mentale stimulatie zijn cruciaal voor ons welzijn. Lange wandelingen, hardloopsessies en interactieve speelsessies helpen ons tevreden te blijven en ongewenst gedrag te voorkomen. Dus pak die riem, trek je schoenen aan en laten we samen de natuur in gaan!

Laten we het nu hebben over onze voorkeuren en antipathieën. Huskies hebben een sterke liefde voor grote open ruimtes en voldoende ruimte om te verkennen. Wij zijn geboren om te rennen! Dus als we toegang hebben tot een veilig omheinde tuin of voldoende mogelijkheden voor avonturen in de natuur zonder

Verken de Donkere Kant van het Hondenleven

De verklarende pagina van uw hond

leiband, zullen we echt gelukkig zijn. Kijk maar eens naar onze opwinding terwijl we door velden, bossen en besneeuwde landschappen rennen!

Slaap is ook belangrijk voor ons Huskies, maar we zijn een beetje anders dan andere rassen. Normaal gesproken hebben we elke dag ongeveer 14 tot 16 uur slaap nodig, maar we kunnen wat flexibeler zijn met onze slaappatronen. Het kan zijn dat we de hele dag korte dutjes doen en 's avonds lekker uitslapen. Het draait allemaal om het vinden van de perfecte balans tussen rust en spel!

Wat de woonsituatie betreft, wij Huskies kunnen ons aanpassen aan zowel binnen- als buitenomgevingen. Vanwege onze sterke instincten en hoge energieniveaus gedijen we echter in huizen met actieve eigenaren die voldoende beweging en mentale stimulatie kunnen bieden. Een ruime tuin of toegang tot nabijgelegen parken en paden is voor ons een droom die uitkomt!

Om ons welzijn te garanderen, moeten eigenaren onze natuurlijke instincten begrijpen. Huskies zijn intelligente en onafhankelijke denkers, dus consistente en positieve bekrachtigingstraining is van cruciaal belang. We reageren goed op op beloningen gebaseerde methoden en gedijen goed bij mentale uitdagingen, zoals puzzelspeelgoed of gehoorzaamheidstraining. Met de juiste begeleiding en veel liefde kunnen wij de meest loyale en goed opgevoede metgezellen zijn.

Kortom, beste mens, wij Huskies zijn avontuurlijk, speels en vol liefde. De achtergrond van ons ras, de unieke geluiden en de behoefte aan buitenactiviteiten maken ons echt speciaal. Met jouw liefde, zorg en toewijding om ons een actieve en stimulerende levensstijl te bieden, zullen we de gelukkigste en meest toegewijde metgezellen zijn die je je maar kunt voorstellen!

Dus, ben je klaar om spannende avonturen te beleven met je Siberische Husky-vriend? We veroveren samen de paden, verkennen nieuwe gebieden en creëren onvergetelijke herinneringen. Maak je klaar voor kwispelende staarten, vrolijk gehuil en een leven lang Husky-liefde!

Veel liefs en kwijlende kusjes,
Je Siberische Husky

Een onmisbare gids voor hondenliefhebbers

Hoofdstuk 14

Staffordshire-bulterriër

Woef woef! Hallo daar, mijn geweldige menselijke vriend! Uw Staffordshire Bull Terrier-maatje is hier, klaar om u te informeren over alle geweldige dingen over ons ras. Maak je klaar voor een fantastisch avontuur!

Laten we beginnen met onze achtergrond. Staffordshire Bull Terriers, ook wel kortweg Staffie genoemd, staan bekend om hun vriendelijke en aanhankelijke karakter. We hebben een rijke geschiedenis als moedige en loyale werkhonden, oorspronkelijk gefokt voor bullbaiting. In de loop van de tijd zijn we geëvolueerd tot zachtaardige en liefdevolle gezinsgenoten, die harten winnen met onze schattige glimlach en kwispelende staarten.

Als het om communicatie gaat, zijn wij niet de stilste groep. We houden ervan om ons geluk en onze opwinding te uiten door middel van speels geblaf, gegrom en zelfs af en toe een gehuil. Onze expressieve gezichten en kwispelende staarten tonen ons enthousiasme voor het leven en onze liefde voor mensen. Oh, en had ik onze beroemde Staffie-glimlach al genoemd? Het kan zelfs de somberste dagen opvrolijken!

Angst is iets dat ons allemaal kan treffen, ook Staffie. We kunnen ons soms angstig voelen als we te maken krijgen met harde geluiden, een nieuwe omgeving of als we gescheiden zijn van onze geliefde mensen. Onze mensen moeten een kalme en veilige omgeving bieden, positieve bekrachtiging bieden en ons geleidelijk blootstellen aan nieuwe ervaringen om ons te helpen vertrouwen op te bouwen. Uw begrip en geduld betekenen veel voor ons!

Laten we het nu eens hebben over wat ons, Staffie, echt gelukkig maakt. Wij gedijen op liefde, aandacht en veel speeltijd! We vinden het heerlijk om deel uit te maken van een actief en aanhankelijk gezin, waar we genieten van dagelijkse

Verken de Donkere Kant van het Hondenleven

De verklarende pagina van uw hond

wandelingen, interactieve spelletjes en trainingssessies. Mentale en fysieke stimulatie is de sleutel om ons gelukkig en tevreden te houden. Oh, en buikpijn! Wij smelten absoluut voor buikwrijvingen!

Als het op slapen aankomt, zijn we niet de meest luie honden, maar we waarderen onze schoonheidsrust. We hebben dagelijks ongeveer 12 tot 14 uur slaap nodig om onze batterijen op te laden. Misschien vind je ons duttend op ons favoriete, gezellige plekje of lekker naast je op de bank, dromend van het achtervolgen van ballen en spelen met ons favoriete speelgoed.

Wat onze woonarrangementen betreft, kunnen we ons aanpassen aan verschillende omgevingen. Of het nu gaat om een ruim huis of een gezellig appartement, zolang we voldoende beweging en quality time met onze mensen hebben, zijn we gelukkige kampeerders. In hart en nieren zijn we binnenhonden, maar we vinden het ook leuk om de natuur te verkennen tijdens avonturen met onze mensen.

Regelmatige lichaamsbeweging, een uitgebalanceerd dieet en routinematige veterinaire controles zijn belangrijk om ons gezond en welvarend te houden. We hebben misschien een sterke en gespierde lichaamsbouw, maar we hebben ook een gevoelige kant die verzorging nodig heeft. Jouw liefde, zorgzaamheid en verantwoordelijkheidsgevoel zijn de beste geschenken die je ons kunt geven!

Kortom, beste menselijke metgezel, wij Staffordshire Bull Terriers zijn bundels van liefde, loyaliteit en pure vreugde. Onze rijke geschiedenis, expressieve gezichten en levenslust maken ons echt bijzonder. Met jouw liefde, begeleiding en veel buikwrijvingen zullen we de gelukkigste en meest toegewijde metgezellen zijn die je ooit zou kunnen wensen.

Laten we dus samen een leven vol avonturen beleven, vol staartkwispelen, kwijlende kusjes en onvergetelijke herinneringen. Ik ben hier om je eeuwige vriend te zijn en je te overladen met eindeloze liefde!

Met al mijn liefde en kwispelende staart,
Uw Staffordshire-bulterriër

Hoofdstuk 14

Volpino Italiano

Woef woef! Het is je schattige Volpino Italiano-maatje hier, klaar om alle pootachtige details over ons prachtige ras te delen. Bereid je voor op een fantastische reis door onze charmante wereld! We zijn misschien klein van formaat, maar we hebben een hart zo groot als het Italiaanse platteland.

Laten we het eerst eens hebben over ons uiterlijk. Met onze donzige, pluche jassen en heldere, expressieve ogen zijn wij het toonbeeld van schattigheid. Onze vacht is verkrijgbaar in verschillende kleuren, waaronder wit, crème en rood, en vereist regelmatige verzorging om er fantastisch uit te zien. Een beetje borstelen hier en daar zorgt ervoor dat onze jassen onberispelijk blijven en onze staarten kwispelen van genot.

Laat u niet misleiden door onze kleine gestalte. We hebben persoonlijkheden die een klap uitdelen! We staan bekend als levendig, alert en zeer loyaal aan onze menselijke families. We houden ervan om aan uw zijde te staan, of het nu gaat om uw dagelijkse wandelingen, om op schoot te kruipen voor een knuffelsessie, of gewoon om het middelpunt van de aandacht te zijn in welke kamer dan ook. Onze charmante houding en vriendelijke aard maken ons uitstekende metgezellen voor mensen van alle leeftijden.

Als intelligente kleine pups leren we snel en gedijen we goed bij mentale stimulatie. Betrek onze geest met puzzelspeelgoed, interactieve spellen en positieve bekrachtigingstraining, en we zullen je laten zien hoe slim we zijn! We hebben een natuurlijke nieuwsgierigheid die ons ertoe aanzet de wereld om ons heen te verkennen, dus het is belangrijk om ons voldoende mentale en fysieke bewegingsmogelijkheden te bieden om ons gelukkig en evenwichtig te houden.

De verklarende pagina van uw hond

Als het op angst aankomt, kunnen sommigen van ons, Volpino Italianos, gevoelige zielen zijn. Harde geluiden, een nieuwe omgeving of langdurig alleen zijn kunnen ons een ongemakkelijk gevoel geven. Het creëren van een rustige en geruststellende omgeving voor ons, samen met geleidelijke desensibilisatie en positieve bekrachtigingstraining, kunnen onze zorgen helpen verlichten. Met jouw liefdevolle aanwezigheid en geruststelling zullen we ons binnen de kortste keren veilig en geborgen voelen.

Woonarrangementen? We zijn aanpasbare kleine lieverds. Hoewel we goed kunnen gedijen in appartementen en huizen, stellen we het op prijs dat we een veilige buitenruimte hebben waar we kunnen verkennen en spelen. Houd ons wel in de gaten, want we zijn nogal avontuurlijk en kunnen proberen alles achterna te gaan wat onze aandacht trekt.

Kortom, beste mens, wij Volpino Italianos zijn kleine bundels van vreugde. Ons schattige uiterlijk, vriendelijke persoonlijkheid en intelligentie maken ons onweerstaanbare metgezellen. Met jouw liefde, aandacht en veel speeltijd zullen wij de gelukkigste Volpino Italianos in de buurt zijn! Laten we dus samen een leven vol heerlijke avonturen beleven, gevuld met kwispelende staarten, natte kussen en eindeloze liefde.

Ik stuur je een stortvloed aan knuffels en kwispelende staarten,
Uw Volpino Italiano

Een onmisbare gids voor hondenliefhebbers

Welshe springerspaniël

Woef woef! Het is uw vriendelijke Welsh Springer Spaniel, die graag met mijn staart kwispelt en alles wil delen wat u moet weten over ons geweldige ras. Laten we samen duiken in de wondere wereld van Welshie!

Laten we het eerst eens hebben over ons mooie uiterlijk. Wij zijn echte blikvangers met onze zachte, golvende jassen in rood-witte tinten. Onze slappe oren en gevoelvolle ogen geven ons een onweerstaanbare charme die harten doet smelten, waar we ook gaan. Of je nu aan het ravotten bent in het park of lekker op de bank ligt, onze mooie looks maken altijd een statement.

Maar het gaat bij ons Welsh Springer Spaniels niet alleen om het uiterlijk. We zijn intelligent, levendig en vol energie. We zijn altijd in voor een avontuur of een spelletje apporteren, waardoor we uitstekende metgezellen zijn voor actieve individuen of gezinnen. We gedijen goed door beweging, dus wees voorbereid op veel wandelingen, speeltijd en misschien zelfs wat behendigheidstraining om ons mentaal en fysiek gestimuleerd te houden.

Over gezelschap gesproken: we staan bekend om onze liefdevolle en aanhankelijke aard. We zijn dol op onze menselijke families en gedijen als we deel uitmaken van de roedel. Of we nu op de bank knuffelen of je door het huis volgen, we staan altijd aan je zijde, klaar om je te overladen met kusjes en kwispelend van genot.

Laten we het nu hebben over angst. Zoals veel honden kunnen wij Welshie in bepaalde situaties soms angst ervaren. Veranderingen in de routine, harde geluiden of langdurig alleen zijn kunnen ons een ongemakkelijk gevoel geven. Maar vrees niet! Met uw liefde, geduld en een beetje extra zorg kunnen we deze zorgen overwinnen. Het opzetten van een routine, het bieden van een gezellig hol

De verklarende pagina van uw hond

waar we in kunnen ontspannen en gebruiken trainingsmethoden voor positieve bekrachtiging kunnen ons een heel eind helpen ons veilig en geborgen te voelen.

Woonarrangementen? We zijn flexibel en kunnen ons aanpassen aan verschillende omgevingen, maar we stellen het op prijs dat we een veilige buitenruimte hebben waar we naar hartenlust kunnen verkennen en snuiven. We hebben een natuurlijk instinct voor jagen en speuren, dus het is belangrijk voor ons welzijn dat we de mogelijkheid hebben om onze neus te gebruiken en deel te nemen aan mentaal stimulerende activiteiten.

Kortom, beste mens, wij Welsh Springer Spaniels zijn een bundel liefde, energie en loyaliteit. Ons knappe uiterlijk, intelligentie en aanhankelijke karakter maken ons de perfecte metgezellen voor degenen die een actieve en liefdevolle harige vriend waarderen. Met jouw liefde en aandacht zullen wij de gelukkigste Welshie van de buurt zijn, klaar om aan jouw zijde een leven vol vreugdevolle avonturen te beleven.

Ik stuur je kwispelen en kusjes, Jouw
Welshe springerspaniël

Een onmisbare gids voor hondenliefhebbers

Hoofdstuk 14 197

Yorkshireterriër

Woef woef! Hallo daar, mijn menselijke maatje! Je Yorkshire Terrier-vriend is hier om je alle sappige details over ons Yorkies te geven. Maak je klaar voor een geweldige reis door onze wereld!

Laten we eerst eens praten over ons ras. Wij Yorkies zijn klein van formaat, maar groot van persoonlijkheid. We komen oorspronkelijk uit Engeland en zijn oorspronkelijk gefokt om op ratten te jagen in textielfabrieken. Laat je echter niet voor de gek houden door ons kleine formaat: we hebben een pittige en onverschrokken geest waardoor we ons onderscheiden van de rest!

Laten we nu eens praten over onze unieke taal van geluiden. We zijn misschien klein, maar ons geblaf kan een klap uitdelen! Wanneer we een reeks snelle blaffen laten horen, is dit meestal onze manier om u te laten weten dat iemand of iets ons territorium nadert. En als we een hoge, opgewonden kreet laten horen, betekent dit dat we barsten van vreugde en klaar zijn voor wat plezier!

Als het om angst gaat, kunnen wij Yorkies soms een beetje gevoelig zijn. We kunnen een beetje zenuwachtig worden in onbekende situaties of bij harde geluiden. Door ons een veilige en gezellige ruimte te bieden waar we ons kunnen terugtrekken, zachte geruststelling te bieden met rustgevende woorden en ons veel knuffels te geven, kunnen we ons angstige hart kalmeren. Vergeet niet dat uw liefdevolle aanwezigheid alles voor ons betekent!

Laten we nu eens kijken naar onze voorkeuren en antipathieën. Yorkies staan bekend om onze elegante en glamoureuze uitstraling. Wij houden ervan om onze spullen te laten zien met onze weelderige, zijdezachte jassen en modieuze accessoires. Verzorging is essentieel om ons er op onze best uit te laten zien, dus regelmatig poetsen, knippen en af en toe een uitstapje naar de hondenspa zullen ons het gevoel geven dat we koninklijk zijn!

Verken de Donkere Kant van het Hondenleven

De verklarende pagina van uw hond

We zijn misschien klein als het om slapen gaat, maar we hebben nog steeds onze schoonheidsrust nodig. Normaal gesproken hebben we dagelijks ongeveer 14 tot 16 uur slaap nodig om onze kleine batterijen op te laden. Wees dus niet verbaasd als je ons opgerold op de gezelligste plek van het huis aantreft, dromend van speeltijd en lekkere lekkernijen.

Wat onze woonomstandigheden betreft, kunnen we ons goed aanpassen aan zowel binnen- als buitenomgevingen. Onze kleine omvang maakt ons echter meer geschikt voor een levensstijl binnenshuis. We houden ervan dicht bij onze menselijke metgezellen te zijn en ons op hun schoot te nestelen voor een goede hechting. Het creëren van een veilige en verrijkende binnenomgeving voor ons, compleet met speelgoed, zachte bedden en interactieve speeltijd, zal ons doen kwispelen van vreugde!

Om ons welzijn te garanderen, moeten eigenaren ons mentale stimulatie en socialisatie bieden. Dagelijkse wandelingen in de buurt, interactief puzzelspeelgoed en gehoorzaamheidstrainingen zullen onze geest scherp houden en onze staart kwispelen. Positieve bekrachtiging en zachte begeleiding doen wonderen voor ons, omdat we het beste reageren op liefde en beloningen.

Kortom, beste mens, wij Yorkies zijn pittig, aanhankelijk en charmant. De unieke geluiden, behoeften en glamoureuze aard van ons ras maken ons speciaal. Met jouw liefde, zorg en veel buikwrijvingen zullen wij de gelukkigste en meest stijlvolle metgezellen aan jouw zijde zijn!

Laten we dus samen aan dit avontuur beginnen, mijn menselijke vriend. Met jouw begeleiding en eindeloze genegenheid creëren we een band die een leven lang meegaat. Maak je klaar voor kwispelende staarten, schattige capriolen en heel veel Yorkie-liefde!

Veel liefs en kwijlende kusjes,
Jouw Yorkshireterriër

Een onmisbare gids voor hondenliefhebbers

Hoofdstuk 15

10 uitstekende websites

Woef woef! Als harige vriend die de uitdagingen van angst begrijpt, ben ik hier om een aantal geweldige websites te delen die zowel jou als je dierbare pups kunnen helpen. Deze websites bieden waardevolle bronnen, tips en ondersteuning voor het beheersen van angst bij honden. Van het begrijpen van de tekenen en oorzaken van angst tot het implementeren van effectieve technieken om stress te verminderen, deze sites hebben het allemaal.

1.   PetMD

Ik wil je graag voorstellen aan PetMD, de perfecte online bestemming voor alles wat met de gezondheid en verzorging van huisdieren te maken heeft! Het is als een virtueel hondenpark dat waardevolle informatie biedt voor honden, coole katten en andere harige vrienden. PetMD dekt verschillende gezondheidsproblemen waarmee wij honden te maken kunnen krijgen, van gewone snuffels tot ernstige problemen, en helpt ouders van huisdieren symptomen te herkennen en weloverwogen beslissingen te nemen over ons welzijn. Ze geven ook tips over hondenvoeding, gedrag, training, verzorging en preventieve zorg. Het is een one-stop-schors-tastische hulpbron voor al onze behoeften op het gebied van gezondheid en geluk! Scan de QR-code of gebruik de link.
https://www.petmd.com/

2.   **Fear Free Happy Homes** is de schatkamer van elke huisdiereigenaar, boordevol hulpmiddelen en advies. Hun website omvat alles, van het beheersen van hondenangst tot algemeen huisdiergedrag en welzijn. Duik in hun verzameling artikelen, video's, webinars en vergeet niet hun inzichtelijke podcasts te verkennen. Scan de QR-code of gebruik de link.
https://www.fearfreehappyhomes.com/

Ontdek de donkere kant van het hondenleven

10 uitstekende websites

3. **Whole Dog Journal** is ons soort plek: het is een website en tijdschrift vol met honden van alles! Ze hebben de allernieuwste informatie over angst, met artikelen over het herkennen en omgaan ermee, plus recensies van angstverdrijvende goodies. Voor pupouders die ernaar streven ons het beste te geven, is dit een eersteklas hulpbron. Dus laten we lekker ontspannen op de bank gaan zitten en samen ons magazine lezen, vergeet niet mij ook wat lekkers te geven. Inslag! Scan de QR-code of gebruik de link.
http://www.whole-dog-journal.com

4. **Bondivet** is een Australische website die hulpmiddelen en advies biedt over de gezondheid en het welzijn van huisdieren. Ze bieden artikelen, video's en andere bronnen over verschillende onderwerpen die verband houden met de verzorging van huisdieren, waaronder gedrag en training. Heeft ook een overzicht van dierenklinieken en ziekenhuizen in Australië, samen met een forum waar eigenaren van gezelschapsdieren vragen kunnen stellen en advies kunnen delen. Scan de QR-code of gebruik de link. https://bondivet.com

5. **DogTV (Honden -TV)**
OMG, kun je geloven dat we onze geweldige tv-zender hebben?! Je vindt daar een heleboel video's - van rustgevende deuntjes tot zen-beelden en zelfs enkele speciale hondenshows. Het is net ons eigen entertainmentcentrum, perfect voor als onze mensen er niet zijn. Het is alsof je een harige vriend op het scherm hebt, die ons gezelschap houdt en ons helpt de eenzaamheid en verveling te verslaan. Het is als een kwispelende speeltuin in de digitale wereld. **DogTV.com** is als een hondendroom die uitkomt!
Scan de QR-code of gebruik de link. https://www.dogtv.com/

Een must-have-gids voor hondenliefhebbers

Hoofdstuk 15

6.   **ThunderShirt** . Woef, weet je nog dat ik erover blafte in hoofdstuk 5? Dit pootachtige bedrijf maakt dingen om ons koel en ontspannen te houden. Hun sterproduct, het ThunderShirt, omhelst ons nauwsluitend om de angst te verminderen. De website deelt hoe deze magische verpakking werkt en haalt u bronnen en artikelen op voor het omgaan met hondenstress. Het is een waardevol hulpmiddel voor eigenaren van gezelschapsdieren die op zoek zijn naar een niet-invasieve oplossing om hun angstige honden te kalmeren. Scan de QR-code of gebruik de link. https://thundershirt.com/

7.   **Dierenartschat** : Laat me kwispelen van opwinding terwijl ik je vertel over een pootachtige website genaamd "Ask a Veterinarian Online"!

Het is alsof u een virtuele dierenartskliniek binnen handbereik heeft! Ze hebben meer dan 12.000 experts die 196 landen ondersteunen in 700 categorieën met 4 talen! Van gezondheidsproblemen tot gedragsproblemen, de deskundige dierenartsen staan klaar om uw harige metgezel een helpende hand te bieden en het beste advies te geven. Scan de QR-code of gebruik de link.
https://www.askaveterinarianonline.com/

8.   **Pitpat** Ik ben altijd bang om gescheiden te worden of te verdwalen, maar raad eens? Er is een geweldig apparaat genaamd PitPat! Het is niet zomaar een website; het is een superheldengadget voor honden. Het is een klein apparaatje dat aan mijn halsband hangt en bijhoudt hoeveel ik beweeg: stappen, afstand en zelfs de calorieën die ik verbrand! En het praat met een coole app op je telefoon, waar je al mijn activiteitsgegevens kunt bekijken en trainingsdoelen voor mc kunt instellen. PitPat is als mijn hulpje en helpt u ervoor te zorgen dat ik actief en gezond blijf. Het is het perfecte hulpmiddel om mijn trainingsroutine in de gaten te houden. Scan de QR-code of gebruik de link. https://www.pitpat.com/

Verken de Donkere Kant van het Hondenleven

10 uitstekende websites

9. **Calm Canine-Academy** helpt honden experts te worden in het omgaan met alleen zijn. Deze site bevat talloze geweldige hulpmiddelen en trainingsprogramma's om ons te leren hoe we ons zelfverzekerder en gelukkiger kunnen voelen als we alleen zijn. Ze hebben stapsgewijze handleidingen en leuke interactieve cursussen die het leren tot een plezier maken. Dus, als je er zeker van wilt zijn

dat je harige vriend zich poot-achtig voelt als je er niet bent, kijk dan eens op deze website. Het is alsof je een personal trainer hebt, alleen voor verlatingsangst! Laten we de wereld laten zien dat we als kampioenen alleen kunnen zijn. Scan de QR-code of gebruik de link.
https://www.calmcanineacademy.com/separation-skills-1

10. **k9ti** is expert op het gebied van online training. Deze website gaat helemaal over training en gedrag van K9 (honden). Het biedt waardevolle informatie en hulpmiddelen voor hondenbezitters en -liefhebbers die hun kennis van trainingstechnieken, gedragsverandering en het algehele welzijn van hun harige vrienden willen verdiepen. Van basisgehoorzaamheid tot geavanceerde vaardigheden, je vindt tips, artikelen en zelfs online cursussen om je te helpen bouwen een sterkere band met uw pup en verbeter zijn trainingservaring. Dus als u het potentieel van uw hond wilt ontketenen en aan een pootgerichte trainingsreis wilt beginnen, dan is deze website een schat aan kennis. Geniet van het ontdekken en gelukkig trainen! Scan de QR-code of gebruik de link. https://k9ti.org/

Houd er rekening mee dat deze websites en onlinebronnen zijn ontworpen om aanvullende informatie en ondersteuning te bieden. Er zijn ook honderden andere nuttige websites. Raadpleeg altijd een dierenarts of gecertificeerde professional voor persoonlijke begeleiding specifiek voor de behoeften van uw hond.

Een must-have-gids voor hondenliefhebbers

Hoofdstuk 16

Bronnen & Referenties
Waar dieper te graven

Hallo daar, mijn nieuwsgierige menselijke vrienden! Als je behoefte hebt aan meer kennis en er verder op wilt ingaan, zijn hier enkele waardevolle bronnen en referenties waar je je tanden in kunt zetten. Deze edelstenen zullen je helpen je reis naar het begrijpen en ondersteunen van je harige beste vriend voort te zetten:

✓ **ABA (Animal Behavior Associates)**, mede opgericht door Suzanne Hetts, Ph.D. en Daniel Estep, Ph.D., beiden Certified Applied Animal Behaviorists, zijn uw aanspreekpunt voor deskundige begeleiding op het gebied van huisdiergedrag, vooral honden. Ze bieden artikelen, webinars en een schat aan hulpmiddelen om huisdierproblemen zoals angst aan te pakken. Hun website heeft zelfs een lijst met gecertificeerde dierengedragsdeskundigen die advies en behandelplannen op maat kunnen geven. Bij Animal Behavior Associates gaat het erom eigenaren van gezelschapsdieren te helpen het gedrag van hun harige vrienden te ontcijferen en effectieve oplossingen te vinden voor veelvoorkomende problemen. Scan de QR-code of gebruik de link.
https://animalbehavioraassociates.com

✓ **De National Canine Research Council (NCRC)** is een non-profit hondengedragswetenschap, die zich richt op het opsporen van de waarheid met een wetenschappelijke benadering van hondengedrag. Ze hebben onderzoeksstudies verzameld, de gegevens geanalyseerd en vervolgens de belangrijkste bevindingen naar buiten gebracht om de wetenschap voor iedereen begrijpelijker te maken. Snuffel rond op hun Bronnenpagina en je zult een lange lijst ontdekken van ongelooflijke hulpbronbedrijven om huisdieren te helpen, inclusief honden. Scan de QR-code of gebruik de link.
https://nationalcanineresearchcouncil.com/

Verken de Donkere Kant van het Hondenleven

Bronnen & Referenties

✓ **UF Health (Universiteit van Florida)** begeleidt u bij het vinden van het juiste ras! Het is als een leuk spel dat onze mensen helpt te leren hoe ze verschillende hondenrassen kunnen onderscheiden. Je weet wel, zoals het vertellen aan een Beagle van een Border Collie of uitzoeken of ik een Labrador of een Duitse herder ben! Het is als een hondendetectivespel, en onze mensen kunnen experts worden in het identificeren van rassen. Scan de QR-code of gebruik de link.

https://sheltermedicine.vetmed.ufl.edu/

✓ **Genetisch en angst** ; Heb je je ooit afgevraagd wat de fascinerende link is tussen onze genen en angst? Welnu, er is een intrigerend wetenschappelijk artikel dat u misschien graag leest. Deze studie onderzoekt de genetische factoren die verband houden met angst bij honden, en onthult hoe specifieke genen kunnen bijdragen aan onze angstige neigingen. Het is een spannend onderzoek dat licht werpt op de onderliggende biologie van angst bij onze harige vrienden. Geniet van het verkennen van de wonderen van de wetenschap! Scan de QR-code of gebruik de link.

https://www.nature.com/articles/s41598-020-59837-z

✓ Focus op puppy! **Smart Dog University** is een plek om te beginnen! Deze website heeft een blogpost over het begrijpen en aanpakken van scheiding. Een pup zijn is net zoiets als een klein menselijk kind zijn. Het is wanneer we kennis opzuigen als sponzen. Deze website is uw startpunt voor een geweldige start, met een schat aan blogs, bronnen, diensten, webinars en dergelijke. Vergeet niet dat puppytraining, zelfs als u een hondengenie bent, expertise vergt! Leer van de professionals om een betere pupouder te worden! Afstuderen aan de puppy-universiteit brengt tal van voordelen met zich mee, waaronder het verminderen van hun toekomstige angst. Scan de QR-code of gebruik de link. https://smartdoguniversity.com/

Onthoud, mijn geweldige mensen, deze hulpbronnen zijn slechts het topje van de staart! <u>Blijf ontdekken, blijf leren en blijf kwispelen met kennis.</u> Hoe meer u weet, hoe beter u toegerust bent om de liefde, zorg en ondersteuning te bieden die wij honden nodig hebben.

Een onmisbare gids voor hondenliefhebbers

Hoofdstuk 17

10 superhandige tabellen

Maak je klaar om in 10 superhandige spreadsheets te duiken over mijn 40 verschillende rasvrienden. Deze tabellen zijn een schat aan informatie, waardoor u ons kunt vergelijken en meer te weten kunt komen over onze unieke kenmerken, gezondheidstips, verzorgingsbehoeften, trainingseigenaardigheden en zelfs onze favoriete dutje- en wandeltijden.

Maar dat is niet alles! Deze tabellen zijn extra uniek omdat ze ook ingaan op de diepten van onze angst, waarbij we signalen delen waar we op moeten letten en redenen die onze staart kunnen laten hangen. Als ik iets heb gemist of als u vragen heeft, kunt u mij een e-mail sturen. Laten we er samen voor zorgen dat geen enkel detail achterblijft terwijl we beginnen aan deze ongelooflijke reis van begrip en zorg voor onze harige metgezellen! Inslag!

Hallo jongens! Terwijl jij in de rest van de hoofdstukken duikt, kwispel ik met mijn staart en ga ik een heerlijke wandeling maken met mijn mensenvriend. Ah, de zon schijnt, de wind roept en er zijn zoveel geuren om te ontdekken! De zorg voor ons harige zelf is net zo belangrijk als het vergroten van onze kennis. Dus ga door, blijf lezen, en ik spreek je later wel weer. Geniet van de reis, mijn mede-hondenminnende vrienden! Inslag!

Verken de Donkere Kant van het Hondenleven

40 Populaire raskenmerken

40 Populaire raskenmerken, deel I

Ras	Maat	Temperament	Oefeningsbehoeften	Compatibiliteit met kinderen	Compatibiliteit met andere huisdieren
Alaskan Malamute	Groot	Onafhankelijk, energiek	Hoog	Gematigd	Laag
Australische herder	Medium	Intelligent, energiek	Hoog	Gematigd	Laag
Australische herder	Medium	Intelligent, actief	Hoog	Hoog	Gematigd
Brak	Klein	Vriendelijk, nieuwsgierig	Gematigd	Hoog	Hoog
Belgische Mechelaar	Groot	Beschermend, loyaal	Hoog	Laag	Laag
Berner Sennenhond	Groot	Zachtaardig, goedaardig	Gematigd	Hoog	Hoog
Bichon Frise	Klein	Speels, aanhankelijk	Gematigd	Hoog	Hoog
Bordercollie	Medium	Intelligent, energiek	Hoog	Gematigd	Gematigd
Boston terrier	Klein	Vriendelijk, levendig	Gematigd	Hoog	Laag
Bokser	Groot	Speels, energiek	Hoog	Hoog	Laag
Bretagne	Medium	Actief, veelzijdig	Hoog	Hoog	Hoog
Buldog (Engels/Frans)	Medium	Volgzaam, gemakkelijk in de omgang	Laag	Hoog	Laag
Riet Corso	Groot	Zelfverzekerd, intelligent	Gematigd	Laag	Laag
Vest Welsh Corgi	Medium	Alert, aanhankelijk	Gematigd	Hoog	Gematigd
Cavalier King Charles-spaniël	Klein	Aanhankelijk, zachtaardig	Gematigd	Hoog	Hoog
Chihuahua	Klein	Levendig, moedig	Laag	Laag	Laag
Cocker spaniel	Medium	Zacht, slim	Gematigd	Hoog	Hoog
Teckel	Klein	Nieuwsgierig, slim	Gematigd	Hoog	Gematigd
Dobermann Pinscher	Groot	Loyaal, onbevreesd	Hoog	Laag	Laag
Engelse Cocker-spaniël	Medium	Vrolijk, intelligent	Gematigd	Hoog	Hoog
Engelse setter	Groot	Zachtaardig, goedaardig	Hoog	Hoog	Gematigd
Duitse herder	Groot	Loyaal, zelfverzekerd	Hoog	Hoog	Hoog
Golden retriever	Groot	Intelligent, vriendelijk	Hoog	Hoog	Hoog
Deense dog	Reusachtig	Zacht, vriendelijk	Laag tot gemiddeld	Hoog	Laag
Labrador retriever	Groot	Extravert, zelfs getemperd	Hoog	Hoog	Hoog

Een onmisbare gids voor hondenliefhebbers

40 Populaire raskenmerken, deel II

Ras	Maat	Temperament	Oefeningsbehoeften	Compatibiliteit met kinderen	Compatibiliteit met andere huisdieren
Leonberger	Reusachtig	Zacht, vriendelijk	Gematigd	Hoog	Gematigd
Maltees	Klein	Zoetgehumeurd, levendig	Laag	Hoog	Hoog
Dwergschnauzer	Klein	Onverschrokken, geestig	Gematigd	Gematigd	Hoog
Noorse Elandhond	Medium	Gedurfd, alert	Gematigd	Hoog	Gematigd
Poedel (standaard/mini/speelgoed)	Varieert	Intelligent, actief	Gematigd	Hoog	Hoog
Portugese Waterhond	Medium	Intelligent, actief	Hoog	Hoog	Hoog
Mopshond	Klein	Charmant, ondeugend	Laag	Hoog	Gematigd
Rottweiler	Groot	Kalm, moedig	Hoog	Laag	Laag
Shiba Inu	Medium	Waakzaam, actief	Hoog	Laag	Laag
Shih Tzu	Klein	Aanhankelijk, speels	Laag tot gemiddeld	Hoog	Hoog
Siberische husky	Medium	Uitgaand, ondeugend	Hoog	Matig tot hoog	Laag
Staffordshire-bulterriër	Medium	Gedurfd, aanhankelijk	Hoog	Laag	Hoog
Volpino Italiano	Klein	Actief, alert	Gematigd	Gematigd	Gematigd
Welshe springerspaniel	Medium	Vriendelijk, zachtaardig	Hoog	Gematigd	Hoog
Yorkshireterriër	Klein	Aanhankelijk, geestig	Laag	Hoog	Gematigd

Houd er rekening mee dat de tabel een algemeen overzicht geeft van de kenmerken van elk ras. Individuele honden kunnen variaties binnen hun ras vertonen. Het is belangrijk om verder onderzoek te doen en rasspecifieke experts of gerenommeerde bronnen te raadplegen voor meer gedetailleerde en nauwkeurige informatie voordat u een beslissing neemt. Bedenk bovendien dat goede training, socialisatie en verzorging essentieel zijn voor elk ras om te gedijen in een liefdevolle en ondersteunende omgeving.

40 Populaire rassen angsttype, niveau en signalen

40 Populaire rassen angsttype, niveau en signalen, deel I

Rasnaam	Angsttype	Angstniveau	Angst tekenen
Alaskan Malamute	Verlatingsangst	Gematigd	Huilen, overmatig blaffen, graven, ontsnappen, ijsberen, destructief gedrag (krabben aan deuren of ramen)
Australische herder	Verlatingsangst	Hoog	Overmatig blaffen, destructief gedrag, ijsberen, rusteloosheid, overgevoeligheid voor geluiden
Australische herder	Gegeneraliseerde angst, scheidingsangst	Medium	Overmatig knijpen, obsessief gedrag, rusteloosheid, geruststelling zoeken, vernielzucht, ijsberen
Brak	Verlatingsangst	Hoog	Overmatig huilen, graven, destructief gedrag, ijsberen, rusteloosheid, proberen te ontsnappen
Belgische Mechelaar	Verlatingsangst	Hoog	Overmatig blaffen, destructief gedrag (kauwen op meubels of bezittingen), rusteloosheid, ijsberen, ontsnappingspogingen
Berner Sennenhond	Lawaaiangst, verlatingsangst	Laag	Verstoppen, troost zoeken, hijgen, ijsberen, rusteloosheid, vernielzucht, overgevoeligheid voor geluiden
Bichon Frise	Sociale angst, verlatingsangst	Laag	Overmatig trillen, angst, vermijden van sociale interacties, scheidingsangst, geruststelling zoeken, destructiviteit, rusteloosheid
Bordercollie	Verlatingsangst	Hoog	Overmatig kuddegedrag, rusteloosheid, tempo, destructief gedrag, vocalisatie, obsessief gedrag, overgevoeligheid voor geluiden
Boston terrier	Lawaaiangst, verlatingsangst	Medium	Overmatig hijgen, troost zoeken, rusteloosheid, vernielzucht, overmatig blaffen, overgevoeligheid voor geluiden
Bokser	Gegeneraliseerde angst	Hoog	Tempo, overmatig kwijlen, rusteloosheid, hyperactiviteit, destructief gedrag, dwangmatig gedrag
Bretagne	Lawaai angst	Gematigd	Hijgen, trillen, zich verstoppen, troost zoeken, rusteloosheid, ijsberen, proberen te ontsnappen tijdens harde geluiden of onweersbuien
Buldog (Engels/Frans)	Sociale angst, verlatingsangst	Medium	Vermijden van sociale situaties, angst voor nieuwe mensen, scheidingsproblemen, overmatig kwijlen, destructief gedrag, hijgen, ijsberen

Een onmisbare gids voor hondenliefhebbers

Hoofdstuk 7

40 Populaire rassen angsttype, niveau en signalen, deel II

Rasnaam	Angsttype	Angstniveau	Angst tekenen
Riet Corso	Algemene angst	Gematigd	Overmatig blaffen, grommen, agressie, destructief gedrag (kauwen op voorwerpen of meubels), rusteloosheid, dwangmatig gedrag
Vest Welsh Corgi	Lawaai angst	Laag	Hijgen, trillen, geruststelling zoeken, ineenkrimpen, proberen zich te verstoppen, rusteloosheid, ijsberen tijdens harde geluiden of vuurwerk
Cavalier King Charles-spaniël	Verlatingsangst	Laag	Overmatig zeuren, scheidingsangst, geruststelling zoeken, destructief gedrag, rusteloosheid
Chihuahua	Sociale angst, verlatingsangst	Hoog	Overmatig trillen, agressie, angst, overmatig blaffen, verstoppen, geruststelling zoeken, verlatingsangst, vermijden van sociale interacties
Cocker spaniel	Lawaaiangst, verlatingsangst	Medium	Verbergen, overmatig blaffen, hijgen, trillen, vernielzucht, rusteloosheid, overgevoeligheid voor geluiden
Teckel	Verlatingsangst	Medium	Overmatig zeuren, zelfdestructief gedrag, rusteloosheid, graven, proberen te ontsnappen, overgevoeligheid voor geluiden
Dobermann Pinscher	Sociale angst	Hoog	Angstige lichaamstaal, vermijding, agressie, rusteloosheid, overmatig blaffen, hijgen, trillen, overgevoeligheid voor geluiden
Engelse Cocker-spaniël	Algemene angst	Gematigd	Overmatig blaffen, zeuren, rusteloosheid, dwangmatig gedrag (staartjagen, pootjes likken), verlatingsangst, voortdurend aandacht zoeken
Engelse setter	Gegeneraliseerde angst, scheidingsangst	Medium	Overmatig ijsberen, trillen, rusteloosheid, geruststelling zoeken, destructief gedrag, verlatingsangst
Duitse herder	Lawaaiangst, verlatingsangst	Hoog	Hijgen, trillen, verstoppen, janken, overmatig blaffen, vernielzucht, proberen te ontsnappen, overgevoeligheid voor geluiden, ijsberen, rusteloosheid
Golden retriever	Gegeneraliseerde angst, scheidingsangst	Laag	Rusteloosheid, overmatige verzorging, geruststelling zoeken, dwangmatig gedrag, hyperwaakzaamheid, hijgen, trillen

Van Zorgen naar Kwispels

Verken de Donkere Kant van het Hondenleven

40 Populaire rassen angsttype, niveau en signalen, deel III

Rasnaam	Angsttype	Angstniveau	Angst tekenen
Deense dog	Lawaaiangst, verlatingsangst	Laag	Verstoppen, troost zoeken, hijgen, trillen, ijsberen, rusteloosheid, overgevoeligheid voor geluiden
Labrador retriever	Verlatingsangst	Medium	Overmatig blaffen, destructief gedrag, ijsberen, kwijlen, proberen te ontsnappen
Leonberger	Verlatingsangst	Gematigd	Overmatig zeuren, jammeren, ijsberen, rusteloosheid, destructief gedrag (krabben aan deuren of meubels), kwijlen
Maltees	Verlatingsangst	Laag	Overmatig kauwen, urineren, rusteloosheid, geruststelling zoeken, scheidingsproblemen
Dwergschnauzer	Verlatingsangst	Medium	Overmatig blaffen, graven, ijsberen, rusteloosheid, destructief gedrag, overgevoeligheid voor geluiden
Noorse Elandhond	Lawaai angst	Gematigd	Huilen, ijsberen, zich verstoppen, troost zoeken, trillen, rusteloosheid, pogingen om te ontsnappen tijdens harde geluiden of vuurwerk
Poedel (standaard/ mini/speelgoed)	Lawaaiangst, verlatingsangst	Laag	Schudden, troost zoeken, zich verstoppen, overmatig blaffen, vernielzucht, hijgen, ijsberen
Portugese Waterhond	Algemene angst	Laag	Overmatig blaffen, hijgen, rusteloosheid, ijsberen, dwangmatig gedrag (likken, kauwen), constante aandacht zoeken, verlatingsangst
Mopshond	Gegeneraliseerde angst	Laag	Overmatig likken, aanhankelijkheid, geruststelling zoeken, hyperwaakzaamheid, rusteloosheid, verlatingsangst
Rottweiler	Sociale angst	Hoog	Agressie, angst, vermijden van sociale interacties, hyperwaakzaamheid, rusteloosheid, overmatig blaffen

Een onmisbare gids voor hondenliefhebbers

40 Populaire rassen angsttype, niveau en signalen, deel IV

Rasnaam	Angsttype	Angstniveau	Angst tekenen
Shiba Inu	Lawaaiangst, verlatingsangst	Medium	Overmatige vocalisatie, verstoppen, rusteloosheid, vernielzucht, proberen te ontsnappen, overgevoeligheid voor geluiden
Shih Tzu	Verlatingsangst	Laag	Overmatig blaffen, rusteloosheid, trillen, geruststelling zoeken, verlatingsangst, destructief gedrag
Siberische husky	Gegeneraliseerde angst, scheidingsangst	Hoog	Overmatige ontsnappingspogingen, destructief gedrag, huilen, ijsberen, rusteloosheid, graven, zelfverminking, proberen te ontsnappen, hyperwaakzaamheid
Staffordshire-bulterriër	Gegeneraliseerde angst	Hoog	Agressie, overmatig hijgen, rusteloosheid, destructief gedrag, verlatingsangst, overgevoeligheid voor geluiden
Volpino Italiano	Verlatingsangst	Laag	Overmatig zeuren, blaffen, vernielzucht (kauwen op voorwerpen of meubels), aanhankelijkheid, ijsberen, pogingen om te ontsnappen
Welshe springerspaniël	Algemene angst	Laag	Overmatig blaffen, zeuren, rusteloosheid, dwangmatig gedrag (staartjagen, pootjes likken), verlatingsangst, voortdurend aandacht zoeken
Yorkshireterriër	Lawaaiangst, verlatingsangst	Laag	Verbergen, overmatig blaffen, trillen, hijgen, troost zoeken, rusteloosheid, vernielzucht

Houd er rekening mee dat onze angstniveaus van hond tot hond kunnen verschillen, en dat ze kunnen worden beïnvloed door factoren zoals onze genetica, hoe we zijn opgevoed en de omgeving om ons heen.

De in de tabel genoemde symptomen zijn slechts algemene indicaties en zijn mogelijk niet van toepassing op elke hond van ons ras. Daarom is het zo belangrijk dat onze liefhebbende eigenaren een dierenarts of een professionele gedragsdeskundige raadplegen. Zij kunnen een grondige beoordeling geven en ons begeleiding op maat geven die specifiek is afgestemd op onze unieke behoeften. Met hun hulp kunnen we onze angst beter begrijpen en beheersen, wat leidt tot een gelukkiger en positiever leven.

Verken de Donkere Kant van het Hondenleven

40 Populaire rassen angstsignalen en grondoorzaken

40 Populaire rassen angstsignalen en grondoorzaken, deel I		
Ras	Angst tekenen	Oorzaak
Alaskan Malamute	Overmatig huilen of jammeren, destructief gedrag	Verlatingsangst, gebrek aan mentale stimulatie
Australische herder	Hyperactiviteit, rusteloosheid, bijt- of kuddegedrag	Gebrek aan fysieke en mentale oefening, verveling
Australische herder	Overmatig blaffen, dwangmatig gedrag, rusteloosheid	Gebrek aan mentale stimulatie, verlatingsangst
Brak	Overmatig scheld-, graaf- of vluchtgedrag	Verveling, gebrek aan mentale en fysieke oefening
Belgische Mechelaar	Overmatige waakzaamheid, hyperactiviteit, agressie	Gebrek aan mentale en fysieke oefening, onzekerheid
Berner Sennenhond	Overmatig kwijlen, destructief gedrag, terugtrekking	Verlatingsangst, angst voor harde geluiden
Bichon Frise	Overmatig blaffen, verlatingsangst, trillen	Verlatingsangst, angst om alleen te zijn
Bordercollie	Obsessief gedrag, kuddegedrag, tempo	Gebrek aan mentale stimulatie, kudde-instinct
Boston terrier	Hyperactiviteit, destructief kauwen, overmatig likken	Verveling, verlatingsangst
Bokser	Op mensen springen, overmatige speelsheid, rusteloosheid	Gebrek aan lichaamsbeweging, verlatingsangst
Bretagne	Nervositeit, verlatingsangst, destructief gedrag	Gebrek aan mentale stimulatie, angst om alleen te zijn
Buldog (Engels/Frans)	Zwaar hijgen, overmatig kwijlen, vermijdingsgedrag	Angst voor bepaalde situaties, ademhalingsproblemen
Riet Corso	Agressief gedrag, bewakingsneigingen, hyperactiviteit	Gebrek aan socialisatie, onzekerheid
Vest Welsh Corgi	Angstig gedrag, overmatig blaffen, verlatingsangst	Gebrek aan socialisatie, angst om alleen te zijn
Cavalier King Charles-spaniël	Verlegenheid, onderdanig gedrag, verstoppen of ineenkrimpen	Gebrek aan socialisatie, angst voor nieuwe omgevingen
Chihuahua	Overmatig blaffen, trillen of trillen, agressie	Angst voor vreemden, op angst gebaseerde agressie
Cocker spaniel	Overmatig likken, verlatingsangst, angst	Verlatingsangst, angst om in de steek gelaten te worden
Teckel	Overmatig blaffen, zich verstoppen of graven, agressie	Op angst gebaseerde agressie, gebrek aan socialisatie
Dobermann Pinscher	Hyperwaakzaamheid, bewakingsgedrag, agressie	Gebrek aan socialisatie, op angst gebaseerde agressie
Engelse Cocker-spaniël	Onderdanig plassen, verlatingsangst, angst	Verlatingsangst, angst voor straf
Engelse setter	Verlatingsangst, destructief gedrag, rusteloosheid	Gebrek aan mentale en fysieke oefening, verveling

Een onmisbare gids voor hondenliefhebbers

40 Populaire rassen angstsignalen en grondoorzaken, deel II

Ras	Angst tekenen	Oorzaak
Duitse herder	Overmatig blaffen, ijsberen, hyperwaakzaamheid	Gebrek aan mentale en fysieke oefening, onzekerheid
Golden retriever	Overmatig kauwen, aandachtzoekend gedrag	Verlatingsangst, gebrek aan mentale stimulatie
Deense dog	Verlegenheid, angst, verlatingsangst	Gebrek aan socialisatie, angst voor nieuwe omgevingen
Labrador retriever	Overmatig kauwen, hyperactiviteit, rusteloosheid	Gebrek aan mentale en fysieke oefening, verveling
Leonberger	Verlatingsangst, aanhankelijk gedrag, destructief kauwen	Gebrek aan mentale stimulatie, angst om alleen te zijn
Maltees	Overmatig blaffen, trillen of trillen, zich verstoppen	Verlatingsangst, angst voor een nieuwe omgeving
Dwergschnauzer	Agressie jegens vreemden, overmatig blaffen	Angst voor vreemden, op angst gebaseerde agressie
Noorse Elandhond	Destructief gedrag, overmatig huilen of blaffen	Verlatingsangst, verveling
Poedel (standaard/mini/speelgoed)	Aanhankelijkheid, verlatingsangst, rusteloosheid	Gebrek aan mentale stimulatie, angst om alleen te zijn
Portugese Waterhond	Overmatig blaffen, destructief gedrag, hyperactiviteit	Gebrek aan mentale en fysieke oefening, verveling
Mopshond	Zwaar hijgen, piepende ademhaling, moeite met ademhalen	Ademhalingsproblemen, verlatingsangst
Rottweiler	Agressief gedrag, bewakingsneigingen, angst	Gebrek aan socialisatie, op angst gebaseerde agressie
Shiba Inu	Angstig gedrag, agressie tegenover vreemden	Angst voor vreemden, op angst gebaseerde agressie
Shih Tzu	Overmatig blaffen, verlatingsangst, aanhankelijkheid	Verlatingsangst, angst om alleen te zijn
Siberische husky	Overmatig gehuil, destructief gedrag, escapisme	Verveling, verlatingsangst
Staffordshire-bulterriër	Agressie naar andere honden, hyperactiviteit	Op angst gebaseerde agressie, gebrek aan socialisatie
Volpino Italiano	Overmatig blaffen, rusteloosheid, destructief gedrag	Verlatingsangst, angst om alleen te zijn
Welshe springerspaniël	Angstig gedrag, verlatingsangst, overmatig likken	Gebrek aan socialisatie, angst om alleen te zijn
Yorkshireterriër	Overmatig blaffen, verlegenheid, agressie	Op angst gebaseerde agressie, gebrek aan socialisatie

Houd er rekening mee dat deze tabel algemene informatie geeft en dat individuele honden kunnen variëren in hun angstsymptomen en onderliggende oorzaken. <u>Het is belangrijk om een dierenarts of een professionele hondengedragsdeskundige te raadplegen</u> voor een uitgebreide evaluatie en persoonlijke begeleiding als u vermoedt dat uw hond angst ervaart.

Verken de Donkere Kant van het Hondenleven

10 Superhandige Tabellen

40 populaire rassen Hygiënedetails

40 Hygiënedetail van populaire rassen, deel I							
Ras	Verzorgingsbehoeften	Jastype	Afscheidingsniveau	Frequentie	Poetsen	Baden	Trimmen
Alaskan Malamute	Hoog	Dubbele	Hoog	Normaal	Dagelijks	Maandelijks	Af en toe
Australische herder	Laag	Kort	Gematigd	Normaal	Wekelijks	Maandelijks	Zoals nodig
Australische herder	Gematigd	Halflange	Gematigd	Normaal	Wekelijks	Maandelijks	Af en toe
Brak	Laag	Kort	Laag	Normaal	Wekelijks	Maandelijks	Zoals nodig
Belgische Mechelaar	Gematigd	Kort	Gematigd	Normaal	Wekelijks	Maandelijks	Zoals nodig
Berner Sennenhond	Hoog	Lang	Hoog	Normaal	Dagelijks	Maandelijks	Af en toe
Bichon Frise	Hoog	Krullend	Laag	Normaal	Dagelijks	Maandelijks	Regelmatig
Bordercollie	Gematigd	Halflange	Gematigd	Normaal	Wekelijks	Maandelijks	Af en toe
Boston terrier	Laag	Kort	Laag	Normaal	Wekelijks	Maandelijks	Zoals nodig
Bokser	Laag	Kort	Laag	Normaal	Wekelijks	Maandelijks	Zoals nodig
Bretagne	Gematigd	Medium	Gematigd	Normaal	Wekelijks	Maandelijks	Af en toe
Buldog (Engels/Frans)	Laag	Kort	Laag	Normaal	Wekelijks	Maandelijks	Zoals nodig
Riet Corso	Laag	Kort	Laag	Normaal	Wekelijks	Maandelijks	Zoals nodig
Vest Welsh Corgi	Gematigd	Medium	Gematigd	Normaal	Wekelijks	Maandelijks	Af en toe
Cavalier King Charles-spaniël	Gematigd	Halflange	Gematigd	Normaal	Wekelijks	Maandelijks	Af en toe
Chihuahua	Laag	Kort	Laag	Normaal	Wekelijks	Maandelijks	Zoals nodig
Cocker spaniel	Hoog	Halflange	Hoog	Normaal	Dagelijks	Maandelijks	Regelmatig
Teckel	Laag	Kort	Laag	Normaal	Wekelijks	Maandelijks	Zoals nodig
Dobermann Pinscher	Laag	Kort	Laag	Normaal	Wekelijks	Maandelijks	Zoals nodig
Engelse Cocker-spaniël	Hoog	Halflange	Hoog	Normaal	Dagelijks	Maandelijks	Regelmatig
Engelse setter	Hoog	Lang	Hoog	Normaal	Dagelijks	Maandelijks	Regelmatig
Duitse herder	Gematigd	Halflange	Gematigd	Normaal	Wekelijks	Maandelijks	Af en toe

Een onmisbare gids voor hondenliefhebbers

Hoofdstuk 17

40 Hygiënedetail populaire rassen, deel I I

Ras	Verzorgingsbehoeften	Jastype	Afscheidingsniveau	Frequentie	Poetsen	Baden	Trimmen
Golden retriever	Hoog	Lang	Hoog	Normaal	Dagelijks	Maandelijks	Af en toe
Deense dog	Laag	Kort	Laag	Normaal	Wekelijks	Maandelijks	Zoals nodig
Labrador retriever	Laag	Kort	Laag	Normaal	Wekelijks	Maandelijks	Zoals nodig
Leonberger	Hoog	Lang	Hoog	Normaal	Dagelijks	Maandelijks	Af en toe
Maltees	Hoog	Lang	Laag	Normaal	Dagelijks	Maandelijks	Regelmatig
Dwergschnauzer	Hoog	Ruwharig	Laag	Normaal	Dagelijks	Maandelijks	Regelmatig
Noorse Elandhond	Gematigd	Kort	Gematigd	Normaal	Wekelijks	Maandelijks	Zoals nodig
Poedel (standaard/mini/speelgoed)	Hoog	Krullend	Laag	Normaal	Dagelijks	Maandelijks	Regelmatig
Portugese Waterhond	Hoog	Krullend	Laag	Normaal	Dagelijks	Maandelijks	Regelmatig
Mopshond	Laag	Kort	Laag	Normaal	Dagelijks	Maandelijks	Zoals nodig
Rottweiler	Laag	Kort	Laag	Normaal	Wekelijks	Maandelijks	Zoals nodig
Shiba Inu	Gematigd	Dubbele	Gematigd	Normaal	Wekelijks	Maandelijks	Zoals nodig
Shih Tzu	Hoog	Lang	Laag	Normaal	Dagelijks	Maandelijks	Regelmatig
Siberische husky	Gematigd	Medium	Hoog	Normaal	Wekelijks	Maandelijks	Af en toe
Staffordshire-bulterriër	Laag	Kort	Laag	Normaal	Wekelijks	Maandelijks	Zoals nodig
Volpino Italiano	Gematigd	Dubbele	Gematigd	Normaal	Wekelijks	Maandelijks	Zoals nodig
Welshe springerspaniël	Gematigd	Halflange	Gematigd	Normaal	Wekelijks	Maandelijks	Af en toe
Yorkshireterriër	Hoog	Lang	Laag	Normaal	Dagelijks	Maandelijks	Regelmatig

Houd er rekening mee dat de tabel een algemeen overzicht geeft en dat individuele honden specifieke verzorgingsbehoeften kunnen hebben die kunnen variëren. Het is altijd een goed idee om rasspecifieke verzorgingsrichtlijnen te raadplegen of een professionele trimmer te raadplegen voor persoonlijk advies.

Houd er rekening mee dat de tabel een algemeen overzicht geeft en dat individuele honden specifieke verzorgingsbehoeften kunnen hebben die kunnen variëren. Het is altijd een goed idee om rasspecifieke verzorgingsrichtlijnen te raadplegen of een professionele trimmer te raadplegen voor persoonlijk advies.

Verken de Donkere Kant van het Hondenleven

10 Superhandige Tabellen

40 Trainingsaspecten van populaire rassen

Rasnaam	Trainbaarheid	Intelligentie	Oefenings behoeften	Socialisatie behoeften	Trainings tips
Alaskan Malamute	Gematigd	Hoog	Hoog	Hoog	Gebruik positieve bekrachtiging en consistentie in de training
Australische herder	Hoog	Hoog	Hoog	Hoog	Zorg voor mentale stimulatie en regelmatige lichaamsbeweging
Australische herder	Hoog	Hoog	Hoog	Hoog	Focus op mentale en fysieke activiteiten voor training
Brak	Gematigd	Gematigd	Gematigd	Hoog	Gebruik beloningen en lekkernijen voor motivatie tijdens de training
Belgische Mechelaar	Hoog	Hoog	Hoog	Hoog	Kantel hun energie in gestructureerde trainingssessies
Berner Sennenhond	Gematigd	Gemiddeld	Gematigd	Gematigd	Gebruik positieve bekrachtiging en zachte trainingsmethoden
Bichon Frise	Gematigd	Hoog	Gematigd	Hoog	Gebruik positieve bekrachtiging en consistentie in de training
Bordercollie	Hoog	Hoog	Hoog	Hoog	Zorg voor mentale en fysieke uitdagingen tijdens de training
Boston terrier	Gematigd	Gemiddeld	Gematigd	Gematigd	Gebruik positieve bekrachtiging en consistentie in de training
Bokser	Gematigd	Gemiddeld	Hoog	Hoog	Begin vroeg met trainen en gebruik positieve bekrachtiging
Bretagne	Hoog	Gemiddeld	Hoog	Hoog	Zorg voor mentale en fysieke oefeningen voor training

Een onmisbare gids voor hondenliefhebbers

40 Trainingsaspecten van populaire rassen, deel II

Rasnaam	Trainbaarheid	Intelligentie	Oefeningsbehoeften	Socialisatiebehoeften	Opleiding Tips
Buldog (Engels/Frans)	Laag	Gemiddeld	Laag	Gematigd	Gebruik positieve bekrachtiging en geduld tijdens de training
Riet Corso	Gematigd	Hoog	Hoog	Hoog	Stel consistente regels en grenzen vast tijdens de training
Vest Welsh Corgi	Hoog	Hoog	Gematigd	Hoog	Gebruik positieve bekrachtiging en mentale stimulatie
Cavalier King Charles-spaniël	Gematigd	Gemiddeld	Gematigd	Hoog	Gebruik beloningen en positieve bekrachtiging tijdens de training
Chihuahua	Laag	Gemiddeld	Laag	Gematigd	Gebruik zachte trainingsmethoden en positieve bekrachtiging
Cocker spaniel	Gematigd	Gemiddeld	Gematigd	Hoog	Zorg voor mentale stimulatie en positieve bekrachtiging
Teckel	Gematigd	Gemiddeld	Gematigd	Gematigd	Wees geduldig en consistent tijdens de training
Dobermann Pinscher	Hoog	Hoog	Hoog	Hoog	Zorg voor consistente training en positieve bekrachtiging
Engelse Cocker-spaniël	Gematigd	Gemiddeld	Gematigd	Hoog	Gebruik positieve bekrachtiging en consistentie in de training
Engelse setter	Gematigd	Gemiddeld	Gematigd	Hoog	Gebruik positieve bekrachtiging en mentale stimulatie
Duitse herder	Hoog	Hoog	Hoog	Hoog	Zorg voor consistente training en mentale stimulatie

10 Superhandige Tabellen

40 Trainingsaspecten van populaire rassen, deel III

Rasnaam	Trainbaarheid	Intelligentie	Oefenings behoeften	Socialisatie behoeften	Opleiding Tips
Golden retriever	Hoog	Hoog	Hoog	Hoog	Gebruik positieve bekrachtiging en consistentie in de training
Deense dog	Laag	Gemiddeld	Gematigd	Gematigd	Begin vroeg met trainen en gebruik zachte trainingsmethoden
Labrador retriever	Hoog	Hoog	Hoog	Hoog	Gebruik positieve bekrachtiging en consistentie in de training
Leonberger	Gematigd	Hoog	Hoog	Hoog	Gebruik positieve bekrachtiging en socialisatietraining
Maltees	Gematigd	Gemiddeld	Laag	Hoog	Gebruik positieve bekrachtiging en wees geduldig tijdens de training
Dwergschnauzer	Gematigd	Hoog	Gematigd	Hoog	Gebruik positieve bekrachtiging en consistentie in de training
Noorse Elandhond	Gematigd	Gemiddeld	Hoog	Hoog	Begin vroeg met trainen en zorg voor mentale stimulatie
Poedel (standaard/mini/speelgoed)	Hoog	Hoog	Gematigd	Hoog	Gebruik positieve bekrachtiging en mentale stimulatie
Portugese Waterhond	Hoog	Hoog	Hoog	Hoog	Zorg voor mentale en fysieke oefeningen voor training
Mopshond	Laag	Gemiddeld	Laag	Gematigd	Gebruik positieve bekrachtiging en wees geduldig tijdens de training
Rottweiler	Gematigd	Hoog	Hoog	Hoog	Stel consistent leiderschap en grenzen vast
Shiba Inu	Gematigd	Gemiddeld	Hoog	Gematigd	Gebruik positieve bekrachtiging en consistentie in de training

Een onmisbare gids voor hondenliefhebbers

40 Trainingsaspecten van populaire rassen, deel IV

Rasnaam	Trainbaarheid	Intelligentie	Oefeningsbehoeften	Socialisatiebehoeften	Opleiding Tips
Shih Tzu	Laag	Gemiddeld	Laag	Gematigd	Gebruik beloningen en positieve bekrachtiging tijdens de training
Siberische husky	Gematigd	Hoog	Hoog	Hoog	Gebruik positieve bekrachtiging en zorg voor voldoende lichaamsbeweging
Staffordshire-bulterriër	Gematigd	Gemiddeld	Hoog	Hoog	Gebruik positieve bekrachtiging en consistentie in de training
Volpino Italiano	Gematigd	Hoog	Gematigd	Hoog	Gebruik positieve bekrachtiging en socialisatietraining
Welshe springerspaniël	Hoog	Gemiddeld	Hoog	Hoog	Zorg voor mentale en fysieke oefeningen voor training
Yorkshireterriër	Gematigd	Gemiddeld	Laag	Gematigd	Gebruik positieve bekrachtiging en consistentie in de training

Houd er rekening mee dat trainbaarheid, intelligentie, bewegingsbehoeften, socialisatiebehoeften en trainingstips binnen elk ras kunnen variëren, en dat individuele honden unieke kenmerken en vereisten kunnen hebben. Deze tabel biedt een algemeen overzicht om eigenaren te begeleiden bij het effectief trainen van hun honden.

Bedenk ook, beste eigenaar, dat trainen voor ons allebei een leuke en boeiende ervaring moet zijn. Houd de sessies kort, interactief en gevuld met liefde.

Verken de Donkere Kant van het Hondenleven

40 Populaire rassen Algemene gezondheids- en leeftijdsgegevens

40 Populaire rassen Algemene gezondheids- en leeftijdsgegevens, deel I

Ras	Veelvoorkomende gezondheidsproblemen / Predisposities	Gemiddelde levensduur	Energie level	Aanbevolen vaccinaties	Preventieve zorg
Alaskan Malamute	Heupdysplasie, Chondrodysplasie, Cataract	10-14 jaar	Hoog	Regelmatige controles	Regelmatige lichaamsbeweging, mentale stimulatie, gewrichtssupplementen
Australische herder	Heupdysplasie, progressieve retinale atrofie	12-15 jaar	Heel hoog	Preventieve vaccinaties	Regelmatige lichaamsbeweging, mentale stimulatie, training
Australische herder	Heupdysplasie, collie-oogafwijking, epilepsie	12-15 jaar	Hoog	Routinematige veterinaire zorg	Regelmatige lichaamsbeweging, mentale stimulatie, gehoorzaamheidstraining
Brak	Ziekte van de tussenwervelschijven, epilepsie	12-15 jaar	Gematigd	Preventieve vaccinaties	Regelmatige lichaamsbeweging, mentale stimulatie, gewichtsbeheersing
Belgische Mechelaar	Heupdysplasie, progressieve retinale atrofie	10-12 jaar	Heel hoog	Regelmatige controles	Regelmatige lichaamsbeweging, mentale stimulatie, gehoorzaamheidstraining
Berner Sennenhond	Heupdysplasie, Elleboogdysplasie, Kanker	7-10 jaar	Gematigd	Preventieve vaccinaties	Regelmatige lichaamsbeweging, gewrichtssupplementen, regelmatige controles
Bichon Frise	Patellaluxatie, allergieën	14-16 jaar	Gematigd	Routinematige veterinaire zorg	Regelmatige verzorging, mondhygiëne, goede voeding
Bordercollie	Heupdysplasie, collie-oogafwijking, epilepsie	12-15 jaar	Heel hoog	Preventieve vaccinaties	Regelmatige lichaamsbeweging, mentale stimulatie, gehoorzaamheidstraining
Boston terrier	Brachycephalisch syndroom, patellaluxatie	11-13 jaar	Gematigd	Reguliere veterinaire zorg	Regelmatige lichaamsbeweging, mondhygiëne, gewichtsbeheersing
Bokser	Heupdysplasie, Boxer cardiomyopathie	10-12 jaar	Hoog	Preventieve vaccinaties	Regelmatige lichaamsbeweging, mentale stimulatie, regelmatige controles
Bretagne	Heupdysplasie, epilepsie	12-14 jaar	Hoog	Routinematige veterinaire zorg	Regelmatige lichaamsbeweging, mentale stimulatie, gehoorzaamheidstraining
Buldog (Engels / Frans)	Brachycephalisch syndroom, heupdysplasie	8-10 jaar	Laag tot gemiddeld	Regelmatige controles	Regelmatige lichaamsbeweging, mondhygiëne, gewichtsbeheersing

Een onmisbare gids voor hondenliefhebbers

Hoofdstuk 17

40 Populaire rassen Algemene gezondheids- en leeftijdsgegevens, deel II					
Ras	Veelvoorkomende gezondheidsproblemen / Predisposities	Gemiddelde levensduur	Energie level	Aanbevolen vaccinaties	Preventieve zorg
Riet Corso	Heupdysplasie, gedilateerde cardiomyopathie	9-12 jaar	Gematigd	Preventieve vaccinaties	Regelmatige lichaamsbeweging, mentale stimulatie, regelmatige controles
Cocker spaniel	Progressieve retinale atrofie, heupdysplasie	12-15 jaar	Gematigd	Preventieve vaccinaties	Regelmatige lichaamsbeweging, mentale stimulatie, regelmatige controles
Teckel	Ziekte van de tussenwervelschijven, patellaluxatie	12-16 jaar	Gematigd	Routinematige veterinaire zorg	Regelmatige lichaamsbeweging, mentale stimulatie, gewichtsbeheersing
Dobermann Pinscher	Gedilateerde cardiomyopathie, Wobbler-syndroom	10-13 jaar	Hoog	Preventieve vaccinaties	Regelmatige lichaamsbeweging, mentale stimulatie, gehoorzaamheidstraining
Engelse Cocker-spaniël	Heupdysplasie, progressieve retinale atrofie	12-14 jaar	Gematigd	Routinematige veterinaire zorg	Regelmatige lichaamsbeweging, mentale stimulatie, regelmatige controles
Engelse setter	Heupdysplasie, hypothyreoïdie	10-12 jaar	Gematigd	Preventieve vaccinaties	Regelmatige lichaamsbeweging, mentale stimulatie, regelmatige controles
Duitse herder	Heupdysplasie, degeneratieve myelopathie	9-13 jaar	Hoog	Preventieve vaccinaties	Regelmatige lichaamsbeweging, mentale stimulatie, gehoorzaamheidstraining
Golden retriever	Heupdysplasie, lymfoom, progressieve retinale atrofie	10-12 jaar	Hoog	Routinematige veterinaire zorg	Regelmatige lichaamsbeweging, mentale stimulatie, regelmatige controles
Deense dog	Gedilateerde cardiomyopathie, maagdilatatie-volvulus	6-8 jaar	Laag	Preventieve vaccinaties	Regelmatige lichaamsbeweging, mentale stimulatie, regelmatige controles
Leonberger	Heupdysplasie, osteosarcoom	8-10 jaar	Gematigd	Reguliere veterinaire zorg	Regelmatige lichaamsbeweging, mentale stimulatie, gewrichtssupplementen
Maltees	Patellaire luxatie, portosystemische shunt	12-15 jaar	Laag	Routinematige dierenartsbezoeken	Regelmatige verzorging, mondhygiëne, gewichtsbeheersing
Dwergschnauzer	Progressieve retinale atrofie, pancreatitis	12-15 jaar	Gematigd	Preventieve vaccinaties	Regelmatige lichaamsbeweging, mentale stimulatie, regelmatige controles
Noorse Elandhond	Heupdysplasie, progressieve retinale atrofie	12-15 jaar	Gematigd	Routinematige veterinaire zorg	Regelmatige lichaamsbeweging, mentale stimulatie, gewichtsbeheersing

Verken de Donkere Kant van het Hondenleven

10 Superhandige Tabellen

40 Populaire rassen Algemene gezondheids- en leeftijdsgegevens, deel III

Ras	Veelvoorkomende gezondheidsproblemen / Predisposities	Gemiddelde levensduur	Energie level	Aanbevolen vaccinaties	Preventieve zorg
Poedel (standaard/mini/speelgoed)	Heupdysplasie, progressieve retinale atrofie	10-18 jaar	Hoog	Preventieve vaccinaties	Regelmatige lichaamsbeweging, mentale stimulatie, regelmatige controles
Portugese Waterhond	Heupdysplasie, progressieve retinale atrofie	10-14 jaar	Gematigd	Preventieve vaccinaties	Regelmatige lichaamsbeweging, mentale stimulatie, regelmatige controles
Mopshond	Brachycephalisch syndroom, patellaluxatie	12-15 jaar	Laag	Reguliere veterinaire zorg	Regelmatige lichaamsbeweging, mondhygiëne, gewichtsbeheersing
Golden retriever	Heupdysplasie, lymfoom, progressieve retinale atrofie	10-12 jaar	Hoog	Routinematige veterinaire zorg	Regelmatige lichaamsbeweging, mentale stimulatie, regelmatige controles
Deense dog	Gedilateerde cardiomyopathie, maagdilatatie-volvulus	6-8 jaar	Laag	Preventieve vaccinaties	Regelmatige lichaamsbeweging, mentale stimulatie, regelmatige controles
Leonberger	Heupdysplasie, osteosarcoom	8-10 jaar	Gematigd	Reguliere veterinaire zorg	Regelmatige lichaamsbeweging, mentale stimulatie, gewrichtssupplementen
Maltees	Patellaire luxatie, portosystemische shunt	12-15 jaar	Laag	Routinematige dierenartsbezoeken	Regelmatige verzorging, mondhygiëne, gewichtsbeheersing
Dwergschnauzer	Progressieve retinale atrofie, pancreatitis	12-15 jaar	Gematigd	Preventieve vaccinaties	Regelmatige lichaamsbeweging, mentale stimulatie, regelmatige controles
Shiba Inu	Patellaluxatie, allergieën	12-15 jaar	Gematigd	Regelmatige controles	Regelmatige lichaamsbeweging, mentale stimulatie, mondhygiëne
Shih Tzu	Brachycephalisch syndroom, patellaluxatie	10-18 jaar	Laag tot gemiddeld	Routinematige veterinaire zorg	Regelmatige verzorging, mondhygiëne, gewichtsbeheersing
Siberische husky	Heupdysplasie, progressieve retinale atrofie	12-14 jaar	Hoog	Preventieve vaccinaties	Regelmatige lichaamsbeweging, mentale stimulatie, regelmatige controles
Staffordshire-bulterriër	L-2-Hydroxyglutaarzuuracidurie, patellaluxatie	12-14 jaar	Hoog	Preventieve vaccinaties	Regelmatige lichaamsbeweging, mentale stimulatie, regelmatige controles
Volpino Italiano	Patellaire luxatie, progressieve retinale atrofie	14-16 jaar	Gematigd	Routinematige veterinaire zorg	Regelmatige lichaamsbeweging, mentale stimulatie, regelmatige controles

Een onmisbare gids voor hondenliefhebbers

Hoofdstuk 17

Ras	Veelvoorkomen de gezondheid sproblemen / Predisposities	Gemiddelde levensduur	Energie level	Aanbevolen vaccinaties	Preventieve zorg
Welshe springerspaniël	Heupdysplasie, progressieve retinale atrofie	12-15 jaar	Gematigd	Preventieve vaccinaties	Regelmatige lichaamsbeweging, mentale stimulatie, regelmatige controles
Yorkshireterriër	Portosystemische shunt, tracheale collaps	12-15 jaar	Laag tot gemiddeld	Routinematige dierenartsbezoeken	Regelmatige lichaamsbeweging, mondhygiëne, gewichtsbeheersing

40 Populaire rassen Algemene gezondheids- en leeftijdsgegevens, deel IV

Houd er rekening mee dat trainbaarheid, intelligentie, bewegingsbehoeften, socialisatiebehoeften en trainingstips binnen elk ras kunnen variëren, en dat individuele honden unieke kenmerken en vereisten kunnen hebben. Deze tabel biedt een algemeen overzicht om eigenaren te begeleiden bij het effectief trainen van hun honden.

Bedenk ook, beste eigenaar, dat trainen voor ons allebei een leuke en boeiende ervaring moet zijn. Houd de sessies kort, interactief en gevuld met liefde.

Houd er rekening mee dat trainbaarheid, intelligentie, bewegingsbehoeften, socialisatiebehoeften en trainingstips binnen elk ras kunnen variëren, en dat individuele honden unieke kenmerken en vereisten kunnen hebben. Deze tabel biedt een algemeen overzicht om eigenaren te begeleiden bij het effectief trainen van hun honden.

Bedenk ook, beste eigenaar, dat trainen voor ons allebei een leuke en boeiende ervaring moet zijn. Houd de sessies kort, interactief en gevuld met liefde.

10 Superhandige Tabellen

40 Fysiologische gegevens van populaire rassen, deel I

Ras	Maat	Hoogte (cm)	Gewicht (kg)	Jas
Alaskan Malamute	Groot	61 - 66	Man: 38-50 Vrouw: 34-40	Dikke, dubbele vacht
Australische herder	Medium	43 - 51	Man: 15-22 Vrouw: 14-20	Korte, dichte vacht
Australische herder	Medium large	46 - 58	Man: 25-32 Vrouw: 16-32	Middellange, dubbele vacht
Brak	Klein medium	33 - 41	41852	Korte, gladde jas
Belgische Mechelaar	Medium large	61 - 66	Man: 25-30 Vrouw: 22-25	Korte, dichte vacht
Berner Sennenhond	Groot	58 - 70	Man: 45-50 Vrouw: 38-50	Lange, dikke, golvende vacht
Bichon Frise	Klein medium	23 - 30	Mannetje: 3-5,5 Vrouwtje: 3-5	Krullende, dichte vacht
Bordercollie	Medium	46 - 53	Man: 14-20 Vrouw: 12-15	Middellange, dubbele vacht
Boston terrier	Klein medium	38 - 43	Man: 5-11 Vrouwtje: 4-7	Korte, gladde vacht
Bokser	Medium large	53 - 63	Man: 25-32 Vrouw: 22-29	Korte, gladde vacht
Bretagne	Medium	43 - 52	Man: 14-18, Vrouwtje: 12,5-15,5	Middellange, golvende vacht
Buldog (Engels/Frans)	Medium	31 - 40	Man 22-25 Vrouw 18-23	Korte, gladde vacht
Riet Corso	Groot	64 - 68	Man: 45-50 Vrouw: 40-45	Korte, dichte vacht
Vest Welsh Corgi	Klein medium	25 - 31	Man: 12-17 Vrouw: 11-15	Middellange, dichte vacht
Cavalier King Charles-spaniël	Klein medium	30 - 33	Man vrouw 5-9	Lange, zijdeachtige vacht
Chihuahua	Klein-klein	15 - 23	Man vrouw 1,5-3	Korte, gladde vacht
Cocker spaniel	Medium	36 - 41	Man: 12-16 Vrouw: 11-14	Middellange, zijdeachtige vacht
Teckel	Klein medium	13 - 23	Man vrouw 5-12	Korte, gladde vacht
Dobermann Pinscher	Groot	63 - 72	Man: 34-45 Vrouw: 27-41	Korte, gladde vacht
Engelse Cocker-spaniël	Medium	38 - 43	Man: 13-1 Vrouw: 12-15	Middellange, zijdeachtige vacht
Engelse setter	Medium large	61 - 69	Man: 25-36 Vrouw: 20-30	Lange, zijdeachtige vacht
Duitse herder	Groot	55 - 65	Man: 30-40 Vrouw: 22-32	Dubbele vacht met dichte ondervacht

Een onmisbare gids voor hondenliefhebbers

Hoofdstuk 17

40 Fysiologische gegevens van populaire rassen, deel II

Ras	Maat	Hoogte (cm)	Gewicht (kg)	Jas
Golden retriever	Groot	51 - 61	Man: 29-34 Vrouw: 25-32	Dichte, waterafstotende vacht
Deense dog	Grote reus	71 - 86	Man: 54-90 Vrouw: 45-59	Korte, gladde vacht
Labrador retriever	Groot	55 - 62	Man: 29-36 Vrouw: 25-32	Korte, dichte vacht
Leonberger	Grote reus	65 - 80	Man: 54-77 Vrouw: 41-54	Dichte, waterafstotende vacht
Maltees	Klein-klein	20 - 25	Man: 5,5-8 Vrouwtje: 4,5-6,5	Lange, zijdeachtige vacht
Dwergschnauzer	Klein medium	30 - 36	Man: 5-8, Vrouw: 4-6	Dubbele vacht met stugge toplaag
Noorse Elandhond	Medium	48 - 53	Man: 23–28 Vrouw: 18–23	Dubbele vacht met dichte ondervacht
Poedel (standaard/ Mini/Speelgoed)	Klein groot	24 - 60	Std: Man: 18-32 Vrouw: 18-27 Miniatuur: Man: 4-6 Vrouw: 3,5-5 Speelgoed: Man: 2-4 Vrouwtje: 2-3	Krullende, hypoallergene vacht
Portugese Waterhond	Medium large	43 - 57	Man: 19-27 Vrouw: 16-23	Gekrulde, waterafstotende vacht
Mopshond	Klein medium	25 - 36	Mannetje: 6-9 Vrouw 5-8	Korte, gladde vacht
Rottweiler	Groot	56 - 69	Man: 50-60, Vrouw: 35-48	Korte, dichte vacht
Shiba Inu	Medium	35 - 43	Mannetje: 10–11 Vrouw: 8–9	Dubbele vacht met rechte buitenvacht
Shih Tzu	Klein	20 - 28	Mannelijk en vrouwelijk 4-9	Lange, soepel vallende jas
Siberische husky	Medium large	50 - 60	Man: 20-28 Vrouw: 16-23	Dikke, dubbele vacht
Staffordshire-bulterriër	Medium	35 - 40	Man: 13–17 Vrouw: 11–16	Korte, gladde vacht
Volpino Italiano	Klein	26 - 30	Mannetje: 4-5 Vrouw 3-4	Dichte, dubbele vacht
Welshe springerspaniël	Medium	46 - 48	Man: 20-25 Vrouw: 16-20	Middellange, golvende vacht
Yorkshireterriër	Klein klein	17 - 23	Mannelijk en vrouwelijk 2-3	Lange, zijdeachtige vacht
Houd er rekening mee dat de verstrekte informatie algemeen is en per pup kan verschillen, zelfs binnen hetzelfde ras. Voor persoonlijk advies op maat van uw specifieke hond is het essentieel om een dierenarts of een deskundige te raadplegen .				

Van Zorgen naar Kwispels

Verken de Donkere Kant van het Hondenleven

40 Intelligentieniveau van populaire rassen

40 Intelligentieniveau van populaire rassen, deel I	
Niveau 1: De slimste honden	Honden in dit niveau worden beschouwd als de meest intelligente en in staat om een nieuw commando te leren in minder dan 5 herhalingen. Ze hebben ook de neiging nieuwe commando's snel te begrijpen en kunnen commando's generaliseren naar nieuwe situaties.
Niveau 2: Uitstekende werkhonden	Honden in dit niveau zijn zeer intelligent en kunnen een nieuw commando leren in minder dan 5-15 herhalingen. Ze hebben de neiging nieuwe commando's snel te begrijpen en kunnen commando's generaliseren naar nieuwe situaties.
Niveau 3: Bovengemiddelde werkhonden	Honden in dit niveau worden qua intelligentie als bovengemiddeld beschouwd en kunnen een nieuw commando leren in minder dan 15-25 herhalingen. Ze hebben misschien meer herhaling nodig om nieuwe commando's te begrijpen, maar zijn nog steeds in staat om commando's te generaliseren naar nieuwe situaties.
Niveau 4: Gemiddelde werkhonden	Honden in dit niveau worden als gemiddeld beschouwd in termen van intelligentie en kunnen een nieuw commando leren in minder dan 25-40 herhalingen. Ze hebben mogelijk meer herhaling nodig om nieuwe commando's te begrijpen en kunnen moeite hebben om commando's te generaliseren naar nieuwe situaties.
Niveau 5: Eerlijke werkhonden	Honden in dit niveau worden als redelijk beschouwd in termen van intelligentie en kunnen een nieuw commando leren in minder dan 40-80 herhalingen. Het kan zijn dat ze moeite hebben met het begrijpen van nieuwe commando's en dat ze meer herhaling nodig hebben om ze te leren.
Niveau 6: Laagste arbeidsgraad	Honden in dit niveau worden als de minst intelligente beschouwd en kunnen moeite hebben met het leren van nieuwe commando's, het begrijpen ervan of het generaliseren ervan naar nieuwe situaties. Het kan zijn dat ze meer dan 100 herhalingen nodig hebben om een nieuw commando te leren.

Ras	Niveau 1	Niveau 2	Niveau 3	Niveau 4	Niveau 5	Niveau 6
Alaskan Malamute						20%
Australisch vee		85%				
Australische herder		85%				
Brak						30%
Belgische Mechelaar			30%			
Berner Berg					50%	
Bichon Frise						25%
Bordercollie	95%					

Een onmisbare gids voor hondenliefhebbers

Hoofdstuk 17

40 Intelligentieniveau van populaire rassen, deel II

Ras	Niveau 1	Niveau 2	Niveau 3	Niveau 4	Niveau 5	Niveau 6
Boston terrier						40%
Bokser				50%		
Bretagne			30%			
Buldog (Engels/Frans)						40%
Riet Corso						30%
Vest Welsh Corgi						80%
Cavalier King Charles-spaniël						50%
Chihuahua						30%
Cocker spaniel						30%
Teckel						25%
Dobermann Pinscher	85%					
Engelse Cocker-spaniël						50%
Engelse setter						40%
Duitse herder	95%					
Golden retriever	95%					
Deense dog						25%
Labrador retriever				85%		
Leonberger						50%
Maltees						50%
Dwergschnauzer						50%
Noorse Elandhond						30%
Poedel (standaard/mini/speelgoed)	95%					
Portugees water						50%
Mopshond						25%
Rottweiler				85%		
Shiba Inu						40%
Shih Tzu						70%
Siberische husky					85%	
Staffordshire-bulterriër						40%
Volpino Italiano						Geen gegevens
Welshe springerspaniël			50%			
Yorkshireterriër						30%

Houd er rekening mee dat intelligentie op verschillende manieren kan worden gemeten, en dit is slechts één rangschikking op basis van een specifieke reeks criteria. Bovendien is elke individuele hond uniek en kan hij, ongeacht ras, zijn eigen intelligentie en probleemoplossend vermogen vertonen.

Verken de Donkere Kant van het Hondenleven

10 Superhandige Tabellen

40 Populaire rassen dutten, wandelen en binnen/buitenprofiel

40 Populaire rassen dutje, wandeling en binnen/buitenprofiel, deel I

Ras	Slaapuren	Dagelijkse wandeluren	Oefeningsbehoeften	Binnen buiten
Alaskan Malamute	14-16	2-3	Hoog	Buitenshuis
Australische herder	12-14	2-3	Hoog	Buitenshuis
Australische herder	12-14	2-3	Hoog	Buitenshuis
Brak	12-14	1-2	Gematigd	Beide
Belgische Mechelaar	12-14	2-3	Hoog	Buitenshuis
Berner Sennenhond	14-16	2-3	Gematigd	Buitenshuis
Bichon Frise	14-16	1-2	Gematigd	Binnen
Bordercollie	12-14	2-3	Hoog	Buitenshuis
Boston terrier	12-14	1-2	Gematigd	Beide
Bokser	12-14	1-2	Hoog	Binnen
Bretagne	12-14	2-3	Hoog	Buitenshuis
Buldog (Engels/Frans)	14-16	1-2	Laag	Binnen
Riet Corso	12-14	1-2	Gematigd	Beide
Vest Welsh Corgi	12-14	1-2	Gematigd	Binnen
Cavalier King Charles-spaniël	12-14	1-2	Gematigd	Binnen
Chihuahua	14-16	1	Laag	Binnen
Cocker spaniel	12-14	1-2	Gematigd	Beide
Teckel	12-14	1-2	Gematigd	Beide
Dobermann Pinscher	12-14	2-3	Hoog	Buitenshuis
Engelse Cocker-spaniël	12-14	2-3	Gematigd	Beide
Engelse setter	12-14	2-3	Gematigd	Buitenshuis
Duitse herder	12-14	2-3	Hoog	Buitenshuis
Golden retriever	12-14	2-3	Hoog	Buitenshuis
Deense dog	14-16	1-2	Laag	Binnen
Labrador retriever	12-14	2-3	Hoog	Buitenshuis

Een onmisbare gids voor hondenliefhebbers

40 Populaire rassen dutje, wandeling en binnen/buitenprofiel, deel II

Ras	Slaapuren	Dagelijkse wandeluren	Oefeningsbehoeften	Binnen buiten
Leonberger	12-14	2-3	Gematigd	Buitenshuis
Maltees	14-16	1-2	Laag	Binnen
Dwergschnauzer	12-14	1-2	Gematigd	Binnen
Noorse Elandhond	12-14	1-2	Gematigd	Beide
Poedel (standaard/mini/speelgoed)	12-14	1-2	Gematigd	Binnen
Portugese Waterhond	12-14	2-3	Hoog	Beide
Mopshond	14-16	1-2	Laag	Binnen
Rottweiler	12-14	2-3	Hoog	Buitenshuis
Shiba Inu	14-16	1-2	Gematigd	Beide
Shih Tzu	14-16	1-2	Laag	Binnen
Siberische husky	14-16	2-3	Hoog	Buitenshuis
Staffordshire-bulterriër	12-14	2-3	Hoog	Beide
Volpino Italiano	12-14	1-2	Gematigd	Binnen
Welshe springerspaniël	12-14	2-3	Hoog	Buitenshuis
Yorkshireterriër	14-16	1-2	Laag	Binnen

Houd er rekening mee dat dit algemene richtlijnen zijn en dat individuele honden enigszins verschillende behoeften kunnen hebben, afhankelijk van hun leeftijd, gezondheid en algehele energieniveau. Raadpleeg altijd een dierenarts om er zeker van te zijn dat u aan de specifieke eisen van uw harige vriend voldoet. Veel plezier met snoozen en kwispelen!

Verken de Donkere Kant van het Hondenleven

10 Superhandige Tabellen

Ontwikkeling van de levensfase van puppy's

Ontwikkelingstabel voor de levensfase van puppy's

Leeftijd (weken)	Lichamelijke ontwikkeling	Gedragsontwikkeling	Mijlpalen voor trainingen	Gezondheidszorg	Voedingsschema	Zindelijkheidstraining	Socialisatie
1-2	Ogen en oren open	Kruipen, beperkte mobiliteit	Geen	Eerste bezoek aan de dierenarts	Regelmatige borstvoeding door moeder	Nog niet gestart	Vroege blootstelling aan zachte menselijke aanraking
3-4	Begint te lopen	Ontwikkelen van zintuigen en bewustzijn	Inleiding tot basiscommando's	Het vaccinatieschema begint	Overgang naar zachte puppyvoeding	Begin met het introduceren van puppypads of een buitenruimte	Zachte kennismaking met andere dieren
5-6	De eerste melktanden komen door	Nieuwsgierigheid en ontdekking	De zindelijkheidstraining begint	Ga door met vaccinaties	Regelmatige maaltijden met puppyvoer	Consistente zindelijkheidstraining	Positieve ervaringen met nieuwe mensen
7-8	Volwassen tanden beginnen door te komen	Verhoogde mobiliteit en speelsheid	Inleiding tot riem en halsband	Regelmatige controles en ontworming	Vaste maaltijden met passende porties	Versterk de consistentie van zindelijkheidstraining	Blootstelling aan verschillende omgevingen
9-12	Groeispurt	Verbeterde coördinatie en balans	Gevorderde gehoorzaamheidstraining	Overwegingen bij sterilisatie/castratie	Vaste maaltijden met passende porties	Verfijn de vaardigheden op het gebied van zindelijkheidstraining	Voortdurende socialisatie met mensen/dieren
13-16	Adolescente fase	Seksuele volwassenheid	Gevorderde gehoorzaamheidstraining	Tandheelkundige zorg, vlooien-/tekenpreventie	Regelmatige maaltijden met passende porties	Versterk de consistentie van zindelijkheidstraining	Voortdurende blootstelling aan nieuwe ervaringen
17-20	Volledig ontwikkeld lichaam	Gedragsvolwassenheid en onafhankelijkheid	Geavanceerde commando's en trucs	Regelmatige gezondheidscontroles en vaccinaties	Regelmatige maaltijden met passende porties	Consistente versterking van zindelijkheidstraining	Zorg voor positieve sociale interacties
20+	- Volwassen hond	Volledige volwassenheid	Vervolg voortgezette opleiding	Regelmatige verzorging en preventieve zorg	Regelmatige maaltijden met passende porties	Versterk goede zindelijkheidsgewoonten	Voortdurende socialisatie en mentale stimulatie

Deze tabel biedt een algemene tijdlijn en algemene gids om nieuwe puppy-eigenaren te helpen de essentiële aspecten van verzorging en ontwikkeling bij te houden. Het is echter belangrijk op te merken dat elke puppy uniek is en dat elke individuele puppy unieke behoeften en variaties kan hebben. Raadpleeg uw dierenarts voor specifieke vaccinatieschema's en voedingsaanbevelingen die zijn afgestemd op het ras, de grootte en de gezondheidsvereisten van uw puppy.

Een onmisbare gids voor hondenliefhebbers

Woordenlijst

Woef woef! Ik zal enkele populaire termen met u delen die ons honden van vreugde doen kwispelen. Deze woorden zijn als onze geheime code voor geweldige interacties met jou. Dus als je een woord tegenkomt in het boek waar je van gaat denken, hè? – ga gewoon naar de Woordenlijst en u zult ontdekken wat het betekent! Het is net onze manier om je te helpen onze taal te leren, en geloof me, het zal onze tijd samen nog geweldiger maken!

Adopteren: Het verwelkomen van een dakloze of verlaten hond in een liefdevol, voor altijd thuis, waardoor hij of zij een tweede kans op geluk krijgt.

Back-up: Als je dit zegt, weet ik dat het tijd is om een paar stappen achteruit te doen.

Bark: Onze manier om iets te zeggen, of het nu is om ons territorium te beschermen of om uw aandacht te trekken.

Blaffend boos: Als we ons extra speels en vol energie voelen, is dit onze manier om je te laten weten dat we klaar zijn voor wat opwinding.

Buikmassage : Net als een hondenmassage is het pure gelukzaligheid die ons doet smelten van geluk.

Beste vriend: De speciale mens die een speciaal plekje in ons hart inneemt en liefde, gezelschap en eindeloze avonturen biedt.

Butt Wiggle: Oh, deze is hilarisch! Mijn achterkant wiebelt terwijl mijn voorpoten op hun plaats blijven. Het is als een warming-up vóór het kwispelen, wat betekent dat ik barst van vreugde!

Kruipen: Een leuke truc waarbij ik heel laag vooruit ga, zoals een stiekeme kruip.

Verken de Donkere Kant van het Hondenleven

Woordenlijst

Knuffelen: De hartverwarmende daad van dicht bij onze mensen kruipen, waardoor een band van liefde en warmte ontstaat.

Omlaag: Het betekent dat ik op mijn buik moet gaan liggen, klaar voor knuffels of iets lekkers.

Go Boop: Dat is het moment waarop je zachtjes op mijn neus tikt – het is een beetje hallo!

Brave jongen/meisje: de woorden die we graag van onze mensen horen, die ons prijzen voor ons goede gedrag en ons het gevoel geven dat we geliefd en gewaardeerd worden.

Verzorging: Het proces om onze vacht schoon te houden en er fantastisch uit te laten zien, of dit nu gebeurt door borstelen, baden of trimmen.

Happy Helicopter: Stel je voor dat mijn staart draait als een helikopterrotor. Ja, dat is een vrolijke helikopter! Het gebeurt als ik heel opgewonden ben of reikhalzend uitkijk naar iets leuks.

Verbergen: Oh, het verstoppertje-spel! Ik vind het leuk om je te vinden, en ook lekkers!

Knuffel: Als je je armen om me heen slaat, voel ik je liefde en warmte.

Leiband : onze trouwe metgezel die ons tijdens onze avonturen veilig en verbonden houdt met onze mensen.

Dutje: Ons favoriete tijdverdrijf is opkruipen op een gezellig plekje en onze batterijen opladen met een zalig dutje.

Zenuwstootje: Als ik een beetje onzeker of een beetje angstig ben, kwispelt mijn staart snel en aarzelend. Het is mijn manier om te zeggen : <u>ik ben hier niet helemaal zeker van, maar ik probeer het!</u>

Paw: Het is mijn manier om je een high five te geven of om lekkers te vragen.

Een onmisbare gids voor hondenliefhebbers

Woordenlijst

Speelafspraak: Een leuk samenzijn met onze mede-harige vrienden, waar we kunnen ravotten, achtervolgen en kwispelen met de staart.

Redding: De heroïsche daad waarbij een hond uit een moeilijke of onveilige situatie wordt gered en hem liefde, zorg en een forever home wordt geboden.

Roll Over: Een speels commando om op mijn rug te draaien – buikwrijftijd!

Snuiven: ons superkrachtige reukvermogen waarmee we de wereld om ons heen kunnen verkennen en ontdekken.

Knuffelmaatje: Een harige vriend of een mens die graag met ons knuffelt en ons troost en warmte biedt.

Knuffelmaatje: Een harige vriend of een mens die graag met ons knuffelt en ons troost en warmte biedt.

Staartvlaggen: Ik houd mijn staart hoog en zwaai hem zachtjes heen en weer, waarmee ik mijn zelfvertrouwen en positieve gevoelens laat zien. Ik voel me geweldig!

Tail-Twist: Is wanneer mijn staart een dansje doet, wat laat zien hoe opgewonden en blij ik ben om je te zien!

Aanraken: Als je dit zegt, weet ik dat ik mijn neus tegen je hand moet drukken.

Training: Het proces van het leren van nieuwe vaardigheden en gedrag door middel van positieve bekrachtiging, waardoor we goed opgevoede en gehoorzame metgezellen worden.

Traktatietijd: het langverwachte moment waarop we beloond worden met lekkere snacks omdat we brave jongens en meisjes zijn.

Traktatie: De ultieme beloning omdat je de beste harige metgezel bent, een smakelijk genot dat we niet kunnen weerstaan.

Woordenlijst

Dierenarts: Oh, de dierenarts is onze harige dokter! Zij zorgen voor onze gezondheid en welzijn. Het is belangrijk om regelmatig de dierenarts te bezoeken voor controles, vaccinaties en eventuele gezondheidsproblemen. Ze helpen ons gezond en gelukkig te houden.

kwispelen:
Full-Body Wag: Zet je schrap voor deze! Ik kan mijn opwinding niet bedwingen, dus doet mijn hele lichaam mee aan het kwispelfeestje. Het is puur geluk dat wordt losgelaten!

Happy Sniff Wag: Oh jongen, als ik aan iets fascinerends snuffel, kan mijn staart niet anders dan kwispelen van opwinding! Het is alsof je zegt: <u>dit ruikt geweldig! Laten we onderzoeken!</u>

Slow Wag: Soms kwispel ik langzaam en voorzichtig met mijn staart. Het is alsof ik zeg: <u>ik ben nieuwsgierig, maar ik neem de tijd om dingen uit te zoeken.</u>

Subtiele kwispeling: Soms geef ik een zachte kwispeling, slechts een kleine beweging van mijn staart. Het laat zien dat ik tevreden en vredig ben op dit moment.

Kwispelen met de staart: De legendarische uitdrukking van vreugde en geluk, een kwispelen die zegt dat we van je houden.

Wacht: deze is belangrijk – het betekent dat ik moet pauzeren en geduld moet hebben voor je volgende signaal.

Lopen: Als muziek in onze oren kunnen we de wereld verkennen en samen met onze favoriete mens sporten.

Walkies : het spannende avontuur van wandelen met onze mensen, de buurt verkennen, nieuwe geuren opsnuiven en genieten van het buitenleven.

Zwaai: Ik til mijn poot op om hallo of tot ziens te zeggen, net als een vriendelijke golf!

Zoomies: die uitbarstingen van pure vreugde en energie die ons in cirkels rond laten rennen of door het huis of de tuin zigzaggen

Een onmisbare gids voor hondenliefhebbers

Richtlijn voor het vertalen van websites

Volg deze stappen om Google Translate te gebruiken om websites in andere talen te bekijken:

https://translate.google.com.au/

1. **Open Google Translate** : Ga naar uw webbrowser en zoek naar " Google Translate " of ga rechtstreeks naar translate.google.com. Klik vervolgens op de knop Website.

2. **Selecteer Talen** : **Talen kiezen** : aan de linkerkant van de Google Translate-pagina selecteert u de brontaal (de taal van de website die u wilt vertalen, bijvoorbeeld Engels), en de taal aan de rechterkant is de doeltaal (de taal waarin u de website wilt laten vertalen). te vertalen naar bijvoorbeeld Spaans).

3. **Website-URL invoeren** : Voer de URL in van de website die u wilt vertalen in het daarvoor bestemde vak.

Verken de Donkere Kant van het Hondenleven

4. **Selecteer doeltaal** : Standaard probeert Google Translate de doeltaal te bepalen op basis van uw browserinstellingen.

maar u kunt naar wens elke andere taal selecteren, bijvoorbeeld Chinees.

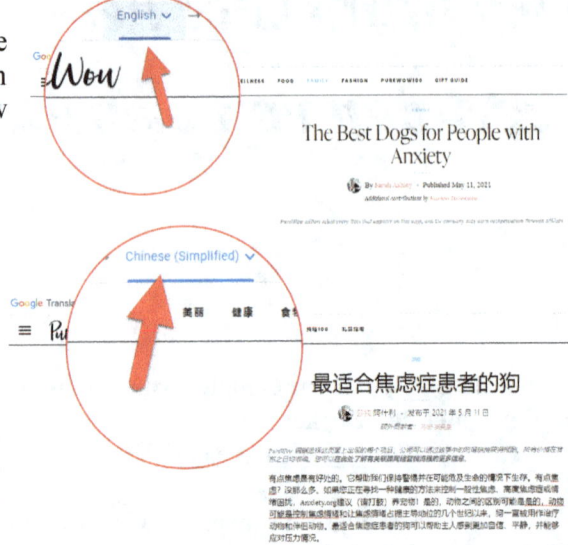

5. **Blader door de vertaalde website** : u kunt nu op de vertaalde website navigeren, net als op elke andere webpagina. Houd er rekening mee dat de vertaling misschien niet perfect is, vooral niet bij complexe of gespecialiseerde inhoud, maar dat deze u wel een algemeen inzicht moet geven in de inhoud van de website.

6. **Overschakelen naar origineel:** U kunt gerust heen en weer schakelen tussen de standaardtaal en de door u gekozen taal. Klik op de knop Vertalen rechtsboven op de pagina en selecteer 'Origineel' of 'Vertaling'.

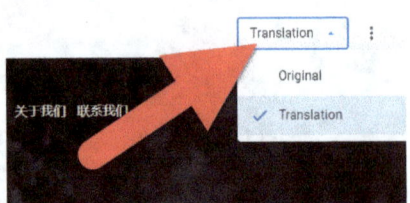

Houd er rekening mee dat het formaat van Google Translator in de loop van de tijd kan veranderen. Om toegang te krijgen tot de meest actuele instructies, raden wij u aan online te zoeken met behulp van een internetbrowser.

Verken de Donkere Kant van het Hondenleven

Een onmisbare gids voor hondenliefhebbers

www.ingramcontent.com/pod-product-compliance
Lightning Source LLC
Chambersburg PA
CBHW051426290426
44109CB00016B/1449